世图心理

博客：http://blog.sina.com.cn/bjwpcpsy
微博：http://weibo.com/wpcpsy

儿童精神分析

The Psycho-Analysis of Children

[英] 梅兰妮·克莱茵 著
林玉华 译

世界图书出版公司
北京·广州·上海·西安

图书在版编目（CIP）数据

儿童精神分析 /（英）克莱茵（Klein,M.）著；林玉华译．—北京：世界图书出版公司北京公司，（2024.2 重印）
书名原文：The Psycho-Analysis of Children
ISBN 978-7-5192-0270-5

Ⅰ．①儿… Ⅱ．①克… ②林… Ⅲ．①儿童—精神分析 Ⅳ．① B844.1

中国版本图书馆 CIP 数据核字（2015）第 233449 号

THE PSYCHOANALYSIS OF CHILDREN
By MELANIE KLEIN

儿童精神分析

著　　者：［英］梅兰妮·克莱茵
译　　者：林玉华
策划编辑：曹　文
责任编辑：曹　文
装帧设计：刘敬利

出版发行：世界图书出版公司北京公司
地　　址：北京市东城区朝内大街 137 号
邮　　编：100010
电　　话：010-64038355（发行）　64015580（客服）　64033507（总编室）
网　　址：http://www.wpcbj.com.cn
邮　　箱：wpcbjst@vip.163.com
销　　售：新华书店
印　　刷：河北鑫彩博图印刷有限公司
开　　本：787 mm × 1092 mm　1/16
印　　张：18
字　　数：276 千
版　　次：2016 年 1 月第 1 版　　2024 年 2 月第 8 次印刷
版权登记：图字 01-2014-4226

ISBN 978-7-5192-0270-5　　定价：52.00 元

新修订译本注记

梅兰妮·克莱茵的著作《儿童精神分析》（*Die Psychoanalyse des Kindes*）的第一个英文版本是艾莉丝·斯特雷奇（Alix Strachey）翻译的，并且与这本书的德文版几乎在同一时间出版（1932）。斯特雷奇夫人仔细与克莱茵讨论她的翻译，克莱茵对翻译的认可使该英译本成为非常可信的版本，也成为以后将该书翻译为其他语言版本的依据，包括法文版。

尽管如此，这本书的德文与英文版本仍有诸多差异：

一、一些无法解释的差异可能反映了克莱茵夫人在英文版本出版之后，又在德文版本上所做的修改。

二、除此之外，第一个英文版本故意不包含德文版本中的一些片段。其中最主要的省略是第十二章中有关A先生的案例，以及B先生的部分案例史。在当时，考虑做这些省略是合理的。然而A先生的案例却被搜集在后来出版的法文译本中，以及最近刚由德文翻译过来的本新修订版本中。

三、德文版本带着演说的口吻与形态，它若非克莱茵在伦敦演说的演讲稿本身，则显然是其演说的基础。这可以解释文中的一再重复，那是讲话的自然现象，以及常常出现的巨细靡遗以及冗长的批注，这些批注包括了不适用于演讲中的素材。为了易于阅读，最初的译本删除了许多重复之处，然而为了使之更为精确，这些重复之处都被收集在本译本中。德文版本以演说者立场使用第一人称单数的“我”，最初的译本则以“我们”代替“我”。本修订版为了保留演说的形态，而再次使用第一人称单数的“我”。

总而言之，本修订版一方面企图尽可能地忠实于德文版本，为此，甚至牺牲了文学写作方式。

这一版本使用最初译本的段落分法，因为它较贴近英文写作方式，亦即，以一个新的思考开始一个新的段落，德文的用法则常常会在前一个段落的末尾开始介绍下一个新思考。在修订本中，所有关于弗洛伊德的引据，皆来自英文标准版（*Standard Edition*）。

有关词汇，本修订版做了一些改变。例如，“Wisstrieb”本来译为“认识本能”（epistemological instinct），现在被译为“求知本能”（instinct or desire for knowledge）。“Phase der Höchstblüte des Sadismus”本来译为“最强施虐期”（phase of maximal sadism），除了克莱茵本人在第三版本的序中仍采用此说法，本修订版的其他地方皆译为“施虐高峰期”（phase when sadism is at its height）。“Gegendständlich”早期译为“具体”（concrete），现在译为“表征”（presentational），以便与“具体思考”的“具体”有所区别。

桑纳（H. A. Thorner）

1974 年 4 月，伦敦

初版序

这本书来自我从事儿童精神分析的观察。我本来计划在第一部分叙述我所使用的技巧，第二部分描述我从临床工作中所推出的理论，这些理论似乎是我分析技巧的基础。但是，在我撰写此书时（这本书花费我多年的时间才完成），第二部分的理论已经远超我的预期。除了分析儿童的经验之外，分析成人的经验协助我将儿童最早期的发展阶段应用到成人心理学。这些临床经验使我获得了关于人类早期发展阶段的精神分析理论，我将在本书中详细叙述此发现。

本书所提的所有理论，都基于弗洛伊德所传授的知识。通过运用他所发现的东西，我才得以了解幼儿的心智，并尝试分析和治疗他们。除此之外，我也通过直接观察儿童的早期发展，得出我现在所提出的理论。这些结论完全证实了弗洛伊德在成人分析上的发现，同时，我力图在几个面向延展我们的知识。

倘若这些努力能有所成，且本书能够对于正在发展中的精神分析提供一些贡献，则我首先要感谢的是弗洛伊德本人：他不只盖起了精神分析这座大厦，而且将它放在一个根基上，使精神分析的知识得以继续开拓延展；他也让我们注意这些根基，使新的工作得以持续。

我必须提及在我精神分析生涯发展历程中非常重要的两位老师，费伦齐

（Dr. Sandor Ferenczi）与亚伯拉罕（Dr. Karl Abraham）。费伦齐是第一位使我有机会接触精神分析的人，他帮助我了解精神分析的真正本质与含义，他对“潜意识”与“象征”等强烈而直接的感觉，以及他和儿童的心智建立关系的能力，深深影响了我对儿童心理学的了解，他肯定我在儿童分析领域的禀赋。费伦齐对儿童分析有相当强烈的兴趣，并鼓励我致力于这方面的精神分析治疗，这一领域在当时仍是一块尚待开垦之地。他尽其所能鼓励我继续从事儿童精神分析，并在我初次上路之时给予我许多支持。正是费伦齐，奠定了我成为一位分析师的基础。

亚伯拉罕是我的第二位老师，我很幸运找到这位老师，他善于启发学生将他们最好的潜能用在精神分析上。亚伯拉罕认为，精神分析的进展全赖分析师本人——分析师的工作、他的人格特质以及他的学术知识。我一直将这些高标准放在我的脑海中，在本书中我尝试归还我欠这份科学的情。不管在临床实务上或理论上，亚伯拉罕很清楚地了解到儿童精神分析的发展潜力。1924 年于德国乌兹堡（Würzburg）所召开的第一届德国精神分析师年会中，在提及我所报告的一篇论文，关于一名有强迫式精神官能症的儿童[①]时，他说了一些我永远无法忘怀的话：“精神分析的将来，全仰赖游戏技巧。”研究幼儿的心智让我学会了许多事实，这些事实乍看之下似乎很陌生，然而当时亚伯拉罕对于我在临床工作上的信心，鼓励我继续迈开我已经跨出的步伐。我所发表的理论其实只是亚伯拉罕思路的延伸，我希望这本书清楚呈现这一点。

过去几年，我的工作得到了琼斯医生（Dr. Ernest Jones）非常仁慈的肯定与鼓励。当时儿童精神分析刚起步，他已经预知它未来在精神分析发展中的角色。也是由于他的邀请，我才得以于 1925 年在伦敦的英国精神分析学会（British Psychoanalytical Society）上发表我的第一次演讲。这些讲座是本书的第一部分，第二部分则来自 1927 年我在伦敦的一些演讲，题为《儿童精神分析之光下的成人心理学》。琼斯医师作为儿童精神分析代言人的强烈

---

① 这篇论文是本书第三章的基础。

信念，使儿童精神分析得以在英国拓展。他自己在这方面也有许多重要的贡献，例如早期焦虑情境的问题、攻击与罪疚感的关系，以及女人早期阶段的性发展。他所发表的言论，在许多要点上与我的观点很相似。

我也想借此感谢其他我在英国的同事们，谢谢他们会心的了解以及对于我临床工作的支持。瑟尔小姐（Ms. Nina Searl）与我的共同信念与友谊使我们一起愉快工作，她对英国儿童精神分析的发展有诸多贡献。不管在临床实务或理论上，她对儿童分析师的训练也有举足轻重的影响。斯特雷奇先生和太太（Mr. & Mrs. Strachey）在许多方面协助了我，这本书的出版要归功于他们的贡献，他们不仅精准地翻译我的文字，且在书写上给了我非常宝贵与极富创意的建议。我也要感谢葛罗夫医师（Dr. Edward Glover），他对我临床工作的高度兴趣与仁慈的批判，对我有莫大的帮助，尤其是协助指出我的理论与现存被接受的精神分析理论所存在的相似之处。我同时也非常感激我的好友瑞维尔太太（Mrs. Joan Riviere），她非常支持我的工作，而且在各方面随时准备帮助我。

最后，也是最重要的，我从心底感谢我的女儿梅莉塔（Dr. Melitta Schmideberg）。为了准备这本书的出版，她投注了许多时间，也给了我相当宝贵的协助。

梅兰妮·克莱茵

1932 年 7 月，伦敦

第三版序[①]

自本书出版后，已经又过了好些年。对于所叙述的理论，我也有了一些不同的心得，特别是有关婴儿第一年的生活。这个新发现使我对于某些主要的假设有了更精细的描绘，我将在此一一提出来。本序的主要目的，是为了让读者对于这些修饰的本质有一些了解，目前我所想到与此有关的假设如下：婴儿在前几个月的生命中会经过一段被害焦虑的阶段，这一阶段与“施虐高峰期”(phase of maximum sadism)有密切关系。小婴儿会因为自己的摧毁冲动，以及对原始客体的幻想而感到罪疚，这一原始客体指的是他的母亲，或者更确切地说，指的是母亲的乳房。而这种罪疚感会使婴儿想要修复与被伤害的客体之间的关系。

在经历尝试填补这一时期的细节时，我发现有些重点以及时间先后顺序的改变是难免的。我区分了婴儿在 6 个月到 8 个月生命中的两个主要发展阶段，我称之为“偏执心理位置”（paranoid position）和“抑郁心理位置”（depressive position）。（我命名为“心理位置”，是因为这些现象虽然出现在早期发展阶段，但是它们并不只出现在这些发展阶段。心理位置所代表的是一些特殊的焦虑与防御机制，它们在孩子第一年的生命中不断地重复出

① 此序为英文第三版而写，并未在德文版中出版。

现。）

在偏执心理位置中，孩子被摧毁冲动和迫害焦虑主导。这一阶段从婴儿出生至大约4个月，甚至5个月大的时候。这个说法使我们不得不改变对于施虐高峰出现期的看法，但是它并未改变施虐特质与迫害焦虑间亲密互动的观点。

抑郁心理位置与自我(ego)的发展息息相关，大概在孩子1岁的时候完成。在这个阶段，施虐冲动、幻想及迫害焦虑的威力较低，婴儿将一个完整的客体内射（introject）进去，同时也能够统整客体的不同面向，以及自己因它所产生的情绪。在他的心智中，爱与恨同时存在，这使孩子有了焦虑——害怕他的内在与外在客体被伤害或被摧毁。抑郁和罪疚感使婴儿想保留或使爱的客体再生，并修复之前摧毁冲动和幻想所导致的结果。

抑郁心理位置的概念不只表示早期发展阶段日期的变更，也帮助我们了解小小婴儿的情绪生活，同时大大地影响我们对于整个儿童发展的了解。

这一概念也帮助我们重新思考俄狄浦斯情结（Oedipus complex）的早期发展阶段。我仍然相信，俄狄浦斯情结大约在6个月左右即已开始，但是由于我不再相信施虐特质在此时达到了顶峰，因此我将重点放在婴儿与父母的情绪关系以及性关系的开始点。虽然在一些地方（见第八章），我认为俄狄浦斯情结在施虐特质及恨的主导下开始。但是，我现在认为俄狄浦斯情结始于当婴儿转向第二个客体（父亲），并对他又爱又恨的时候。（在第九、第十和第十二章中，我从其他角度重新思考了这个问题，当时的看法比较接近我目前的看法。）我认为，抑郁的感觉来自害怕失去所爱的母亲，作为内在与外在客体，母亲是早期俄狄浦斯欲望的重要诱因。如此，我将俄狄浦斯情结的早期阶段与抑郁心理位置进行了联结。

根据我过去十六年的工作经验，我很想重新修饰本书所提的一些概念，但这些修饰并不会改变本书中所涵盖的主要论点，因为本书基本上与我现在对于儿童分析的看法类似。有关我的理论的最新发展，基本上来自以下假设：（一）内射（introjection）与投射（projection）的过程从出生即开始运作；（二）超我(super ego)在各方面的发展，来自生命成长过程中不断内化进去的客体；

（三）婴儿早期与内、外在客体的互动，严重地影响超我的发展与客体关系；（四）俄狄浦斯情结在很早即已开始；（五）精神病式的婴儿焦虑是精神病症（psychosis）的发源地。此外，有关我在 1922 年和 1923 年所发展出来的游戏技巧（play technique），以及本书所谈到的游戏技巧的主要特质，仍保留其原来的描述。在我未来的工作中，我只是更详细地描绘这些技巧，但并未改变其基本要素。

梅兰妮·克莱茵

1948 年 5 月，伦敦

引言

儿童精神分析的肇始要回溯到二十几年前，当弗洛伊德开始分析“小汉斯”（Little Hans）时。[①] 这破天荒的儿童分析，对精神分析的理论发展有两个举足轻重的贡献。第一，对这位5岁以下儿童的成功分析，显示精神分析方式可以被运用在很小的孩子身上；第二，更重要的是精神分析毋庸置疑可以通过分析儿童本身，求证当时弗洛伊德在成人身上所发现，且一直被质疑的“婴儿期本能倾向”（infantile instinctual trends）。另外，小汉斯的案例让我们引颈期盼，分析小孩子将比分析成人能帮助我们更深入、正确地获知儿童心智世界的运作模式，它同时也使我们对于精神分析的理论有重要及基本的贡献。但是，这份期盼却迟迟无法被认识与接受。许多年来，就科学及心理治疗而言，儿童分析在精神分析圈一直是一个尚未被开发的领域。虽然许多分析师，特别是胡格–赫尔姆斯博士（Dr. H. v. Hug-Hellmuth，1871—1924）[②] 曾经分析过儿童，但是并没有发展出一套与分析技巧及其应用有关的规则，这可能是儿童分析在实务及理论上的潜能未被广泛接受的原因，也因为那些长久以来被成人分析所接受的精神分析原理、原则，一旦应用在儿

① 《5岁男童恐惧症的分析》（*Analysis of a Phobia in a Five-Year-Old Boy*，1909）。

② 《儿童分析的技巧》（*On the Technique of Child Analysis*，1921）。

童身上，还必须再次被澄清及证明。

过去十年来，愈来愈多的人加入到儿童分析的行列。其中突显两个主要支派，一个支派的代表是安娜·弗洛伊德（Anna Freud），另一个则是我本人。

安娜·弗洛伊德依据她对于儿童“自我”（ego）的研究，修饰了古典精神分析的技巧，并且发展出一套分析潜伏期儿童的技术。她的技巧和我的技巧极为不同，有些理论观点也和我的有所差异。根据她的看法，儿童无法发展出“移情精神官能症”（transference-neurosis），① 因此儿童精神分析缺乏精神分析的一些基本分析情境。另外，她认为成人分析技巧不能直接应用在儿童身上，因为儿童的“婴儿期自我理想”（infantile ego ideal）仍太脆弱，② 这些也与我的观点有所差异。根据我的观察，我发现儿童像成人一样可以发展出“移情精神官能症”，只要我们坚守成人分析技巧，就可能引发移情精神官能症，亦即避免所有的教育方式，并彻底分析儿童对于分析师的负向冲动。儿童分析也让我学习到，即使深入的分析也很难缓和各年龄层儿童严厉的超我。另外，在分析过程中，只要不依赖用教育的方式来影响儿童，分析不但不会伤害儿童的自我，甚至会强化它。

如果我们依据治疗素材，从理论观点仔细评估并比较这两种技巧，则会是件很有趣的事。在本书中，我将为我自己的技巧以及我所描述的理论辩护。总而言之，直到现在，我们对于儿童精神分析所知的仍然有限。因此，我们必须从儿童分析的困境着手，并汇集整理我们手上有的资料。

---

① 安娜·弗洛伊德说：“儿童和成人不一样，他们尚未准备好建立一个新的爱的关系（love relationships）。我们可以说因为过去的关系尚未结束，他们的原始客体（父母）仍然非常真实，并且仍是他们爱的客体（love objects）。与成人精神官能症不一样，他们的爱的客体是在幻想中的。”安娜进一步说：“小孩不需要以分析师代替自己的父母。”“因为对儿童而言，以幻想中的客体代替真实的人，并不会像大人一样为他们带来好处。换句话说，儿童不像大人一样会觉得移情有好处。”《儿童精神分析治疗》（*The Psycho-Analytic Treatment of Children*，p.34)。

② 安娜以下列理由辩解（p.49）：“事实是，儿童的自我理想非常脆弱，其要求及精神官能症全仰赖外在世界。他们无法控制被解放出来的本能，因此分析师必须指导她们。”她继续说：“而且儿童对于分析师的负向冲动（negative impulses）不管如何呈现出来，对于分析而言都是不好的，因此需要立刻处理。真正对治疗有帮助的是正向依附（positive attachment）。”

目录

Part 1 第一部分 | 儿童分析技巧

第一章　儿童分析的心理学基础　3

第二章　早期分析技巧　15

第三章　6 岁女孩的强迫式精神官能症　33

第四章　潜伏期儿童的分析技巧　54

第五章　青春期儿童的分析技巧　73

第六章　儿童精神官能症　87

第七章　儿童的性活动　102

Part 2 第二部分 | 早期焦虑情境及其对儿童发展的影响

第八章　俄狄浦斯冲突的早期阶段与超我的形成　113

第九章　强迫式精神官能症与超我早期阶段的关系　135

第十章　早期焦虑情境对于自我发展的重要性　160

第十一章　早期焦虑情境对女孩性发展的影响　175

第十二章　早期焦虑情境对于男孩性发展的影响　215

附录一　儿童分析的范围与限度　249
附录二　说 明　254
附录三　参考文献　257
附录四　个案名单　265
附录五　克莱茵生平年表　267

第一部分
儿童分析技巧

第一章

儿童分析的心理学基础[①]

精神分析使儿童心理学有了崭新的面貌。精神分析导向的观察法帮助我们了解孩子在非常早的时候，除了经验到性冲动（sexual impulses）与焦虑之外，也经验到极大的失望和挫折。无性（ascxuality）的童年与“儿童的天堂”（paradise of childhood）这样的神话早已随风飘去。本章的论点来自成人分析与直接观察孩子的结果。这些结论通过我分析小孩子得到了证实与补充。

让我以一个例子开始，这个案例描绘了我如何从这些早期分析中学到幼儿的心智世界。我的小病人莉塔（Rita）开始接受治疗时只有2岁9个月。她从出生到1岁，一直都比较喜欢母亲，1岁之后她开始清楚地钟情于父亲，同时非常嫉妒母亲。例如，当她15个月大时，会一再要求希望能够单独和父亲在一个房间，乐于坐在他的膝上，和他一起看书。18个月大时，她的态度再度改变，母亲再次成为她所喜爱的人。也在此时，她开始有恐怖的夜惊（pavor nocturnus），而且害怕动物。她愈来愈强烈地黏着母亲，并且渐渐非常不喜欢父亲。在满2岁要进入3岁时，她变得非常爱恨交织而且很难管教。2岁9个月时，她被带来让我分析。当时，她的强迫式精神官能症非常显著，

---

① 这一章是我1926年所撰写的《早期分析的心理学原则》（The Psychological Principles of Early Analysis）的延伸。《克莱茵全集 I》（*The Writings of Melanie Klein, Volume I*）。

常常表现出一些强迫式的仪式，摆荡在自责的好孩子与无法控制的坏孩子之间，她的情绪发作具有抑郁型的抑郁（melancholic depression）特征。此外她有严重的焦虑，她的游戏非常克制、拘谨，且完全无法忍受任何挫折，并极度悲哀。这些困难使她变得很难管教。①

莉塔的案例很清楚地显示，在她 18 个月大时的夜惊，是她面对俄狄浦斯冲突的精神官能现象。② 她那通过晚上重复出现的夜惊所呈现出来的焦虑和愤怒，以及她的一些其他问题，都与早期俄狄浦斯冲突所引起的强烈罪疚感有关。

以下我将通过另一案例来描述这些早期罪疚感的内容与起源。特露德（Trude）是一名 3 岁 9 个月的女孩，③ 在分析中她常常重复地玩装扮（made believe）游戏。在装扮游戏中，当夜深人静，她和我（分析师）都在睡觉时，她会静悄悄地从房间的另一端（在装扮游戏中，那是她的卧室）向我走来，并且用各种方式威胁我，例如她要用刀刺入我的喉咙、把我丢到窗外、把我烧死、把我带到警察局等。她会想要把我的手脚绑起来，将沙发上的毯子掀起来，说她要在上面“大便”（Po — Kaki — Kuki，孩子称“大便”的用语）。后来，我发现原来她想说的是，她想要窥视母亲屁股里面的大便，亦即特露

① 莉塔住在她父母的卧室，直到将近 2 岁。分析显示出她见过原初场景或父母性交的后果。在她 2 岁时，弟弟诞生了，这个事件是她精神官能症发病的原因。我对她的分析持续了 83 次，是一个未完成的分析，因为她随父母亲搬到国外去了。在主要部分，她已经有了相当的进步，小孩的焦虑降低了，她那强迫式的礼仪也不见了，其忧郁症状以及无法承受挫折的现象，已经被大大地修饰。当分析减轻她对母亲的爱恨情绪的同时，她与父亲以及弟弟的关系也改善了。教养上的困难也减少了，同时恢复了正常。结案几年之后，我得以亲自看见分析所带来的久远影响，我发现她成功地进入潜伏期，她在智力以及人格上的发展，皆令人满意。但是当我再次见到她时，我认为她若能持续接受分析会更好。在她的整个人格与本性中，可以清楚看到强迫特质的痕迹。在此脉络下，我必须提醒：她母亲罹患严重的强迫式精神官能症，因此从一开始就和小孩的关系是爱恨交织的。对莉塔进行分析的一个正向改变是，母亲对她的态度改善了，尽管如此，它还是对小孩的发展有严重的伤害。毋庸置疑的是，若莉塔的分析能持续到结案，则她的强迫特质可以进一步被移除，她则能更有效地对抗精神官能症，以及那致使她罹患精神官能症的生活环境。分析七年后，我听她母亲说，莉塔的发展持续令人满意。

② 在第八章，我将更完整地解释为何我认为早期阶段的俄狄浦斯冲突尽在这些情绪中显示出来。

③ 在这里以及其他章节所指的是，小孩开始被分析的年龄。

德想象中的孩子。有一次她想要打我的肚子，并且说她就要把我的“大便”（A — A ‘s）拿出来，让我变得什么都没有。之后，她拿起抱枕（她常常用这个抱枕代表孩子）躲在沙发后面，然后缩起身子来躲在角落，并露出强烈惧怕的表情。她会将自己掩藏起来，吸吮她自己的手指头并尿尿。每次在她攻击我之后，就会重复这个历程，这些详细的游戏历程与她在床上的行为呼应。在她未满 2 岁时，她开始有非常恐怖的夜惊，在那时，她会重复跑进父母的房间，且无法告诉父母亲她想要什么。在分析她的遗尿、遗粪是为了攻击父母的性交之后，她的症状就消失了。特露德想要盗走怀孕中母亲的孩子、杀了母亲，并且占有父亲性交中母亲的位置。在特露德 2 岁时，妹妹诞生了。这些在 2 岁时的恨与攻击冲动，使她强烈地固着（fixations）在母亲身上，且有了严重的焦虑与罪疚感。这些焦虑与罪疚感和其他事情，都呈现在她晚上恐怖的夜惊上。因此，我做出结论：孩子早期的焦虑与罪疚感，源自他们的攻击倾向，而这一倾向与俄狄浦斯冲突有关。① 在分析中，当特露德清楚呈现以上我所描述的行为时，她会想尽办法在每次来见我之前伤害自己。我后来了解到，这些用来伤害她自己的物体，例如桌子、橱柜与火炉等，与她原始及婴儿期的认同符合，象征她的母亲与父亲在惩罚她。②

回到第一个案例，我们发现莉塔在 2 岁之前，就对每一个小错误感到非常自责，也对大人的责备过分敏感。例如有一次，父亲开玩笑地用图画书里

---

① 本章是依据我 1926 年所写的文章《早期分析的心理学原则》。在该文中，我已经表示恨和攻击倾向常常是罪疚感的基本原因与基础，之后，我在其他文章中以许多新的证据来支持我的意见。1929 年，在牛津的年会上所发表的《象征形成在自我发展中的重要性》（The Importance of Symbol Formation in the Development of the Ego，p.930，《克莱茵全集 I》）中，我做了更仔细的描绘，我说：“只有在俄狄浦斯冲突的晚期，反对原欲冲动（libidinal impulse）的防御机制才会出现。在早期阶段，防御机制所对抗的是摧毁冲动（destructive impulse）。”这一假设和弗洛伊德最近的一本书《文明及其不满》（*Civilization and its Discontent*，1930）中所下的结论一致。在书中，弗洛伊德说：“如此，就整体而言，只有攻击被压抑，然后被转化为罪疚感而成为超我的一部分。我确信如果精神分析所发现的有关罪疚感的来源被局限在攻击本能的话，则许多历程的解释会变得更简单、更原始。”（p.138）在下一页他继续说：“现在提出以下这个命题似乎是合理的，当本能的趋势被压抑时，它的原欲元素则会导向症状，而其攻击的部分则变成罪疚感。”

② 一些哀怨的特质以及易跌倒或受伤的倾向，常常都是幼儿的共通点，根据我的经验，这些也都是罪疚感的结果。

的一只熊威胁她，她立即放声大哭。她认同童话书中的熊的原因，来自害怕父亲对她不满意。她在游戏中的拘谨也源于这些罪疚感。当她 2 岁 3 个月时，她常常玩洋娃娃的游戏，这个游戏为她带来小小的愉悦。在游戏中，她会重复宣告她不是洋娃娃的母亲。分析显示她不被允许扮演洋娃娃的母亲，因为孩子玩偶代表的是她弟弟。在母亲怀她弟弟时，她希望能从母亲身边夺走弟弟。这个禁令并非来自她的母亲，而是来自被内射进来的母亲。而被内射进来的母亲，远比真实的母亲更严厉与残酷。莉塔的另一个症状是在 2 岁时所发展出来的强迫症，此强迫症为床上的一些礼节，仪式的主要内容是她必须被紧紧地包裹在睡衣里，否则老鼠（或是她称之为“Butzen”的东西）就会从窗户跑进来，咬断她自己的“Butzen”。[①] 她的洋娃娃也要被紧紧包裹起来。这些重复的仪式变得愈来愈精致细腻，而且冗长。她的做法显示出，她整个心智已经被蔓延的强迫形态所占据。在一次分析过程中，她将一只玩具大象放在洋娃娃的床上，以避免洋娃娃半夜起来跑到她父母的房间，并且“对他们做一些事情，或是从他们那里取走一些东西”。这只大象代表她内化进去的父母。在她 1 岁 3 个月到 2 岁之间，当她渴望取代母亲的位置，和父亲在一起，以及从母亲里面抢走她的孩子并且伤害和阉割父母时，她觉得这对幻想中的父母就会开始施发禁令。莉塔的强迫仪式的意义变得愈来愈清楚：在上床时被包裹起来是为了避免自己半夜醒来，执行她对父母的攻击欲望，同时她认为这些渴望会使她招致处罚，她想象父母会用对等的方式反击，因此，被紧紧地裹起来也是为了对抗被攻击的一种防御机制。例如，攻击可能来自“Butzen”（指的是父亲的阴茎），这个“Butzen”会伤害她的性器官并咬断她自己的“Butzen”，以此作为她企图阉割父亲的惩罚。在这些游戏中，她会处罚她的玩偶，然后变得很愤怒与害怕。这游戏显示出她扮演了两部分的自己，亦即施加惩罚的权威和被惩罚的孩子。

这些游戏也证实，这种焦虑不只是指向孩子真正的父母，更是指向孩子

① 莉塔的阉割情结(castration complex)显示在她一连串的症状中，也呈现在她的人格发展中。她的游戏也清楚呈现出她对父亲的强烈认同，并害怕掉入男性特质里，这一恐惧来自她的阉割情结。

所内射进去那对过分严厉的父母。在此我们看到的父母相当于成人的超我，[①]它们最显著的标记是当俄狄浦斯情结达到巅峰，正要开始下降的时候，也就是整个已经持续好几年的发展历程的最后阶段。早期分析显示，俄狄浦斯冲突在婴儿 6 个月大时即开始，婴儿也在此时开始建构起自己的超我。

我们也发现，孩子在很小的时候已经有罪疚感的压力，我们至少可以根据这个基础，开始分析年纪很小的孩子。尽管如此，成功治疗幼儿的其他条件却仍不足。例如，他们与现实的关系很脆弱。此外，他们显然缺乏接受分析的诱因，他们通常并不觉得自己生病了。最后也是最重要的一点，就是他们尚未能提供足够的口语自由联想，而这却是成人分析治疗最主要的工具。

让我们先由后者谈起：了解婴儿与成人心智的不同，使我学到如何引发孩子的自由联想，并了解他们的潜意识。儿童心理学的一些特质帮助我发展出游戏分析技巧：孩子通过游戏和玩耍，以象征的方式表达出他们的幻想、欲望，以及真实的经验。就像我们所熟悉的梦的语言，儿童其实使用了同样的语言，只有通过弗洛伊德所教导的我们了解梦的语言的方式，我们才能完全了解儿童的语言。然而，象征只是其中的一部分，如果我们想正确了解孩子的游戏，以及他在诊疗室中的所有行为，我们就不能只看游戏中单一的象征意义，虽然这些象征常常是非常醒目的。我们仍必须将所有防御机制和梦境中使用的所有表达方式列入考虑之中，绝对不能将个别元素从整体情境中抽离出来。儿童的早期分析一再显示，一个玩具或游戏常常会具有许多不同的意义，我们只有在进行全面的联结以及考虑整个分析情境之后，才能推论并诠释它们的意义。例如莉塔的洋娃娃，有时代表的是阴茎，有时是她从母亲那里偷来的孩子，有时则代表她自己。只有当我们将这些游戏元素与孩子的罪疚感联结时，才能获得精神分析所带来的冲击，而这个联结是分析师对那些最微小细节的诠释。孩子在一个分析时段中呈现出千变万化的游戏内容，乍看之下常常是毫无意义的。他们可以一下玩某个玩具，一下扮演某些东西，然后又回到玩水的游戏，他们也可以一下剪纸，一下又开始画画。孩子如何

① 根据我的意见，最早期的认同已经可被视为超我，我会在第八章中详加解释。

做这些事情，为何突然改变游戏的内容，以及选择什么样的东西来表达游戏的内容，以上种种都有一定的原理、原则，若我们把它们当成梦一样来诠释，则可以发现其意义。孩子常在游戏中玩出他们刚刚告诉我们的梦，也会通过后续的游戏来告诉我们他们对于梦的自由联想。因为游戏是孩子最重要的表达工具，如果我们使用这些游戏技巧，我们很快就会发现孩子对游戏某些面向的自由联想并不亚于成人对一个梦的某些面向的自由联想。对于一个受训过的观察员而言，这些独立的游戏元素或面向都是指标。孩子在玩游戏的同时也会说话，他们讲的所有话都是很有价值、很真诚的自由联想。

我们常会感到惊讶，孩子有时会很快接受我们的诠释，而且很清楚地表达他们的愉悦。这可能是因为在孩子的心智中的某些层次，很容易在意识和潜意识之间流动，因此，要搜寻潜意识的痕迹是比较容易的。诠释常常很快带来效果，虽然它们似乎尚未进入意识中。此效果显示诠释通常可以改变孩子的游戏内容，例如，孩子可能因为抑制（inhibition）的关系而停止某些游戏，但是在诠释后又会重新玩起来。他们会改变且延伸游戏的内容，并通过游戏将更深的心智层次显示出来。当焦虑被解决之后，想玩的欲望就会恢复，与分析师的接触也会再次被建立。由于诠释释放了孩子用来维持压抑的能量，因此他对游戏的兴趣会再次被激发出来。当然有时我们也会碰上阻抗，而且很难克服这些阻抗。这通常表示我们已碰到孩子心智中更深层次的焦虑及罪疚感。

孩子在游戏中所采用的古老以及象征形式的表征（representation），与另一种原始的机制有关。在游戏中，孩子将心智世界用行动而不是用话语表现出来。游戏以行动代替了语言或思想，换句话说，游戏有许多“行动化”（acting out）的层次，弗洛伊德在《一个婴儿期精神官能症案例》（From the History of an Infantile Neurosis）一文中写道：“对于精神官能症儿童的分析，似乎是比较可靠的，但是其素材不会太丰富。儿童必须借用许多文字和思考，纵使有了文字与思考，最深的部分仍然可能无法渗入意识层。”[①] 若将成人精

① 参见 S. E., 17, p.8。

神分析的技巧应用在儿童病患身上，可以确信的是，我们无法进入这些最深的层次。然而孩子跟大人一样，我们只有深入这些层次，才能成功地达成分析的效果。但是，如果我们考虑儿童心理学和成人心理学的不同（即孩子的潜意识仍然非常接近其意识，而且那些最原始的冲动伴随非常复杂的心智过程正在运作），并且正确地掌握孩子的表达模式，则儿童分析不会再有以上这些缺点。我们也会发现，我们可以像对成人一样地对孩子做非常深入、彻底，甚至更彻底的分析。在分析儿童时，我们可以回到儿童的经验以及他们的固着点，在分析成人时，则常常只能借由再建构（reconstruction），而儿童会显示给我们立即的表征。①

1924年我于萨尔斯堡（Salzburg）的年会上所发表的论文中，②提出了一个论点，就是在每一个游戏行动的背后，都隐藏着一种自慰幻想（masturbatory phantasies）的释放历程，这一历程刺激孩子得以继续玩游戏。它以重复—强迫行为（repetition-compulsion）构成孩子游戏中及其后之升华（sublimation）的基本防御机制。拘谨的游戏则来自对这些幻想过分强烈的压抑，它因此也压抑了孩子生命中的想象力。与孩子自慰式幻想有关的是他们的性经验，孩子在游戏中找到了这些经验的表达方式。在这些重新出现的经验中，“原初场景”（primal scene）是非常重要的部分，在早期分析中，它们常常是重头戏。基本上，只有在许多分析之后，以及当原初场景和孩子的性趋势足够被掀开之后，我们才能接触孩子性器前期的经验和幻想表征。例如，4岁3个月的露丝（Ruth）在婴儿期时长期忍受饥饿，因为母亲没有足够的奶水。在游戏时，她常常称水龙头为“牛奶龙头”（milk-tap），她会解释说：“牛奶要跑进‘嘴巴里了’（指的是水要流进水管里），但是只有一点点可以跑进去。”在许多游戏、装扮中，以及整个心智态度中，她呈现出那未被满足的口腔欲望，例如，她常常宣告自己非常穷，只有一件外衣，

① 早期分析为精神分析导向治疗提供了很有用的贡献，主要是因为小孩能够以很直接的方式表达其潜意识，它不只帮助小孩经验到情绪上的释放，而且在分析中重新活过原始情境，因此通过诠释，“固着”可以在相当程度上被解决。

② 未出版。

没有足够的东西可以吃，等等；以上这些都与现实不符。

6 岁的强迫症病患厄娜（Erna），她的精神官能症主要是如厕训练造成的。[①] 在分析中，她以非常细腻的方式向我显示这些经验，例如，她让一个小玩偶坐在积木上，在一群仰慕它的玩偶面前排便，然后重复玩这个游戏。但是，这次我必须加入她的游戏，我要扮演把自己弄脏的小婴儿，而她则是小婴儿的母亲。她欣赏、抚摸着这个婴儿，然后她突然变成一个愤怒而严厉的管理者，且对婴儿很不好。她借此游戏告诉我，在她小时候开始接受托儿所训练时的感觉，亦即她相信那时她已经渐渐失去在婴儿时期所享有的许多关爱。

有关儿童精神分析，我们不能为了重复式的强迫行为，而太强调行动化与潜意识幻想的重要性。当然，幼儿常常会使用行动化，甚至大人也常常会依赖这种防御机制。在行动化中所获得的愉悦，是使他持续分析不可或缺的刺激，当然，我们知道它不能变得本末倒置。

当分析开始进行，且幼儿通过诠释开始释放一些焦虑之后，他会因为诠释的结果而经验到一些释放（这常常在前几次治疗之后就会发生），使他得以持续接受分析。因此，即使到目前为止他从未有被分析的动机，现在他对于这种事已经有了一些领悟，并且可以开始使用并珍惜分析的历程。这种被分析的动机，和成人对自己病识感的领悟具有同样的效果。这种领悟能力证实他们相当有现实感，这是我们之前对孩子所没有的期待，这一点使我们更需关注与讨论孩子与现实的关系。

在分析过程中，我们可以看见孩子与现实的关系在开始时是非常微弱的，而分析可以使他们渐渐增加其强度。例如，小小病患已能渐渐区分在游戏中装扮的母亲以及真实的母亲，或玩具中的兄弟以及她生命中真正的兄弟。他会强调他只会对这个玩具兄弟做这些事情，但是他深深地爱着他真实的兄弟。只有在这些强烈而顽固的阻抗被克服之后，他才能看见自己的攻击行为其实也是针对他现实世界中的客体。当他了解这些之后，即使这么小的孩子也已

---

① 厄娜的案例会在第八章中更详尽地描述。

经在现实的适应上有了非常重大的进展。就像我那 3 岁 9 个月的小病人特露德，在跟我见了一次面之后，她就和母亲到国外去了，六个月之后她又重新开始分析。过了许久之后，她才开始告诉我在旅行中所看到以及所做的事情，而且仅告诉我与梦有关的部分。她梦见她和母亲回到了意大利，一个她所熟悉的餐馆，饭店的服务生没有给她任何蓝莓酱，因为他们已经没有库存。对于这个梦的诠释和一些其他事[①]显示出她尚未克服断奶所造成的痛苦，以及对妹妹的嫉羡。虽然她向我报告了许多显然不重要的日常琐事，也重复地提起六个月前在第一次分析中的一些细节，唯一让她提起旅行的原因，是因为一个挫折经验，并且此挫折与分析情境有关，否则她对这趟旅行毫无兴趣。

精神官能症的孩子无法承受现实，是因为他们无法承受挫折，他们通过否认现实来保护自己。他们未来是否能够适应现实，取决于他们是否有能力忍受俄狄浦斯情境（Oedipus situation）所引发的挫折。因此，过分强烈拒绝现实（常常隐藏在表面的顺从与适应之下）是精神官能症的指标。对于逃离现实所引发的精神官能症，孩子与成人只是在表达形式上不同而已。因此，早期分析的结果之一，应该能够帮助孩子适应现实，若能成功达成此目标，则孩子比较不会有学习上的困难，因为他们已经可以承受现实所带来的挫折。

所以，我们可以看见儿童分析的介入方式或多或少与成人分析有所不同，我们选择了一条横越自我最近的路，通过接近孩子的潜意识，我们同时接触他们的自我。对于孩子脆弱的自我而言，施压在他身上的超我常常比大人还要来得沉重，通过减低这些过度的超我压力，我们得以强化自我并协助其发展。[②]

---

① 这个梦是一个处罚的梦，来自死的欲望，而死的欲望则来自她的口腔挫折（oral frustrations）。她针对妹妹与母亲而来的俄狄浦斯情境，也来自这些渴望所导致的罪疚感。分析幼儿的梦让我相信梦和游戏一样，不只呈现出小孩的欲望，也包括来自于超我的反倾向（counter tendencies），甚至在最简单的愿望之梦中（wish dreams），罪疚感也会以隐藏的方式呈现出来。

② 在分析结束后，孩子无法像成人一样改变他的生活环境，但是精神分析能够帮助他更自由地发展，也使他在现实环境中活得更好。如此的分析效果，对小孩而言，已经有很大的帮助。再说，移除小孩的精神官能症常常会弱化环境适应的困难，我的经验是在分析开始时，母亲的神经质反应方式也会减弱，因此可为小孩带来正向的改变。

我之前提过对于儿童的诠释所带来的快速效果，并描述它如何在许多方面被观察到，如游戏的多样化、移情的强化以及焦虑的降低等。尽管如此，有时我们会觉得这些诠释并未在孩子的意识中运作。我发现这一能力要在后期才会发展出来，它跟随孩子的自我以及他们适应现实的能力而渐渐发展出来。性觉醒（sexual enlightenment）的过程也与此类似。有一段很长的时间，儿童分析基本上只是在将孩子所呈现出来的游戏素材与性理论（sexual theories）以及他们对于出生的幻想进行联结，只有在潜意识的阻抗渐渐被移除之后，孩子才会有性觉醒。彻底的性觉醒和对现实的适应，可以说是完整分析的结果之一。除非达到此结果，否则分析不算完成，也无结案可言。

由于儿童的表达方式和成人不同，因此，分析情境也会随之而异，但是就分析原则而言，儿童和成人是一样的。例如，一致地做诠释、渐渐处理阻抗、不断回到与早期情境有关的移情——不管是正向或负向的，这些都能帮助建立、维持正确的分析情境，就像成人一样。为了达到这样的结果，分析师必须避免使用任何与分析无关的技巧，或使用教育的方式，就像成人分析一样，处理移情的方式也应该和成人一样。如此，我们才得以在分析情境中搜集到孩子的症状与困难。移情诠释使孩子重新呈现他们早期的症状、困难与顽皮的行为，比如他们可能再次尿床，或在一些情境中重复他们小时候做过的事，有时三四岁的孩子讲话会像一两岁一样。

由于这些新获得的知识在开始时是在潜意识中运作的，孩子不会觉得必须立刻修饰他们与父母的关系。这种发展首先以情绪的方式出现。根据我的经验，这些渐渐获得的知识只会使孩子安心，并且显著改善他们与父母之间的关系。他们的社交适应也会比较好，并比较好养育，超我的要求也会因为分析而被舒缓，自我由于比较不被压迫而变得更强壮，因此也比较容易执行超我的要求。

当分析继续进行，孩子会渐渐以批判式的拒绝取代压抑的历程。我们可以在晚期的分析中，看到他们与时时掌控他们的施虐冲动（sadistic impulses）变得非常隔离，对于他们所不认可的诠释，也会回以最强烈的阻抗，甚至有时会嘲笑这些诠释。① 我听过非常小的孩子开玩笑说他们曾经想过要吃掉他们的母亲，并且把她切成碎片。这些改变伴随罪疚感的减轻，可以使那些曾经完全被压抑的施虐渴望（sadistic desires）升华，伴随而来的是移除游戏与学习的抑制，新的兴趣与活动也会随之出现。

在本章中，我重新描述了早期分析的技巧，因为那是分析方法的基础——由于孩子特殊的心智常常会强而有力地持续到长大后，我发现这些特殊技巧对于治疗年纪大一点的孩子是不可或缺的。当然，另一方面我也知道，大一点的孩子的自我发展比较完整，因此当应用在学龄期或青春期的孩子身上时，这些技巧必须做一些修饰。由于这主题会在未来几章中做更详尽的描述，因此我只在此进行简要说明。至于技巧的修饰到底要更接近早期分析或是成人分析，则非依据儿童的年龄，而是依据个案的特殊人格架构。

总而言之，下面我要描述的原理原则，是针对所有年龄层的治疗技巧的基础。由于孩子和年轻人的焦虑比成人更敏锐，我们必须尽快建立起分析情境，并接近他们的焦虑以及潜意识中的罪疚感。在孩子身上，焦虑常常以"焦虑发作"（anxiety attacks）的方式呈现；在潜伏期，则会以"不信任的拒绝"（distrustful rejection）方式呈现；在情绪强烈的青春期，焦虑会再次变尖锐，但是伴随孩子自我的发展，就会常常表现在阻抗中——这一阻抗常有藐视和暴力的本质，也因此很容易造成分析的中断。对于任何年龄层的孩子而言，若从分析开始就能够系统地处理并解决负向移情，则某些焦虑会很快被释放。

为了可以接近孩子的潜意识幻想与潜意识，我们必须接受小孩子以及大孩子所使用的间接象征式表征（symbolic representation）的引导。当孩子由于焦虑的降低，而幻想变得更自由时，我们不只接近了孩子的潜意识，并且

① 这是我的观察，当小孩的超我比较不严厉时，他们常会变得比较幽默。我想这证实了弗洛伊德有关幽默本性的理论，弗洛伊德认为这是友善超我的影响。弗洛伊德在《幽默》（Humour，1928，p.166）一文中做了如此的结论，他说："最后如果超我尝试通过幽默安慰自我并使其免于受苦，这与父母代理机制（parental agency）的根源并不冲突。"

大大地启动了孩子表达幻想的工具。[①] 这对于那些从一开始所呈现出来的游戏素材似乎就与幻想完全无关的案例而言，也是有帮助的。

我将对于本章的描述作一个简要的结论。由于孩子心智的本质较原始，我们必须找到一种适应这些孩子的分析技巧。我们可以在游戏分析（play analysis）中找到这些技巧。通过游戏分析，我们得以接触孩子深刻表达出来的经验与固着，因此，对于其发展也会有根本的影响。儿童分析与成人分析在方法上的不同，仅在于其技巧而不在于其原则。移情情境与阻抗的分析、婴儿期的遗忘和压抑（repression）的移除，以及原初场景的再现，都会出现在游戏分析中。因此，我们得知所有精神分析法的准则，都可被运用在游戏技巧上。游戏分析和成人技巧可以有相同的效果，唯一的不同在于技巧方法因孩子的心智而应有所适应。

① 如果我们这样想的话，则我们可以说语言是分析的工具（如果小孩已经准备好要讲话的话）。我们之所以在分析许久之后还无法使用语言的联想，并不只是因为幼儿无法很自由地讲话，而是因为那些他们所承受的生活焦虑，只允许他们使用一些比较不直接的方式表达。因为玩具与行动是小孩表达自己的最原始与最古典的表征，因此我们绝对无法单靠语言来进行深入分析。尽管如此，我相信任何年龄层的小孩，除非他们已经有了完全表达的能力，否则分析是不可能结束的，因为语言是与现实接触的桥梁。

第二章

早期分析技巧

我在第一章除了尝试描绘孩子的特殊心理运作机制与成人如何有别之外，也指出它们的相似点。这些异同点，使分析技巧在运用上必定会有差异。根据这些差异我发展出游戏分析的方法。

在诊疗室的矮桌上，我会放一些简单的小玩具，例如小木雕男人和女人、车子、马车、机器玩具车、火车、动物、积木和房子，我也会放一些纸、剪刀和铅笔。我认为即使非常矜持的孩子，也会至少看玩具一眼或碰它们一下，然后，他们脸上会闪过一些表情，或是开始玩玩具、把它们放在一边，或以各种方式显示出他们对玩具的态度。

以下我将以对一个孩子的分析案例来示范我的游戏技巧原则。3 岁 9 个月的彼得（Peter）是一个非常难缠的孩子，他强烈固着在母亲身上，对她爱恨交织。他无法承受挫折，且完全无法玩游戏。他看起来非常羞怯、悲伤，不像一个孩子，有时会显示出攻击与轻蔑的态度。他无法和其他孩子相处，特别是他弟弟。他的分析本来是预防性的，因为其家族中有许多严重精神官能症的病例，但在分析中愈来愈呈现出，他自己也罹患严重精神官能症。他的矜持已经严重到若没有接受分析，可能无法应付学校的要求，且迟早要被退学。①

在第一次游戏会谈开始时，彼得拿出玩具马车以及其他车子，先是按先后次序排列，后来做横向排列，然后让这两种排列方式交替出现好几次。游戏之间他拿起了两辆有马的马车，并让这两匹马相撞，当两匹马用脚彼此互踢时，彼得说："我有一个小弟弟叫弗利斯。"我问他马车在做什么，他回答说："这样子不好。"之后立刻停止两匹马相撞的游戏，但是，立刻又开始同样的游戏。然后他用同样的方式让两匹玩具马相撞。这时候我说："你看，两匹马就像两个人撞在一起了。"他先说："不，这样子不好。"然后说："是的，是两个人撞在一起。"后来他又说："两匹马也撞在一起了，现在它们要去睡觉了。"他用积木把它们盖起来，然后说："现在它们快要死掉了，我把它们埋葬起来了。"在第二次会谈时，他立即重复第一次的游戏，亦即让车子和马车一辆辆地排列起来，这次是横向排列着。就像第一次玩的一样，他让两辆马车撞在一起，然后让两辆机器车撞在一起，然后他将两个秋千排列在一起，指给我看中间会摇晃的链子，说："你看它会晃来晃去，而且会跳。"我指着会摇晃的秋千、机器、马车及马，继续诠释说："它们看起来像两个人，妈妈和爸爸，将他们的'thingummies'（性器官）② 撞在一起了。"他否定说："不，这样不好。"但是继续让两辆马车相撞，并且说："它们就是这样把'thingummies'撞在一起的。"然后，他立刻又谈起弟弟的事。我们在这次和上次会谈中可以看见，他在让两辆马车和马撞在一起之后，立刻提起他那刚出生的小弟弟。因此，我继续诠释道："你在想一定是因为爸爸和妈妈把他们的'thingummies'撞在一起，而你的弟弟弗利斯就是这样子出

---

① 我必须补充说明，在分析结束时（共有 278 个治疗时段），彼得的困难已经消失了，而且他整个人格跟气质都有了非常大的改变，非但他那病态的害怕消失了，他也不再羞怯，而且变成一个很活泼、快乐的小孩。他克服了在游戏中的矜持，也开始和其他小孩处得很好，特别是他的弟弟。他的发展一直都持续良好，他最近的发展，亦即治疗六年后的情况显示他在学校适应良好，也对许多事情充满兴趣，学习良好，而且是运动健将，他很容易被管教，而且可以达成他年龄层的一些社会要求。特别要提起的是在分析过程中以及分析后的几年内，由于家里发生的一些大变化，使他经验到许多意外的压力。

② 我常事先从小孩的母亲那儿得知小孩对性器官或排泄过程的一些特殊用字，并在分析中借用小孩的说法，但是为了让读者了解，在其他案例中我将不再使用这些特殊字眼。

来的。”彼得就拿起另一辆小车，并让这三辆车都碰撞在一起。我诠释道：“那是你自己的‘thingummy’，你想用自己的‘thingummy’去撞爸爸和妈妈的‘thingummies’。”然后他又多拿了一辆车，说：“那是弗利斯的。”接着他又拿起了两辆更小的车，把它们都放在发动机上面，指着马车和马说：“那是爸爸。”将另一个放在旁边说：“那是妈妈。”他又指着父亲的马车和马说：“那是我。”然后，又指着母亲的车说：“那个也是我。”这个历程示范了彼得如何认同在性交中的父母。之后，他重复地让两辆小车相撞，并且跟我说，为了能够让两只鸡静下来，他和弟弟让两只鸡进入他们的卧房，但是鸡将卧房弄得乱七八糟，而且在那里吐口水。他补充说，他和弗利斯不是粗野的流浪儿，也不会吐口水。我跟他说，两只小鸡是他和弗利斯的性器官撞在一起，吐口水则是自慰的意思。他微微阻抗后同意了这个说法。

我仅能在此简短指出，孩子在游戏中所呈现出来的幻想，在经过持续诠释之后，会变得比较自由，并且会减少游戏中的约束，其游戏内涵也会更丰富。我也指出有些游戏的细节会重复出现，直到通过游戏被澄清为止，之后孩子会再表现出一些新的细节。就像对梦的素材的自由联想，会使梦的潜藏内涵呈现，孩子的游戏也像成人的自由联想一样，帮助我们了解潜藏的内涵。游戏分析像成人分析一样，将真实的情境视为移情情境，并将这些情境与原始的经验或潜意识幻想进行联结，帮助孩子完整地呈现并解决幻想中的这些原始情景。通过揭开其婴儿期的经验及其性发展的根源，精神分析可以解决固着，并修补发展中的失误。

以下片段我将以彼得的案例，描述在第一次会谈中所做的诠释，在晚期的分析中被证实了。几个星期之后，有一天，当一个玩具人偶不小心倒下去时，彼得突然变得非常愤怒，之后他问我：“玩具汽车是怎么做的？为什么它可以站起来？”然后它让一只小小的玩具鹿倒下去之后，说他想去小便。[①] 在

---

① 在第一章中，我已经解释过小孩和大人一样，只有当以纯然的分析态度面对病人时，分析情境才可能被建立并维持，但是在治疗小孩时，在没有背离其主要原则的情况下，适度的修饰是必需的。例如，如果一位小病人想去上厕所，而且在家里他也不习惯自己上厕所时，那么我会跟他去，但是我会在绝对必需的时候才替他做事，或尽可能（转下页注）

厕所里他跟我说："我在上厕所，而且我有'thingummy'。"当他再次回到房间来时，他拿起了一个称之为"小男孩"的玩具男人，这个小男孩坐在一个小屋子里，他称之为"厕所"。他让这个小男孩站在一个地方，并将一只狗放在小男孩的旁边说："不可以看他，也不可以咬他。"但是，他将一个玩具女人放在小男孩旁边说："她可以看他。"然后说："只有他的爸爸不可以看他。"这个游戏证实把狗（也就是他的父亲）看成他所害怕的对象，而大便的男孩则是他自己。这个游戏之后，他继续玩一辆汽车，他非常欣赏这辆汽车，并让它来回移动，然后他突然很生气地问："它要什么时候才停止？"之后又补充道："那些其他的玩具男人都不可以坐在它里面。"他将这些玩具男人全部弄倒，再让他们坐起来背对着车子，然后又再次把许多车子和马车横向排成一列，接着他突然说他又想要大便了，但是又临时改变主意，问道："那个正在大便的玩具人（小男孩）什么时候才会大便完？"然后又开始玩起汽车，欣赏它，并开始重复以下游戏：欣赏车子、愤怒地不停地移动它们、想去大便并同时问这个小男孩是否已经大便完。

上述游戏内容显示，彼得叙述了以下事情：一个玩具男人、一只鹿等，不断倒下去，代表的是他将自己的阴茎和父亲直挺的阴茎比较时的自卑感，他必须立刻去小便是为了要证明他跟我的不同；那辆不断移动也让他钦羡和愤怒的汽车，代表不断从事性交的父亲阴茎。在崇拜父亲的阴茎之后，他变得很愤怒而且想去大便。这一游戏重复了当他在父母的性交现场时会想去大

（接上页注）减少这样做，避免让我的协助被视为具有爱的特质，因为这正是小孩潜意识幻想所渴望的。就像在其他情况一样，这种友善的保留态度，在儿童分析和成人分析中，为了建立并维持分析情境是必需的。通过分析中的诠释指出，病人由分析本身所获得的满足，以及渴望获得这些满足的最深动机，并且将它与诠释后的自由联想或游戏进行联结是很重要的。例如在彼得的案例中，他装满水后说："我在上厕所，而且我有'thingummy'。"然后继续玩让一个小男孩坐在马桶上的游戏。在他说完这句话后的游戏细节，亦即不让他的父亲表征（狗）看小孩上厕所，但是女人可以看，这呈现出彼得为什么之前要去尿尿，且渴望在尿尿时，我能够在场的原因。同样，我也会很彻底地分析为什么小孩要让我扮演某个角色，或是要我帮他或他的洋娃娃及动物做一些事情。是否能在分析小孩时建立起分析情境，可由以下得知，譬如除了少数例外，即使非常小的小孩也通常不会在现实中有暴露的行为，而且即使在非常强烈的正向移情中，也少有小孩会爬到我的膝盖上亲我或抱我，失禁的行为也很少在分析时段中出现，非常小的孩子也是这样。

便的情景。他借此干扰了父母的性交过程，在幻想中，他以自己的排泄物伤害了他们，另外大便代表的是不够好的小男孩的阴茎。

我们必须尝试将这个素材与彼得的第一次分析历程联结，在第一次治疗中，他将车尾对车尾一辆辆地衔接起来，他想表示的是父亲那强而有力的阴茎；当他将车横列组合的时候，他想象征的是重复出现的性交以及父亲的权势，他后来通过一辆车的持续移动来呈现这个幻想。在第一次治疗中，他通过让两匹马去睡觉，而且“死了，并被埋葬了”，来表达他对于看见父母性交的愤怒。这些在分析开始时就呈现的性交现场情境，与他婴儿期的真实经验有关，他父母的叙述也证实了这一点。根据他们的说法，只有一段期间，当彼得 18 个月大时，有一次他们放假去别的地方玩时，彼得跟他们睡在同一间卧室。在这段时间，彼得变得愈来愈不容易管教，他睡不着而且会在晚上遗粪，其实在此之前他已经完成了如厕训练。这显示了婴儿车的栏杆并不能阻止他见到父母的性交历程，这一现象使情况变得更糟，彼得通过让玩具男人被打倒，并让他们背对汽车的方式，象征性地表达出来：让玩具倒下来则象征着自己的无能。在那之前，彼得的游戏内容非常完好，但是之后，他只会将玩具摔坏而不再做别的事。在第一次治疗中，他就已经显示出破坏玩具的举动和看到父母性交的关联。当他将那象征父亲阴茎的汽车横着排列并让它们不断移动的时候，他就会发脾气并把它们到处乱丢，而且说：“我们总是把圣诞节的礼物直接破坏掉，我们才不要它们呢！”因此，破坏玩具在潜意识中指的是破坏父亲的性器官。诊疗室中，他因为破坏而带来的愉悦及游戏中的抑制，在分析的过程中渐渐被克服并消失了，他的其他困难也随之消失。

在渐渐揭开原初情景之后，我发现彼得有非常强烈的被动同性恋倾向。在描述了父亲的性交之后，他开始幻想三个人在一起的性交。这些幻想让他变得很焦虑，而且紧跟着其他幻想，例如与父亲的性交。在游戏中，他让一只玩具狗、汽车或是马车（这些代表的都是他的父亲）爬到双轮马车或男人身上（指他自己）。在这个游戏过程中，双轮马车或是被摧毁，或是男人的某部分被咬断，之后彼得则会显示出对玩具的害怕或攻击，这些玩具表征的是他父亲。

我将通过上述真实的分析片段而来的启示，讨论我的分析技巧的一些重要面向。当孩子通过他的游戏、绘画或幻想，或一般行为，让我对他的情结有一些领悟时，我就会开始做出诠释。这并不违背精神分析的一个重要原则，亦即分析师必须等到移情被建立起来时才开始做出诠释，因为对孩子而言，移情发生得很快，且分析师常常可以立即得到孩子的正向反应。但是，当一个孩子显示出羞怯、焦虑或是缺乏信任感的时候，分析师必须将这些视为负向移情的征兆，并且必须尽快立刻做出诠释，因为通过追溯孩子与他们原始客体及情境的负向关系，诠释可以降低病人的负向移情。例如当莉塔[①]这个非常爱恨交织的孩子在经验阻抗时，她就会想立刻离开房间，我则必须马上做出诠释以解决这个抗拒。在我澄清造成阻抗的原因时（总是要追溯到原始的客体和情境），阻抗就被处理掉了。她也会变得很友善，比较有信任感，而且可以继续玩，并且通过游戏提供许多细节来证实我刚刚做的诠释是正确的。

在其他例子中，也让我很清楚地看到立即做出诠释的必要性，我要举的是特露德的例子。在她 3 岁 9 个月时，特露德只来见我一次，[②]因为外在环境的关系而必须延缓治疗。这个孩子非常神经质（neurotic），而且强烈地依附母亲。她很不情愿地进入我的房间，且充满焦虑，我被迫开着门并且小声分析她。但是很快地，她就让我看到她的情结之本质。她坚持花瓶里的花必须被移走；她将一个小男玩偶丢出一辆两轮马车之外，然后把它放在一个她之前放的地方，并进行鞭打；她要将一个带有高帽的男人赶出去，这个男人长得和她带来的书上的图画一样；她说游戏室里的抱枕被一只狗弄得乱七八糟。我立刻诠释她这些叙述都是在告诉我，她希望将父亲的阴茎给踢出去，[③]

① 见第一章。

② 同上。

③ 特露德极不寻常的、强烈的阉割情结，是分析中非常重要的部分，也主导着整个分析过程。分析帮助我们看到在这情结之下一些更基本及更深层的焦虑，亦即怕被母亲攻击、怕她身体里面的东西和小孩被盗走，以及害怕她的内在被严重伤害（见第一章）。

因为她在和母亲玩大暴动的游戏（象征物是花瓶、两轮马车、图画书及抱枕）。我做完诠释后，她的焦虑立刻降低，也比她刚进来时更信任我，而且在家里时说她希望能够再来见我。六个月之后，当我得以再次分析这个小女孩时，她显然还记得第一次分析时的一些细节，而且我的诠释也带来了一些正向移情，或者说减少了她的负向移情。

另一个游戏技巧的基本原则是，就诠释的深度而言必须相当符合被激起的心智层次，例如彼得在第二次治疗中，在让一辆车开始行走之后，他让一个男玩偶躺在板凳上，说那是一张床，然后再把它丢下去说它已经死了、完了。接着，他故意选了两个已经被破坏的玩偶，他对这两个小男玩偶也做同样的事情。根据我所观察的素材，我诠释说第一个男玩偶是他的父亲，他想把他从母亲的床上丢下去，并且杀了他，而另一个男人则是他自己，他认为父亲也会对他做同样的事。[①] 在澄清了原初情景之后（他已经用很清楚的细节呈现出这个现象了），彼得又用各种方式回到两个被破坏的男人的主题。这个主题显示与原初情景所导致的惧怕有关，而母亲则是阉割者。在彼得的幻想中，母亲将父亲的阴茎放到自己里面去，而且没有还给他，因此母亲成了小男孩焦虑的客体（object of anxiety），因为她现在带着父亲惊吓的阴茎（意表他的父亲）在自己里面。[②]

下面是另一个例子。在彼得第二次的治疗中，根据他所带来的素材，我诠释了他和弟弟彼此自慰的行为。七个月之后，彼得4岁4个月，他带来一个很长的梦，且对这个梦有很丰富的联想。下面是这个梦的片段："有两只猪在猪圈里，它们都在我的床上。它们在猪圈里一起吃饭。还有两个男孩在船上，他们也在我的床上，但是他们很大，像G伯父（是他母亲的哥哥）和E朋友一样（这是一个比较年长的女性朋友，她已经快要成人）。"我从这个梦获得了许多口语的联想，这个梦显示，猪代表的是他自己和他弟弟，而

---

① 这个诠释就像其他有关儿童分析中死之愿望的诠释一样，在彼得身上激起了非常强烈的阻抗，但是在下一次治疗时，他证实了诠释的正确性，他突然说："如果我是爸爸，有人想把我丢到床后面去，并且让我死掉，我要怎么想这件事？"

② 见第八章。

它们一起吃饭表示相互口交（fellatio），但也代表他的父母在一起性交。好像他与弟弟的性关系来自他对父母的认同，他轮流认同父亲及母亲。在我做了这个诠释之后，彼得在下一次的治疗中，开始在水槽边玩耍，他将两支铅笔放在一个海绵上说："这是我和福利斯（Fritz，他的弟弟）坐的船。"然后，他用一种比较低沉的声音（在他表演超我时会用的声音）对着这两支铅笔大叫："你们不可以老是纠缠在一起做脏事。"这个超我在骂他弟弟和他自己，但同时也冲着父母而来（父母的代表是G伯父和E朋友）。[①] 如此喊叫激起了因为看到父母性交而引发的情感，这些情感早在他第二次的治疗中就流露出来了，那时他让两匹马撞在一起而且死掉，然后被埋葬。可是在七个月之后，仍未能完全彻底分析这些素材。很清楚地，在分析的早期做非常深入的诠释，并未阻碍孩子的经验和孩子的整个性发展（特别是就彼得和他弟弟的关系而言），也未阻碍分析的进行。

我以上述例子证实我的看法。根据我的实证观察，分析师不应该回避深度的诠释，即使在分析之初亦然，因为最深层心智的素材会因诠释而再度出现，而得以被处理。我之前提过深度诠释的功能，是打开一条通往潜意识的门，降低被激起的焦虑，为分析工作做完善的准备。

我一再强调儿童有自动自发的移情能力，这是因为孩子所感受到的焦虑比大人更为急迫，所以他们面对焦虑的反应较为即刻。孩子必须完成的最主要心理课题之一是控制焦虑，这用掉了他们许多心智能量。孩子在潜意识中衡量他们的客体对自己而言是舒缓或是激发了他们的焦虑，也因而对此客体有正向或负向的移情。孩子很能准备好面对焦虑，也常常会立刻通过未被掩饰的害怕来表达他们的负向移情。不同于大一点的孩子，那些潜伏期孩子的负向移情常常会以不信任或不喜欢的形式表达出来。在对抗与他们最接近而且最害怕的客体之挣扎中，孩子会倾向将这个害怕依附在一个比较疏远的客体上［因为置换（displacement）是处理焦虑的方法之一］，且会在他们身上

① 他在一些不同形状的铅笔中选出两枝长的铅笔，借此再次告诉我一个事实，就是他昨天通过自由联想所呈现出来的素材，亦即两个犯人（两只猪）不只是他自己和他弟弟，也代表他的父母，因此在他们的相互自慰中，他让自己和弟弟变成了他的父母。

看到一个具体的“坏”母亲与“坏”父亲。因此具有强烈神经质的孩子，常常感觉到自己被威胁，也为此经常会对“坏”母亲或父亲保持警觉，也会对陌生人感到焦虑。

我们绝不能忽视孩子准备好迎接焦虑的能力，就某种程度而言，大一点的孩子亦然。在分析开始时，孩子可能会表现出正向的态度，但是我们必须随时准备好迎接负向移情，亦即，当分析触及任何以情结为核心的素材时，负向移情就会出现。当分析师探测到负向移情的征兆时，他必须将它与自己进行联结，以此确保分析工作的持续，并建立分析情境，同时通过诠释回溯到其原始客体与情境，以此解决某些焦虑。分析师必须在潜意识素材出现的某些紧急刹那做出诠释，才能打开孩子的潜意识心智。这些紧急刹那常常以许多不同形式的“游戏思考”（play thought）表征重复出现（例如彼得的案例，我们在第一次治疗中看到他重复地排列车子的组合，前后排列或左右排列，以及他重复地让马车和引擎发动机彼此相撞等），或是通过玩游戏的强度来表达，因为它们表征的是游戏内容的情感量。如果分析师忽略了在素材中所表达出来的急迫性，孩子通常会停止游戏并表现出强烈的阻抗，或呈现出焦虑甚或想要逃离。因此，分析师在正确时机做诠释（指当素材许可的时刻），可以降低或修饰孩子的焦虑，这一概念也应用在分析开始时立即呈现出正向移情的案例。我已经很详尽地解释了，在焦虑或阻抗呈现的当时，立即诠释的绝对必要性，或是当分析以负向移情开始时，适时诠释的重要性。

我一直强调的是：不只是时机正确的诠释，深入的诠释也是非常重要的。若我们可以感受到呈现出来的素材之急迫性，则我们不只要追溯到素材的表征内容，更应该追溯与此有关的焦虑与罪疚感的根源，亦即直入激起这些感觉的心智层次。但是若我们以成人分析的原理和原则为模式，而先接触心智中比较表面的层次，也就是较接近自我和现实的层次，则我们会无法建立起分析情境，也无法减弱孩子的焦虑。许多重复的经验让我信服这一点。同样地，若我们仅仅翻译象征，或我们的诠释只处理素材所表现出来的象征式表征，而不处理与它有关的焦虑和罪疚感的话，也无法降低孩子的焦虑。诠释若无法深入到被素材激发出来的焦虑之深度，亦即无法碰触到最强烈的潜伏抗拒，并努力降低最暴烈的焦虑，则诠释对孩子就不会起作用，或只会激发更强烈的阻抗，而无法解决它们。然而我也试图通过彼得的分析片段澄清，这些诠释（之前提到过的）并未能完全解决心智中最深层次的焦虑，也不表示因为这些诠释深入最深的层次，而限制了分析较表面的层次——亦即孩子的自我以及它与现实的关系。在儿童分析中，孩子与现实关系的建立及自我的强化，随着自我发展的进展一步步地完成，这些是分析的结果而不是先决条件。

直到目前为止，我们的重点是讨论、描绘早期分析的开始及其进行的历程，现在我想讨论一些我所碰上的、比较不寻常的困难，也是这些困难导致我选用一些特殊的技巧方式。例如特露德的例子，① 在初次进到我的公寓时，她非常焦虑，这一现象让我学到对于这类病患，立刻诠释是降低焦虑并使分析得以进行的唯一方式。我的小小病患露丝4岁3个月大，是一个情感非常两极化的孩子，她一方面过度固着于母亲和某些女人，但另一方面又不喜欢其他人，特别是陌生人。例如在很小的时候，她就无法适应新保姆，也不易和其他小朋友交往。她除了因高度焦虑而导致焦虑恐慌之外，也承受各种精神官能症之苦，还包括广泛的焦虑。在第一次治疗历程中，她完全拒绝单独和我留在房间里。因此，为了可以渐渐和她单独相处，我决定邀请她的姐姐在分析过程中和她在一起，② 以建立一个正向移情关系。但是我的所有企图，例如和她一起玩耍，或是鼓励她讲话等，全都徒劳无功。她只面对她的姐姐玩玩具，完全忽略我的存在（虽然她姐姐没有任何反应）。她姐姐告诉我，我的努力是白费的，即使我整个礼拜都见她，而不只是每周见她一次，我也无法获得这个孩子对我的信任。因此，我发现我必须使用别的方式，这一方式再次证实诠释对于降低病人的焦虑及负向移情的效果。一天，露丝再次只把她的注意力放在姐姐身上，她画了一个杯子，里面有一些小小的圆球，上面画了一个盖子的样子，我问她这个盖子是做什么用的，她不回答我，她的

---

① 见第一章。

② 这个姐姐其实是她同父异母（或同母异父）的姐姐，比露丝大了约二十岁，是一个非常聪明的女孩，也曾经被分析过。还有另一个案例，我被迫让第三者留在游戏室。这两个案例都是在非常有利的情境下做的安排，但是我必须说，基于许多原因，除非作为最后手段，我绝不推荐这种安排方式。

姐姐重复问了我的问题之后，她说那是为了“让球不会滚出来”。在这之前，她曾去翻动她姐姐的包包，然后紧紧地将它合起来，并说：“所以东西不会掉出来。”她也拿起姐姐包包里面的小皮包，做了同样的事情，为了让铜板可以安全留在里面。现在为止，她所带来的素材对我而言是非常清楚的，甚至前几个治疗时段也一样。① 我因此，我冒险告诉露丝说：“杯子里的球、皮包里的铜板和袋子里面的东西，代表的都是母亲肚子里面的孩子，你希望把他们全部都关在里面，就不会再有弟弟和妹妹了。”这个诠释的效果非常令人震惊，露丝第一次开始注意我，并且开始用一种比较不约束的方式玩不同的游戏。②

尽管如此，她还是无法和我单独相处。在和我单独相处时，她总是感到焦虑发作。由于我发现分析持续降低她的负向移情，并且增加她的正向移情，我决定继续让她姐姐留在房间里。三周之后，她姐姐突然生病了，我面前出现了两个抉择，停止分析或是面对她的焦虑发作。经过父母同意之后，我决定选择后者。虽然小女孩大哭大叫，保姆在我的诊疗室外将她交给我之后就走掉了。在这个非常痛苦的情况下，我再次尝试以非分析的方式安慰这个小女孩，就像每个人会做的那样，我以母亲的方式安抚她、安慰她，企图让她高兴起来，让她可以跟我玩耍，但是我的一切尝试都徒劳无功。当她发现只剩下我和她两个人时，她只愿意跟我进入我的房间，但是到了房间之后，我再也不能对她做什么。她脸色变得很苍白，开始大叫而且显示出严重焦虑发作的征兆。当时我坐在放玩具的桌子旁，并开始自己玩起来，③ 描述我在对一个坐在角落的、非常惊恐的孩子所做的事。然后，我突然有一个灵感，我

① 在这分析中，小孩想盗走母亲身体的渴望，以及伴随而来的焦虑与罪疚感，从一开始就掌控整个图像，此外，其精神官能症的突发，紧跟着她母亲的怀孕以及妹妹的出生而来。

② 就像我之前说过的，诠释可以改变小孩的特质，并使素材的表征变得更清楚。

③ 在特别困难的案例上，我用这种治疗技巧使分析得以开始。我发现，当小孩因为潜伏期的焦虑而完全无法被接触时，我会丢出一两个刺激的字眼（亦即自己开始玩起来）。我以极有限的方式使用这一技巧，例如我可能用积木摆出一些位置，然后放一些小人偶在旁边，有一个小孩会说那是一所学校，然后就开始玩起游戏来；另外一个小孩则把它当成剧院，并让人偶开始扮演各种不同的角色，等等。

开始玩起她前几个治疗时段所玩的游戏素材，在我玩完这些游戏的同时，她已经开始在水槽边玩了起来，喂她的洋娃娃，并给它们一大盆的牛奶喝，等等。我也跟着她做一样的事，我将一个洋娃娃放在床上，告诉露丝说我将要给它一些东西吃，然后问她要给它什么东西吃，她停止尖叫，回答说：“牛奶。”然后，我注意到她将她的两根手指头伸进了嘴（她在睡觉前会习惯性地吸吮她的手指头），但立刻又移走，我问她是否想要吸吮自己的手指头，她说：“是的，但是要坐好。”我察觉到她想要重新建构她每天晚上在家里所发生的一些情景，所以我让她躺在沙发上，并根据她的要求为她盖上一条毛毯。她开始吸吮她的手指头，脸色仍然苍白，眼睛阖了起来，但是很清楚地，她变得比较平静且停止了哭泣。同时我继续玩洋娃娃，并重复地玩她前几个治疗时段所玩的游戏。当我将一块湿的海绵放在洋娃娃身旁时，就像她以前所做的一样，她突然再次大哭并尖叫说：“不，她不可以有大的海绵。那不是给孩子的，那是给大人的。”在此我必须说明，在前两个治疗时段中，她带来了许多有关嫉羡母亲的素材。我将这些素材和她所反对的大海绵联结，诠释说这个大海绵指父亲的阴茎。我很细腻地说明她的嫉羡和对母亲的恨，是因为母亲在和父亲性交时，把父亲的阴茎给吞进去了，而且她想要盗走母亲里面那父亲的阴茎及孩子，并且将母亲给杀了。我解释她的害怕是因为她相信自己已经杀了母亲，或认为自己会被母亲抛弃。我是用以下方式来诠释的：我开始将我的诠释运用在玩偶身上，让她看见当我和玩偶一起玩的时候，玩偶就开始害怕和尖叫，并且告诉她为什么。因此，我开始跟玩偶说我刚刚所做的诠释，借此我成功地建立了分析情境。当我在做这些事的时候，露丝很清楚地变得愈来愈安静，她睁开眼睛，让我将我正在玩的桌子搬到她的沙发旁边，并且在她身边继续我的游戏及诠释。渐渐地，她开始坐起来，并愈来愈有兴趣地看着我的整个游戏过程，并且开始主动扮演起一些角色。治疗结束，当保姆来带孩子时，很惊讶地发现她竟然很愉快而且兴致蓬勃。她看着露丝，露丝很友善且充满感情地跟我道再见。下一次治疗，当保姆离开她时，她仍然显出一些焦虑，但是并没有像往常一样焦虑发作，也没有开始大哭。露丝立刻躲到沙发上，并很自然地躺在她上次躺的位置。她闭上眼并开始吸吮她的手指头，我得以坐在她身边，并立刻开始玩上次玩的游戏。我又重复地做了一次前一天所做的游戏，但是以更简短与缓和的方式进行。在几个治疗时段之后，她只有在治疗开始时，才呈现一点点的焦虑发作。

分析露丝的焦虑发作，让我们看到一个事实，亦即它们是晚上夜惊的重复。① 她在 2 岁时就有这种严重症状，那时她母亲正怀孕，小女孩想要从母亲的身体盗走小婴儿，并且想用各种方式伤害或杀害母亲，因此她必须以一些强烈的反应来对抗这些欲望。孩子所呈现出来的是罪疚感，导致她强烈地固着在母亲身上。睡觉前跟母亲说再见，对她而言是永远的再见。② 由于她渴望掠夺或伤害母亲，因此害怕会被她永远抛弃、永远无法再见到她活着；或是她将母亲分裂为二：一位是晚上跟她说再见的仁慈温柔的母亲，一位是在晚上会来攻击她的“坏”母亲，这就是为什么她无法忍受和我单独相处的原因。因为和我单独相处，表示她被“好”母亲放弃，而那位令她害怕、会处罚她的“坏”母亲则移情到我身上。通过分析这个情境以及述说事情的始末，我成功消除了她的焦虑发作，也使正常的分析工作得以进行。③

我用在分析露丝焦虑发作症的技巧，也成功地运用在另一个案例上。在特露德接受分析时，她的母亲生病了，而且必须住院，这件事刚好发生在小女孩对母亲具有强烈攻击施虐幻想（sadistic phantasies）的时期。我之前已经巨细靡遗地描述过这位 3 岁 9 个月的孩子是如何在我面前呈现她的攻击，且在焦虑克服之后，如何拿着抱枕躲在沙发后面的。但是，这个孩子没有经验过真正的焦虑发作。她因为母亲生病而请了几周假，放假回来之后，她的焦

---

① 见第一章。

② 海伦·朵伊契（Helene Deutsch，1884—1982）在她的《广场恐怖症的来源》（The Genesis of Agoraphobia，1928）一文中指出，害怕母亲的死亡是婴儿期精神官能症（infantile neurosis）最普遍的一种形式，它常常来自对母亲的敌意，这一症状也常和小孩害怕和母亲分离及想家有关。

③ 露丝的治疗并未完成，因为她们全家必须回国，因此她的精神官能症也未被完全移除。在分析结束两年后，我得知这 190 次的治疗使她得到了以下进展：她的焦虑持续减弱，特别是各种形式的羞怯减弱了，这个结果使她和其他小孩及成人的相处也变好了；她也可以完全适应家里和学校的要求，而不再如此依附母亲，她和父亲的关系也改善了，与弟弟妹妹的关系也变得更好。她的整个发展，特别是教育、社会适应以及升华能力的发展都是正向的。

虑发作症状特别明显，且持续多天。这样的恐慌是其攻击冲动的反应，亦即害怕她应该为母亲的生病负责。就像露丝一样，特露德在焦虑发作时，也会找一个特殊的姿势，这是当她在晚上开始感到焦虑时会有的姿势。她会爬进一个角落，紧紧抱住枕头。她称这些枕头为她的孩子，然后吸吮自己的手指头，并让自己尿湿。再次，我对她的焦虑的诠释，使她的焦虑发作停止了。[①]

我自己后来的经验，以及瑟尔小姐和其他儿童分析师的经验，皆在其他案例上证明这些技巧的有效性。自从我治疗这两个案例之后，已经过了许多年，我愈来愈确信对于早期分析（包括对较年长孩子的分析）而言，掌握治疗中所呈现出来的素材是持续深度分析的要件。精准而快速地掌握在治疗当时所呈现出来的素材的意义（包括显露在个案结构上的启示，以及与个案当时情感状态的关系），是提供正确诠释的主要条件。最重要的一点是，要很快知觉到潜藏起来的焦虑及其罪疚感。我所谓正确的诠释，指的是时机正确而且能够深入被焦虑所激起的心智层次，如果我们能够坚持使用这些技巧，则出现在分析中的焦虑发作可以被减弱到最低点。若焦虑发作在治疗开始即发生（就像有精神官能症的孩子，在日常生活中常常会经验到这种恐慌），使用此技巧常常能够很快把焦虑减弱到一个程度，而使正常分析得以进行。分析焦虑发作的成效，也证实游戏技巧原则的效度。让我首先以特露德的案例来说明，虽然特露德当时没有焦虑发作的现象，但明显呈现出与焦虑发作有关的强烈焦虑，我也对他分析了同样的素材。通过持续及深入的诠释，我成功地逐步减轻了特露德的焦虑，也让这些焦虑慢慢呈现出来。在分析终止时（由于母亲生病不在家），特露德的焦虑累积到一个程度，导致焦虑发作。经过几个治疗时段之后，这些恐慌再度完全消失，只剩下之前的焦虑样貌。

在此，我想补充一些与这些焦虑发作有关的理论基础，我曾经说过这些

---

① 特露德的神经质呈现在其严重的夜惊和白天单独在家时的焦虑、尿床、羞怯，还有过度依附母亲、不喜欢父亲、强烈嫉妒妹妹，以及许多教养上的问题。她在七个月中，共接受了 82 次分析，结果使她不再尿床，焦虑与羞怯在多个方面也减弱了许多，她和父母以及弟弟妹妹的关系也改善了。她之前常感冒，分析证实是心理因素造成的，这一现象在分析之后的发生率降低、严重度减弱。虽然有这些进展，她的精神官能症在因为外在因素而不得不结束分析时，并未被解决。

焦虑发作是夜惊的复制。我也提过病人在恐慌之中所选择的位置，或说是他们企图控制它们所采取的位置，我指出，这是孩子晚上在床上处于焦虑状态时的再现。我也提过一种特殊的早期焦虑情境，它们似乎是造成夜惊和焦虑发作的基础。我对特露德、露丝和莉塔的观察，以及我过去几年来的知识，让我发现女孩特别容易有焦虑或焦虑情境（anxiety situation），就像男孩特别会有阉割焦虑一样。这些焦虑情境使小女孩相信母亲会摧毁（小女孩）自己的身体、毁掉她的内在，并把孩子拿出来等，我在本书第二部分将再次讨论这一主题。在此，我仅仅希望提醒读者，从我早期分析所获得的资料与弗洛伊德在他的《抑制、症状与焦虑》（*Inhibitions Symptoms and Anxiety*，1926）中所提到的一两个说法存在相似处。其中，弗洛伊德写道："小女孩的焦虑是男孩阉割焦虑的另一面，亦即害怕失去爱。"小女生害怕孤单，以及害怕被母亲抛弃的心理状态，很清楚地呈现在我之前所提到的分析小女孩的素材上。但我认为，此害怕有更深的根源，它根基于孩子对母亲的攻击冲动，亦即来自俄狄浦斯冲突早期阶段中，想杀掉母亲和盗走"母亲内在"的欲望。这些冲动不只让小女孩感到焦虑或是害怕被母亲攻击，且害怕母亲会抛弃她或死去。

现在，让我们谈谈一些有关技巧的问题。诠释的形式（form）是很重要的。在之前的案例中，我尝试努力把潜意识幻想的内容尽可能以清楚及独特的方式表达出来，[①] 我尽量以孩子的思考及表达方式，并用他们自己的图像（images）作为我的典范。[②] 例如彼得指着秋千说："你看它荡来荡去，而

---

① 在《多拉：歇斯底里案例分析的片断》（Fragment of an Analysis of a Case of Hysteria，1905，p.48）一文中，弗洛伊德说："男人可以毫不疑虑地以不造成伤害的方式向女孩以及女人谈论各种性问题，条件是：他必须以特殊的方式进行，且能说服她们谈论性问题是无法避免的……谈论这些事情的最好方法是'直截了当'（mutatis mutandis），亦即一种远离色欲的方式，我在学会中谈过这件事。"我以同样的态度分析小孩，我用最简单的文字以及适合他们的思考方式谈论有关性的事。

② 我们应该记得小孩仍极受潜意识的影响，他们的语言就像梦和游戏一样，以图像和表征呈现。就像我们一再看见的，小孩对于字的态度和成人极不相同，他们以图像的质量或是图像所激发出来的幻想来评估这些字。若我们想通过分析接近小孩的潜意识（当然必须通过"自我"及语言完成），则我们必须避免委婉的说法，而改用简单的语言表达。

且上下跳跃。”因此，当我回答：“那是爸爸和妈妈的性器官撞在一起的样子。”他立刻就接受了。让我们再看另一个例子，莉塔（2岁9个月）告诉我娃娃干扰了她的睡眠：他们继续对汉斯（Hans）——地铁男人（一个在车上的男娃娃）说：“继续上上下下地开火车。”有一次，她将一个三角形的积木放在一边说：“那是一个小女人。”然后拿起一根“小铁锤”，就是她之前所拿起的长条积木，用小铁锤敲打积木的盒子，积木盒子中有一部分只用纸黏起来，她正好敲中这一部分，因此造成一个洞，她说：“当铁锤很用力敲打的时候，小小女人就变得非常害怕。”那个驾驶地铁并用铁锤敲打的男娃娃，指的是她父母的性交，她目睹此性交直到她2岁。我如此诠释道：“你爸爸用他的小铁锤在妈妈里面很用力地敲打，你感到非常害怕。”如此表达完全符合孩子自己的思考及言说方式。

在描述我的分析方式时，我常常提及那些被孩子任意处置的小玩具，我想简要地解释，为何这些小玩具在游戏分析技巧中扮演如此重要的作用。它们小小的体积、数量及多样性，让孩子得以任意选用其游戏表征，而它们的简单结构则能让孩子多样化地使用它们，因此，这些类型的玩具很适合帮助孩子表达他们的幻想及各式各类的细腻经验。孩子的各种“游戏思考”以及与它们有关的情感，常常会在一个小小的空间内同时出现，我们可以从游戏的主题稍微猜到这些，它们会部分地显示在游戏中。因此，对这些呈现在我们面前的联结及心智过程的动力，我们得以有一些大概的了解。又由于空间常常与时间先后有关，因此我们得以在游戏中观察到孩子心智中的各种幻想和经验的时间先后。

有人可能认为我们只要把玩具摆在孩子面前就可以做儿童分析了，因为孩子会立刻毫无约束且很容易地开始玩。但事实并非如此。我之前曾经一再指出，我们常常可以在孩子身上观察到在游戏中的抑制或约束，这些现象对于精神官能症的孩子而言是非常普遍的。对于这些个案，我们常常无法很成功地接触他们。这时，玩具常常成为分析开始时很有用的工具，不管孩子在游戏中有多么抑制，他们几乎都会至少看玩具一眼，或拿起一两个玩具做一些事情。虽然有些孩子可能像特露德一样，只会玩一会儿就立刻停止，但是我们仍然可以依据孩子开始玩的游戏、在哪一个点上开始呈现出阻抗、对于这阻抗如何反应、当时使他们失去兴趣的是什么东西等，对孩子的潜意识有一些概念，并根据这些开始我们的分析工作。读者应该已经看见我们如何通过诠释使分析成为可能，也使孩子的游戏变得更自由，表征内容变得更丰富、更有启示性，并渐渐使孩子在游戏中的拘谨降低。

玩具并不是游戏分析的唯一要素，游戏室里必须有足够的素材，其中最重要的是水龙头和水槽，常常直到分析晚期时，孩子才会使用水槽，它会成为孩子非常重要的游戏素材。有一个孩子在很长的疗程中只玩水槽（我帮他准备的还有一个海绵、一个玻璃杯、一两个器皿，还有一些勺子和纸）。这些与水有关的游戏，帮助我更深入了解孩子前性器期[①]冲动的一些基本因素，它也是描绘孩子性理论的主要工具，帮助我们了解施虐幻想（sadistic phantasies）和反向作用（reaction formation）[②]之间的关系，并让我们看到前性器期和性器期冲动之间的直接关联。

画画和剪纸常常是游戏的主要部分，其他情况下，孩子（特别是小女生）则会花许多时间做衣服、衣服上的饰品，或是为洋娃娃或玩具动物装饰蝴蝶结或其他饰物。要为每个孩子都准备一些可以很容易拿得到的纸、色笔、刀子、剪刀、针线，还有一些小木头及绳子，孩子也会常常带自己的玩具来。不止通过这些游戏素材，我们也从孩子使用玩具的不同方式中学到许多东西：看他们把玩具放在哪里、如何从一个游戏跳到另一个游戏。房间里的一些日常家具，例如椅子、抱枕等，都是孩子活动的素材。事实上，儿童分析师房间里的家具，必须为这个目的而特别做选择，通过一般玩具所发展出来的幻想和想象游戏，都是非常有意义的。在装扮游戏中，孩子会通过玩具演出其他阶段——通常是更早期阶段的分析中所玩的游戏。在这些游戏中，分析师通常会被指派一个或更多的角色，当这种情形发生时，我会要孩子用最详细

---

① 参考露丝的案例，在水槽玩的游戏中，她完整地呈现出未被满足的口腔欲望。

② 一个很有趣的对立面是，小孩常常在玩水之后，就会出现玩火的素材，例如烧纸、烧火柴等；或是先玩火，再玩与水有关的游戏。小孩在这些行为中，很清楚地呈现尿床与燃烧的关系，及其尿道施虐特质（urethral sadism）（见第八章）。

的方式告诉我这个角色的内容。

有些孩子比较喜欢装扮游戏，另一些孩子则会通过游戏本身较为间接地呈现出表征，一些比较常见的装扮游戏，如母亲和孩子的游戏、在学校的生活、建筑或装饰一栋房子（用椅子、家具及抱枕等）、出国、乘火车旅游、去戏院、扮演医生、上班或照看商店，等等。从分析角度看这些假扮游戏的价值，在于它们直接表现出表征的方式，因此也提供了丰富的口语联想。我们在第一章已经提过，成功结案的必要条件之一是孩子不管年纪多小，在分析中都要能尽其所能地使用其语言。

任何描述都无法真正说清楚在游戏分析的一个小时中，所呈现出来的复杂、丰富的生命，但我希望我已经向读者表达了足够多有关游戏分析的想法，亦即通过游戏这种方式，我们所能够获得的成果之信效度。

第三章

6 岁女孩的强迫式精神官能症[①]

在前章中我处理了早期分析技巧的一些主要原则，本章我将通过一个案例来比较早期分析技巧与分析潜伏期的孩子在技巧运用上的不同，这个案例让我有机会讨论一些理论原则的问题，我也借此叙述分析强迫式精神官能症孩子的技巧（这些技巧是治疗这名非常困难却有趣的案例所衍生出来的）。

6 岁的厄娜有许多严重症状，晚上无法入睡和她的焦虑有关，特别是害怕晚上遭盗贼偷抢而造成的惧怕。另一个让她整夜难眠的原因，是她那一连串强迫式的行为，包括俯卧在床上，用头撞击枕头，或是仰卧、坐着的时候身体持续地摇摆，强迫式地吸吮手指头和过度自慰。这些导致她整夜难眠的强迫式举动，也会在白天发生。特别是她的自慰，有时她也会在陌生人面前自慰，例如在幼儿园的时候，她常常会有这些举动。她有严重的抑郁症，常常说："我不喜欢一些有关生命的东西。"她和母亲的关系则过分黏腻，但有时又很敌意。她完全掌控母亲，使她无法自由活动，并持续用她的爱与恨折磨母亲，就像她母亲说的："她把我吞噬了。"这个孩子可以说无法被管教。过分沉思及早熟的好奇心，很清楚地写在这位小女生脸上的痛苦表情上。除此之外，她给人一种怪异的性早熟印象。分析很快且清楚呈现出她的学习

① 本章来自我于 1924 年 10 月在乌兹堡第一届德国精神分析学会上发表的文章。

严重被抑制。在分析开始的几个月之后，她开始上学，并且立刻呈现她几乎无法学习，也无法和同学相处。她非常有病识感，并要求我帮助她，这对于分析而言是非常重要的。

在游戏开始时，厄娜在小桌子上的玩具中挑出了一辆小马车，并且让小马车跑向我这边，她说它要来捉我。但是她将一个玩具女人放到马车上，然后在这马车又放上一个玩具男人，这两个人在马车上彼此拥吻，并且跳上跳下地驾驶着这辆车。接着，另一个玩具男人驾着另一辆马车撞了上去，碾过他们，并且杀了他们，把他们烤熟，然后吃下肚子。另一次的争斗则有了别的结局，攻击他们的玩具男人被推了下去，但是另一辆马车上的女人却去帮助他，并且安慰他。她和她的前夫离婚了，然后和这个新男人结婚。这个第三个男人在厄娜的游戏中扮演了许多不同的角色。例如，原来那个男人和他的妻子在房间和一个夜贼打斗，第三个男人扮演的角色是小偷，他偷偷跑了进来；房子被焚毁，男人和女人爆炸了，第三个男人则是唯一存活下来的；然后，这第三个男人变成一个来拜访他们的兄弟，但是当他拥抱这个女人的时候，他却咬掉了她的鼻子。这第三个男人其实是厄娜本人，在一系列类似的游戏中，她表示了想要盗取父亲角色的欲望，使她可以和母亲在一起。另一方面，在其他游戏中，她直接显示出俄狄浦斯渴望，并企图赶走母亲、赢得父亲。因此有一次在游戏中，她让一个玩具老师教孩子们拉小提琴，方法是用他的头[①]去撞小提琴，或是倒立着念乐谱，然后厄娜会让这位男老师把书或小提琴扔掉，跟他的女学生一起跳舞，然后两个人彼此拥吻，这时厄娜问我会不会允许老师和学生结婚。有一次，一个老师和一个情妇（用一个玩具男人和玩具女人来代表）在教导孩子们言行举止，教他们如何行礼、有礼貌等。开始时，孩子们都很服从，而且很有礼貌（就像厄娜自己，也会尝试当乖巧的好孩子）。然后，他们会突然攻击这个老师和他的情妇，把他们践踏在脚底，杀了他们、烤了他们，这些孩子现在变成了魔鬼，幸灾乐祸地看

① 这个游戏再次清楚地呈现在厄娜的潜意识中，头指的是阴茎。一个玩具男人企图进入一辆汽车，而且将头伸进窗户，这时车子对他说，最好直接进到里面。车子代表的是母亲邀请父亲进来和她交配（参考她用头去撞枕头的强迫式症状）。

着他们的牺牲品承受折磨。但是突然间，老师和他的情妇又都在天堂了，原来的那些恶魔都变成了天使。根据厄娜的说法，这些天使不知道自己曾经是恶魔，实际上“他们从来都没有当过恶魔”。天上的父神，也就是原来的老师，则又开始温柔地亲吻、拥抱这个女人，天使朝拜他们，一切又都完美无缺。当然，这个平衡很快又会被干扰，第一出戏又会开始上演。

厄娜常常扮演母亲，我扮演孩子，这个孩子的滔天大罪之一是吸吮自己的大拇指，而我必须放入口中的第一个对象是一个汽车引擎。她非常喜欢那引擎上的一个镀金灯，她会说：“好可爱呀，火红而燃烧着。”然后，她会很快把它们放进自己嘴里，并吸吮它。这些代表的是母亲的乳房和父亲的阴茎，接续这些游戏的常常是一触即发的愤怒、嫉羡，以及对母亲的攻击，然后是自责并企图安抚母亲。例如，在玩积木时，她会把积木分成两半，她的一半会比我多，然后她又会让自己分少一些来弥补我。但是在游戏结束时，她又会再次拥有更多。她会要求我用我的积木盖一栋建筑，之后她会想尽办法证明她的建筑比我的漂亮许多，然后就会意外地把我的建筑物打倒。有时候，她会让一个玩具男人当裁判，来决定她的房子比我的漂亮，这个游戏的细节（通过谁的房子漂亮这件事）清楚呈现她与母亲的长期竞争。在晚期的分析中，她很直接地呈现出这个竞争。

除了玩这些游戏之外，她会玩剪纸，并做成各种形状。在剪纸的时候她告诉我，她在做的是“剁碎的肉”，而且血从纸上流出来，然后她做了一个发抖的姿势，说她觉得想吐。有一次她谈到“眼睛做的色拉”，另一次她说，她正在剪我鼻子里面的“碎毛”，在此，她重复表示了她想要咬掉我鼻子的欲望。她在第一次的治疗中，就表示过这个欲望（事实上，有许多次她尝试让这个欲望实现）。通过这些工具，她也表示她认同这个“第三者”及那个闯进房子、烧毁房子的玩具男人等，也就是那个咬掉女人鼻子的男人。在她的分析中，就像在其他儿童分析中一样，剪纸的意义常常是变化多端的，它是施虐及食人冲动（cannibalistic impulses）的表示。有时也有反动的倾向，因为剪纸也是一种创作或创意的举动，例如，那些非常漂亮的、形状像一张桌巾的剪纸，可能代表的是父母的性器官，或是母亲的身体。在她的幻想中，它们曾经被她摧毁，现在被她重建。

在剪纸之后，厄娜继续玩水。一张在水盆中浮动的纸代表船长，他的船已经沉下去了，又被救了起来。根据厄娜的说法，这个船长有一个“长长的金色东西”，让他可以浮起来。然后她将他的头扭断，并宣告说：“他的头不见了，现在他沉下去了。”这些与水有关的游戏，让我深入分析她的口腔施虐（oral-sadistic）、尿道施虐、肛门施虐（anal-sadistic）幻想。例如，她把自己当成一个洗衣服的女人，用一些纸当作被孩子弄脏的床单，我是那个孩子，必须重复弄脏我的内衣裤（厄娜通过处决碎纸片，很清楚地呈现出她的粪便嗜好症及食人冲动。这些碎纸片代表的是粪便、孩子及弄脏的床单）。作为一个洗衣服的女人，厄娜有许多机会得以扮演残酷的母亲，处罚和嘲笑她的孩子。但她也将自己视为被虐待的孩子，以此满足她的受虐欲望（masochistic wishes）。她常常假装母亲叫父亲处罚孩子，打孩子的屁股。通过扮演洗衣服的女人，厄娜建议父亲以处罚孩子作为治疗的手段，因为孩子爱脏东西。有一次，厄娜用一名魔术师代替父亲，这个魔术师用一根棍子打孩子的屁股，然后敲这孩子的头，当他敲打时，一种黄色的液体从魔术棒中流出来。另一次，魔术师让一个很小的孩子拿着一些粉，这些粉（红、白两色混合的粉）可以让孩子变干净，它突然会说话，而且变得和母亲一样聪明。[①] 魔术师指的是阴茎，用棍子敲打指的是性交，液体和粉指的是尿液、粪便、精子和血。根据厄娜的幻想，母亲在性交中将这些东西一起由嘴、肛门和性器官放进她里面了。

有一次，厄娜突然让自己从洗衣服的女人变成一位渔妇，开始叫卖。在玩这个游戏时，她将水龙头打开（她常常称此为“打奶器”），她之前在水龙头上包了一些纸，当纸被弄湿并掉入水槽的时候，她把它撕掉，然后当成鱼来贩卖。在此游戏中，厄娜在水龙头喝水时的强迫式贪婪以及咀嚼想象中的鱼的样子，很清楚地指出，在她看到原初情景时，以及在她原初幻想中的口腔嫉羡，这些嫉羡深深影响了她的人格发展，也是其精神官能症的主要特

① 这些幻想是将阴茎看成是“好的”、有治愈效果的，在第十一章及第十二章中，我会更完整地处理这一点。

征。[①] 在厄娜的幻想中，她很清楚地将鱼对等于父亲的性器官，同时将粪便和孩子对等。厄娜有各种鱼可以贩卖，有一些叫“Kokelfish”，有时候又会称这些鱼为“Kakelfish”，[②] 当她在切这些鱼的时候，会突然想要大便。由此显示，鱼代表的是粪便，而切的动作，代表的是排便的过程或举动。作为渔妇，厄娜用许多方式骗我（顾客），她从我手边拿走了许多钱，却不给我一条鱼。我完全无助，因为她找了警察帮她，而且他们一起“wurled”[③] 那些钱，指的是她从我这边盗走的鱼。警察代表的是父亲，她和父亲发生性关系，并联合起来对付母亲。我在游戏中的角色，是当她和警察在抓鱼（wurled）的时候，我必须在旁边偷拿一些渔产品。实际上，当她目睹父母做爱时，我必须假装去做她想对母亲做的事。这些施虐冲动与幻想，是使她对母亲充满强烈焦虑的基础。她重复表示对“强盗女人”的害怕，这个强盗女人会“将她身体里的所有东西夺走”。

厄娜的分析也显示出戏剧和各种表演，象征父母的性关系。[④] 在她的游戏中，她用各种方式让母亲扮演女主角或舞者的角色，而且受到所有观众欣赏、钦羡，这表示厄娜非常欣赏她的母亲，但欣赏中又混杂着对母亲的嫉羡。常常在认同母亲的时候，她会假装自己是许多人所朝拜的女王。在所有这些表征中，孩子总是得到最不好的。厄娜以母亲角色所做的每一件事（她对丈夫的温柔、她装扮自己为了获得赞美的样子）只有一个主要目的，那就是想要激发孩子的嫉羡，同时伤害他们的感情。例如，当她扮演女王，在庆祝与国王的婚礼中，她躺在沙发上，并且要我这个国王躺在她旁边。因为我拒绝躺在她旁边，因此我必须坐在她旁边的小椅子上，并用我的拳头敲打沙发。她称这个为“搅和”，指的是交配。之后，她立刻宣布说，一个孩子已

---

① 我稍后会再讨论，厄娜看见父母性交与她的精神官能症之间的关系。

② “Kaki”是德文的儿语，指的是大便。

③ “wurled”是厄娜自己创造的字，类似德文的“打奶油”。

④ 我在《早期分析》（Early Analysis，1923）的论文中，巨细靡遗地描述剧院表演及作品等的象征意义，这些象征是普世性的，它们象征的是父母的性交，也请参考奥托·兰克（Otto Rank，1884—1939，奥籍精神分析师，弗洛伊德的学生之一）的《哈姆雷特》（*Das Schauspiel Hamlet*）的例子（1919）。

经从她里面爬出来了，她以非常现实的方式表演这一幕，扭曲她的身体并且哀号。她所想象的孩子，要和父母睡在同一张床上，而且观察他们的性交，若孩子干扰性交过程则会被打，而且使母亲可以向父亲抱怨。当她扮演母亲时，母亲要孩子去睡觉的唯一目的是想把孩子赶走，为的是让她得以很快和父亲再度结合。这个孩子持续不断被虐待、折磨，他们只给他吃布丁及小麦粉，难吃到让人想吐。而父母却狼吞虎咽地享受着奶油所制成的佳肴，“Dr Whippo”或“Dr Whippour”这种品牌的奶油是由一种特别的牛奶所制成。这种只有父母才能享受的特殊食物，在厄娜的游戏中重复以各种不同的方式呈现，代表的是性交过程中，父母彼此交换的东西。根据厄娜的幻想，在性交过程中，母亲将父亲的阴茎、精子都吞并（incorporate）到她里面了，而父亲则吞了母亲的乳房和牛奶，这些是厄娜嫉羡并怀恨父母的基础。

在厄娜的一个游戏中，表演者是一个神父，他打开了水龙头，而他的伴侣，一个女性舞者，则从水龙头饮水，一个叫“灰姑娘”的孩子只被允许在旁观看，而且必须保持绝对静默。这时，厄娜突然爆发愤怒。这呈现出她的幻想所伴随的是哪种敌意，以及她如何无法处理这些感觉。她和母亲的关系完全被这些幻想扭曲（distort）了，因此任何教育与管教，以及每一个无法避免的挫折，都被感觉为纯粹来自母亲的施虐举动，它含有虐待、嘲笑以及侮辱她的色彩。

尽管如此，在装扮游戏中，当厄娜扮演母亲时，她常常会很有情感地照顾她那想象中的孩子。只要孩子还是个婴儿，她会喂它奶，替它洗澡，并且温柔地对待它，甚至当婴儿弄脏自己时，她会原谅它。因为她认为，只有当她还是在母亲怀抱中的婴儿时，母亲才会以爱抚的态度对待她。对于比较大的“孩子”，她则会以非常残忍的态度对待它，用各种方式让恶魔折磨它，最后通常会杀掉它。[①] 但是孩子在扮演这一角色时，其实也是母亲变成了

① 当小孩对他的客体生气（在此例中是对想象中的孩子），而且程度非常剧烈时，其实是超我反过来对抗本我，自我则借由投射逃避这无法被容忍的情境。它表示客体有一个敌人，使本我在超我的同意之下，能以施虐的方式摧毁它。若自我可以借此方式和超我以及自我建立联盟，它就可以将针对本我而来的“超我之施虐攻击”暂时送到外在世界。如此一来，那些反对客体的原始施虐冲动，则因恨而增强了，这恨本来是针对本我而来的［参考第八章及我的另外一篇文章《儿童游戏中的拟人化》（Personification in the Play of Children），1929，《克莱茵全集I》）］。

孩子，在以下的幻想中很清楚地显示出这一点。厄娜扮演一个把自己弄脏的孩子，而我作为母亲就必须责备她，她则由于反抗而藐视这一切，并把自己弄得更脏。为了更困扰她的母亲，她把我给她的东西全都吐出来，父亲被母亲叫进来，他却替孩子讲话。后来母亲得了一种病，叫作"神向她说了话"（God has spoken to her），接着孩子也得了病，叫作"母亲的兴奋"（mother's agitation），然后死了。母亲也因为被处罚，而被父亲给杀了。孩子后来又复活了，然后跟父亲结婚。父亲牺牲了母亲，却不断赞美这桩婚姻。母亲后来也复活了，但是由于受惩罚，被父亲用他的魔术杖变成一个孩子，现在她必须被污辱、虐待，就像这个孩子曾经经历过的一样。在数不清的这类幻想中，厄娜重复她幻想中曾经有过的经验，同时也呈现，如果母亲—孩子的关系可以倒过来的话，那么，她也想以施虐的方式对待母亲。

厄娜的心智生活被肛门施虐幻想所主导，在晚期分析中，她再次用玩水的游戏开始制造一些幻想：把粪便放在衣服上面烘烤，然后被烹煮及食用。她再次玩一个游戏，她坐在厕所中，同时吃她正在制造的东西，或是我们把做出来的东西给对方吃。我们继续用尿和粪便把彼此弄脏的幻想，在分析中变得愈来愈清楚。有一次在游戏中，她示范母亲如何把自己一再弄脏，因此，房间的每一件东西都变成了大便，而且都是母亲的错。母亲因此被关起来，而且被饿死。她则必须将母亲所弄脏的东西清理干净，并称她自己为"脏太太的榜样"（Mrs dirt parade），表示一个人在展示脏乱。由于她爱干净，获得了父亲的赞赏与认可，而父亲将她的地位置于母亲之上，并且和她结婚。她开始为他煮饭，他们给彼此吃喝的东西，又是尿和粪便，然而却是一种好的尿及粪便，而不是会伤害人的。以上只是一个例子，用来描述厄娜那些过度的肛门施虐幻想，这个幻想在分析中渐渐被意识到。

厄娜虽然是家里唯一的孩子，但脑中挥之不去的却是想象中即将来临的弟弟妹妹。这类幻想值得加以注意，因为我的观察显示它们有一些特别的意义。这个例子以及其他类似情境中的儿童案例显示，在有关弟弟妹妹出生的幻想上，独生子或独生女会比其他孩子经历更多的焦虑，因为弟弟妹妹对他们来说，永远在期待中，又由于他们想象这些弟弟妹妹都存在于母亲的身体里面，他们在潜意识中对这些尚未出生的弟弟妹妹的攻击冲动，使他们感到非常自责，因为他们没有机会在现实生活中和弟弟妹妹发展出正向的关系。这一事实常常使独生子女更容易有社会适应的困难。有一段很长的时间，厄娜在分析开始及结束时，常常会出现爆怒和焦虑，部分原因是她会在治疗之前或之后，撞见其他来接受我治疗的孩子，这些孩子代表的是她一直等待的弟弟妹妹。[①] 另一方面，虽然她和其他孩子相处得不好，但是有时她想和他们交往。她有时会渴望一个弟弟或妹妹，我发现这一渴望被以下几个动机所主导：（一）这些她所渴望的弟弟妹妹，必须是她自己的孩子，然而这一渴望又很快会被她严厉的自责所干扰，因为这表示她从母亲身边偷走了她的孩子；（二）它们的存在表示她在幻想中，对那些孩子以及本来应该在母亲里面的孩子的攻击，并没有真的伤害到它们，也没有伤及其母，因此母亲身体的内在也没有受到伤害；（三）它们必须给她性方面的满足，这是她无法由父母那里获得的；（四）厄娜在幻想中，希望能和这些孩子联结，反对其父母，以杀掉其母，而且获得父亲的阴茎，它们必须成为她的同盟，[②] 一起来反对她那可怕的父母。

但是厄娜的这些幻想，很快就会被对想象中弟弟妹妹们的怀恨所取代，因为它们其实只是父母的代替品。这些幻想也会因为认为自己和它们在幻想中联合起来反对父母而被摧毁所带来的罪疚感所取代。因此，这些幻想总会以抑郁作为结局。

这些幻想，也会使厄娜无法和其他孩子有良好的人际关系，她逃避他们，因为她把他们想象成她的弟弟妹妹。一方面，她认为他们是她攻击父母时的共犯；另一方面，那些针对这些弟弟妹妹而来的攻击冲动，使她视他们为敌人而害怕他们。

---

① 由于厄娜在真实生活中没有弟弟妹妹，对于他们的嫉妒及潜意识中的害怕，只有在分析中才被呈现出来，这其实是她生活中很重要的部分。这是另一个显示移情情境在儿童分析中的重要性之案例。

② 在我的《俄狄浦斯冲突的早期阶段》（Early Stages of the Oedipus Conflict，1928，《克莱茵全集 I》）一文中，我指出孩子在彼此的性关系，特别是与他们兄弟姐妹的性关系中，会幻想联合起来反对他们的父母，并以此降低自己的焦虑及罪疚感。

厄娜的案例让我看到另一个我认为很重要的因素。在第一章中，我提到孩子和现实之间的独特关系，我指出，在分析中可以通过游戏观察到现实适应不良的孩子，我们必须通过分析渐渐帮助孩子得以完全和现实接触。有关厄娜的案例，即使在许多分析之后，我仍无法获得任何有关她真实生活中的细节，我手边的许多素材是有关她针对母亲而来的过度施虐冲动，但我从未听过她对于真实母亲的任何埋怨或批判，或母亲真正做的事。虽然厄娜承认她的幻想是针对真实母亲而来的（她在分析早期否认这一点），而且她愈来愈会以夸大的方式模仿母亲，但我仍无法将她的幻想和现实进行联结。我尝试将她的现实生活带到分析中的努力，全都徒劳无功，直到我后来部分成功地分析她想将自己从现实中隔离的最深层原因之后，才有些成果。厄娜与现实的关系主要来自装扮，这一现象远远超出她的行为给人的印象。真实的现状是，她尝试用各种方式在现实世界中维持一个梦想，并确保它不会回到现实。① 例如，她常常想象一个玩具马车和车夫为她服务，听命于她，为她带来她所想要的任何东西，玩具女人也是她的仆人，等等。尽管这些幻想仍持续进行，她却常常会突然陷入暴怒及抑郁中。然后她会去厕所，并在排便时大肆其幻想。她从厕所出来时，会把自己丢到沙发上，并且热情地吸吮自己的拇指、自慰及挖鼻孔。我会成功地让她告诉我一些与排便、吸吮拇指、自慰及挖鼻孔有关的幻想。借由这些令她满足的方式，以及与之有关的幻想，她坚持继续保留在游戏的梦境中。那些游戏所带来的抑郁、愤怒与焦虑，是因为现实的侵入使她的幻想受到干扰所致。她也记得，当她在早上吸吮拇指并自慰时，若任何人靠近她的床边，则会激怒她。这并非因为她害怕别人看到她正在做的事，而是她想把现实排除在外。分析过程中，空想成分愈来愈多的伪理论，使厄娜得以根据自己的渴望改造那无法容忍的现实。我可以看到她对父母（尤其是母亲）的过度害怕，是使她过度隔离现实的原因之一，也是导致她后来必须使用夸大幻想的原因。为了降低她的害怕，厄娜被迫将自己想象成一名在母亲之上的、强而有力并且严厉的情妇，这同时也强化了

① 许多小孩，当他们的游戏被中断时，他们只有在表面上回到现实，其实他们仍在幻想中。

她的施虐特质。

厄娜对母亲以残酷方式迫害她的幻想，渐渐突显出偏执妄想的特质。我之前提过，厄娜将她所有求学历程以及成长中的每一阶段，甚至小到服装等事，都视为来自母亲的迫害举动。不止如此，还包括母亲所做的每一件事，例如对待父亲的样子、为她自己打扮等，皆被厄娜视为对自己的迫害，她甚至觉得自己被偷窥。一个让她固着在母亲身上的原因，是她会强迫性地持续观察母亲的一举一动。分析显示，厄娜觉得她必须为母亲的生病负责，并因为自己的攻击幻想而期待被处罚。在她的游戏和幻想中，处罚的母亲和怀有恨意的孩子，这两个角色不断轮流出现。这些现象以及许多其他细节显示厄娜拥有一个过分严厉的超我，这些幻想必须通过深度并持续的分析才能被了解。这些幻想与成人的偏执(paranoiacs)相符，皆被称之为“妄想”(delusion)。第一次写这个案例史的经验，使我有了以下结论：[①] 厄娜的焦虑所呈现出的奇异特质、她的幻想，以及它与现实的关系，是典型的强烈妄想特质。[②]

在此我必须谈谈厄娜的同性恋倾向，她这一倾向在很小的时候就已经非常强烈。当那些来自俄狄浦斯情境而对父亲所产生的恨被分析之后，这些倾向虽然减少了一些，但仍然非常强烈，以致令人认为它是无法被解决的。只有当强烈的抗拒被克服时，真正的特质、被害妄想的强度以及它们与同性恋的关系，才呈现出来。肛门式的爱欲，更清楚地以正向的形式呈现出来，并与被害幻想交替出现。厄娜再次扮演女店员的角色，由在游戏一开始她就有大便的欲望及一些其他的事，我们可以很清楚地看出她所贩卖的是粪便。我必须扮演顾客，而且，和其他店员比起来，我必须要更喜欢她，并且认为她的商品特别好。然后，她自己会扮演店员的角色，而且很爱我，以此表现她与母亲之间肛门式的爱。在这些肛门幻想之后，她就会立刻变得很抑郁，并且会有直接针对我的恨意，当然这一恨意的真正对象是她的母亲。在此脉络下，厄娜会在幻想中制造一只“黑色和黄色混合的”跳蚤，而且她可以立刻

① 在本书第二部分，会对这个主题有更完整的讨论。

② 参考第九章。

认出那是一小块大便——它会变成危险、有毒的大便。她说这只跳蚤从我的肛门跑出来，然后强行进入她的身体，并且伤害她。①

毋庸置疑，厄娜的案例很清楚地证实，孩子对于同性父母转爱为恨，常常是被害妄想以及过度使用投射防御机制的主要原因。深藏在厄娜同性恋依附底下的，是她对母亲强烈的恨，来自她最早期的俄狄浦斯情境以及她的口腔施虐，这种恨导致她过分焦虑，并且反过来决定了其被害幻想内容的细节。我们现在对于施虐幻想的新理解是，它们的施虐强度超越一切，我在厄娜的分析中得以一窥其究竟。这是分析中最棘手之处，由于它伴随非常强烈的焦虑，因此会折损厄娜和我合作的意愿。她对性器以及口腔满足的口腔嫉羡（亦即她认为父母在性交中所享受的口腔与性器满足之嫉羡），是造成她怀恨的最深根源。她在许多幻想中一再显示，她恨父母在交配中结合在一起。在这些幻想中，她用排泄物以及其他东西攻击他们，尤其是母亲。她对于我的粪便（她认为已经被推到她里面的粪便——跳蚤）感到极端害怕，是因为她幻想她已经用自己那危险以及有毒的粪便②摧毁了母亲的内部。

当这些属于发展过程中非常早期的施虐幻想和冲动被分析之后，厄娜与母亲的同性恋固着已经减弱，而其异性冲动则逐渐增强。目前为止，厄娜的幻想主要是基于她对母亲的爱与恨，父亲只是性交过程中的一个工具而已，他的重要性完全源于母女关系。在她的想象中，母亲对父亲的任何情感表达，或说她与他的整个关系，都只是为了盗走她（厄娜）的内在，使她妒忌，并

① 亚伯拉罕在《力比多发展简论》（*A Short Study of the Development of the Libido*，1924）中（p.489）说："欧布伊森（van Ophuijsen）在他的论文《被害感的来源》（On the Origin of the Feeling of Persecution，1920）和斯塔克（Starcke）在他的论文《原欲的反转——被害妄想的征兆》（The Reversal of the Libido——Sign in Delusions of Persecution，1919）中，均在他们的分析实务经验中发现，妄想中的'迫害者'可被追溯到病人对大肠中的大便的潜意识影像，他将之视为'迫害者'的阴茎，意指与他同性别的人，也是他原初所爱的。因此在妄想中，病患将他身体的一部分视为迫害者，并且认为它在自己里面。他想丢掉那个外来身体（foreign body），却无法完成。"

② 晚期，我在分析实务中发现，小孩对于有毒或危险的排泄物的害怕，会使他们更固着在前性器期（pre-genital）的阶段。作为一个持续的诱因，孩子必须不断说服自己，那些排泄物（包括自己的和客体的）并不危险，而且是好的（见本书第八章）。这就是为何厄娜假装我们给予彼此好的肛门礼物，而且彼此相爱。但在这彼此相爱的游戏之后，所呈现的忧郁状态显示，其实她非常害怕而且相信我们（母亲和她）会彼此迫害并毒害对方。

且使父亲对抗她。同样地，在幻想中她将父亲从母亲身边盗走，并且和他结婚，这一切的压力都来自她对母亲的憎恨，以及想伤害她（母亲）的欲望。假如在这类游戏中，厄娜呈现出对丈夫的温柔，则很快会被看出温柔只是假装的，它是为了伤害敌人（母亲）的感觉，并把父亲吸引到她身边。当分析有了这一重要进展时，她和父亲的关系会比较好，并对他怀有真诚的正向感觉。当情境不再完全被恨和害怕所掌控时，直接的俄狄浦斯关系（direct Oedipus relationship）则被建立起来了。厄娜对母亲的固着减少了，和母亲的关系也有了进展（目前为止，这一关系常是爱恨交织的）。小女孩与父母之间关系的改变，来自其幻想生活以及本能行为的改变。她的施虐特质减弱了，她的被害妄想减少也减轻了，更重要的改变是她和现实的关系。我们可以在许多事情上看见，逐渐增加的现实感渐渐地渗透她的幻想。

在分析期间，当厄娜在游戏中表现出被迫害的主题时，常会很惊讶地说："但是妈妈不会真的想要这样做？她其实是很爱我的。"但是当她愈来愈接近现实，且她更能意识到潜意识中的恨时，她则会开始很坦率地批判真实的母亲，同时与母亲的关系也改善了，这是因为潜意识的恨变得更意识所致。在她和母亲的关系改善时，她也对想象中的孩子表现出真诚的母爱及温柔的态度。有一次当她很残酷地对待他们其中一个时，她用令人感动的口吻问："我真的要用这种态度对待我的孩子吗？"因此，通过分析被害幻想，厄娜的焦虑减弱了，这不只强化她的异性恋倾向，同时也增进她和母亲的关系，并使她拥有更多母性的感觉。根据我的看法，成功地调节这种基本态度，是决定孩子将来爱之客体的选择及成人经验的本质，这也是儿童分析成功的准则之一。

厄娜的精神官能症，在她很小的时候就出现了，在她尚未满 1 岁时，就清楚呈现出精神官能症的迹象，以及非常早熟的心智行为（mental behavior）。自那时开始，她的困难持续增加，因此在她 2 岁到 3 岁之间，教养她是一件非常困难的事情。她的人格已经不正常，而且很清楚地呈现出强迫式精神官能症。但是直到她大约 4 岁时，一些不正常的自慰习惯及其拇指吸吮才被注意到。我们可以说，这位 6 岁孩子的强迫式精神官能症是一种慢性疾病。她3岁左右的照片看起来像她6岁时一样，脸上笼罩着同样神经质与忧愁的外观。

以下篇幅，我想强调这个案例的严重性。强迫症及其他面向使这个孩子几乎无法入眠，她的抑郁和其他病症，及其人格的变态发展，仅仅微弱地反映出隐藏在这些状态底下的病态，以及无节制与脱缰的本能生活。未来在诊断像这类已经持续好几年的强迫式精神官能症之人格特质时，不能说只是一种沮丧。我们可以大胆确信，对于这类病患的唯一治疗方法，是适时的精神分析。

以下我想详细讨论这个案例的结构。厄娜在很小（1岁）时就被训练成一个很爱干净的小女孩，完全不需严厉以对。这个早熟小女孩的抱负，是使她很快符合干净标准的有利动机，[①] 但是，外在的成功却伴随着内在的完全失败。厄娜强烈的肛门施虐幻想，呈现出她所强烈固着的（肛门）阶段的程度，以及从它而来的恨与爱恨交织。发展失败的因素之一，是孩子天生强烈的口腔施虐及肛门施虐特质，以及弗洛伊德[②] 所指出的强迫式精神官能症之特质，亦即与力比多（libido）比较起来，自我发展得太快了。除此之外，分析也指出在厄娜的发展过程中，有一个重要因素无法成功达成：她几乎没有完成断奶。此外第三个问题是当她6到9个月大时，母亲注意到厄娜会从日常生活的照顾中获得性兴奋，特别是在清理她的性器官及肛门时，她对于性感带的过分兴奋是很明显的，因此母亲特别小心地清洗厄娜身体的这些部分。当孩子日渐成长，也愈来愈干净时，母亲就比较不需要碰触厄娜身体的这些部分了。孩子显然已经将这些早期所获得的特别照顾视为一种诱惑，而晚期母亲的抑制，则让孩子感受到挫折，感到被诱惑的另一面，是渴望被诱惑。这一历程重复出现在她的生活中。在厄娜的所有关系中，例如，与保姆或其他抚养她长大的人之关系，包括在她的分析中，她都尝试企图重复这些被诱惑的情境，之后再责备别人诱惑她。分析这类的移情情境，可以帮助我们回到她

① 有关厄娜早期抱负的其他素材，可由这个幻想看出：厄娜认为她比妈妈更干净，而且被父亲称为“脏太太的榜样”且因此嫁给了父亲，而母亲则被饿死在监牢里。

② 《强迫式精神官能症的特质》（*The Predisposition to Obsessional Neurosis*，1913）。

早期情境的态度，以及当她还是婴儿时被照顾的经验。

以上三个导致厄娜神经质的因素中，天生特质是很重要的因素。[①]

让我们继续澄清厄娜见到父母性交的经验和天生特质，如何导致强迫式精神官能症的发展。厄娜2岁半和3岁半时，[②] 在暑假中和父母同睡一张床，使她有机会看到父母的性交过程。这种经验所造成的影响，不仅在分析中可以被观察到，也有一些外在的线索。在她第一次看到父母性交的那个暑假，已经呈现出负向的改变。分析显示，观看父母性交使她的神经质完全呈现出来：观看父母性交的过程大大强化了她的挫折感和对父母的嫉羡，同时增强了她的施虐幻想，以及企图破坏他们在性关系中获得满足的冲动。[③]

厄娜的强迫症状，可有如下解释：吸吮手指头的强迫症，来自吸吮、咬断以及吞噬父亲阴茎和母亲乳房的幻想，阴茎代表的是整个父亲，乳房则代表了整个母亲。[④] 分析也让她那严重的抑郁症状呈现出来，我将扼要描述这

---

① 我渐渐发现（我在第八章中会更具体描述），过度口腔施虐使自我发展太快，同时也促进力比多的发展。前面所提到有关厄娜的精神官能症天生特质，她那过分强烈的施虐特质、太快发展的自我，以及与性器冲动有关的早熟活动，彼此都有关联。自从这个案例之后，我又发现了另一个导致精神官能症的天生因素，亦即自我缺乏容忍焦虑的能力。在包括厄娜的许多案例中，我发现小孩的施虐特质在非常小的时候就激起了太强烈的焦虑，导致自我无法适当掌控。我必须说，一般而言，自我支配一般焦虑的能力因人而异，而这一因素则是决定是否会引发精神官能症的原因之一。

② 这一部分与弗洛伊德《婴儿期精神官能症史》（1918）一文中所描述的案例，有非常有趣的相似之处。当厄娜5岁时，亦即在她最后一次看见父母性交之后的十八个月，当时她们全家到奶奶家住了一阵子，那时她和父母睡在一张床上，但其实并没有看见父母性交。尽管如此，有一天早上，厄娜告诉奶奶说："爸爸跑到妈妈床上，而且和她一起摇摇晃晃（wiggle-woggled）。"厄娜此说词令人费解。直到在分析中才显示出来，她描绘的是当她2岁半时所看见的，虽然她已经遗忘了，这个景象却存留在她的心智中。在她3岁半时，这个情景又再次被唤起，但又再次被遗忘，直到十八个月之后，当她再次经验到一个类似情景时（睡在父母的床上），才又激起她想再度看见同样事件的潜意识期待，并唤出她的早期经验。在厄娜及狼人（Wolf Man）的案例中，原初情景的记忆被完全压抑，但是后来会再次被唤起，而且短暂地进入到意识中。

③ 在《抑制、症状与焦虑》（1926，p.54）中，弗洛伊德强调，所呈现出来的焦虑量决定精神官能症的发作。我认为，摧毁倾向释放了焦虑（参第八章和第九章），因此，精神官能症的发作，是这些摧毁倾向过度增加的结果。厄娜的案例显示，看到父母的性交现场强化了恨，进而引发焦虑并导致病症。

④ 参看亚伯拉罕的《力比多发展简论》（1924），第二部分。

一点。[①] 我在许多案例中指出，“头”的潜意识意义是阴茎，这种说法很适用于厄娜的案例：用头去撞枕头，是企图表征父亲在性交中的动作。她告诉我，在晚上时，她可以通过“撞”她的头来抑制对小偷和强盗的害怕，因此她借由认同她所害怕的客体，使自己不感到害怕。

她的强迫式自慰结构是非常复杂的。她区分了许多种自慰形式：将两只脚压在一起，她称之为“排序”（ranking）；摇摆的动作（之前提过）称为“雕塑”（sculpting）；拉她的阴蒂称为“橱柜游戏”，借此游戏“要拉出一些很长的东西”。另外，她也会将床单一角夹在她的两腿之间，为了给阴道一些压力。不同类别的认同在不同的自慰形式中运作，视它在幻想中所扮演的是主动的父亲角色，或是被动的母亲角色，或是两个在一起。厄娜的自慰幻想具有非常强烈的“施虐—受虐特质”（sado-masochistic），它们明显与性交现场和她的原始幻想有关。她的施虐特质对抗的是性交中的父母，之后，再以具有受虐特质的幻想作为反应。

在整个分析情境中，厄娜用各种方式自慰。由于已经建立起来的移情，我偶尔可以引发她描述其自慰幻想，借此得以找出强迫式自慰的原因，并且使她不再自慰。在她6个月大时就开始的摇晃动作，来自渴望被自慰的幻想，并可追溯到她婴儿期时与厕所有关的行为。在分析中的一些时段，她通过各式各样的游戏，描述父母的性交过程，之后会因挫折而被激怒。在这些游戏历程中，她总会制造一些景象，例如以半躺着或半坐着的方式摇晃、展示她自己，或公开要求我去碰她的性器官，有时候甚至要求我去闻它们。在她6岁时，有一次吓到了母亲，因为在为她洗澡之后，她要求母亲举起她的一只脚，并且拍或碰她的下体，同时摆出一个小婴儿要被撒痱子粉的姿势——她已经好多年不再摆这个姿势了。对于她那摇晃姿势的澄清与诠释，使这些症状完全消失。

---

① 在分析中，她一再重复埋怨她常常有的一种奇怪感觉。根据她的说法，有时候她会怀疑自己是不是一只动物。这种感觉后来被证实，是食人冲动所造成的罪疚感。她的忧郁表现在其话语中：“我不喜欢一些与生命有关的东西。”分析显示，这是一种对于生命的真正倦怠（taedium vitae），它伴随着自杀想法，这一想法源自口腔施虐倾向所带来的焦虑和罪疚感。

厄娜最难缠的症状是她在学习上的抑制（不想学习），这一状况非常严重，以致即使她已经尽力了，仍然必须用两年的时间，学习一般孩子在几个月内就可以学会的东西。这一学习问题在分析晚期更是明显，在我结束她的治疗时，虽然这一症状已有所减弱，但并未完全被移除。

我之前提过，分析的结果改善了厄娜和父母之间的关系，其力比多位置（libido position）也有了改善，我也强调分析如何帮助她开始适应社交生活。她的一些强迫症状（强迫式自慰、吸吮手指及摇晃等）都已经被移除。这些症状曾经如此严重，导致她无法入眠。由于这些症状被移除以及焦虑的降低，她的睡眠变正常了，抑郁的状况也消失了。①

虽然有这些正向的分析结果，我并不认为分析已经完成。她在两年半中，接受575个小时的治疗之后，因为外在因素而被迫中断。由于这个案例之病态的严重性、其人格的不正常发展，以及她那完全病态的人格架构，为了完全移除这些症状，必须接受更多的分析。在分析结束后，她仍然非常不稳定，因为在压力之下，她又会恢复到她早期的问题模式，只是病症的复发不会像原初那么严重。在面临压力、紧张，甚或进入青春期时，可能会发展出新的症状或其他困难。

这一说法开启了另一个很严重的问题，亦即儿童分析到什么地步才算完成？对于潜伏期或学龄期的孩子而言，即使他们有了非常好的分析结果，完全满足于自己的环境，我也不认为这是分析完成的足够证据。我愈来愈发现，纵使分析帮助一个潜伏期的孩子有相当正向的发展（虽然它很重要），这仍不能保证病人的未来发展会完全顺利成功。② 从潜伏期到青春期，或从青春期到成熟期的成功过渡，是测试孩子的分析是否进行得足够完整或深入的指标。在第六章我会再次深入探讨这一问题，在此我只根据我的经验如此说："分析"确保孩子在未来发展上的稳定性，但稳定程度取决于其焦虑被解决的深度，亦即焦虑被处理得愈深，孩子未来的发展就愈稳定。孩子潜意识幻

---

① 在分析结束两年半后，我最后一次听到有关她的消息时，知道这些改善仍持续着。

② 在第五章，对于艾尔丝（Ilse，一位在青春期的小孩）的分析中，我会更仔细讨论成功过渡到潜伏期的决定因素，以及进一步成功过渡到青春期的决定因素。

想的特征，或更好地说，这些潜意识幻想的改变，可作为判断“分析”是否已经足够深的指标或准则。

让我们再回到厄娜的案例。我之前提到过，在分析结束时，她的被害幻想在出现率和强度上都已经大大降低了。但我认为，她的施虐特质与焦虑应该进一步被减弱，才能避免进入青春期或长大时，再度被病症纠缠。可惜由于当时的外在情境，持续的分析是不可能的，而必须等到以后才能完成。

我想继续讨论与厄娜案例有关的一些基本问题，这些问题部分来自她的分析。我发现持续分析厄娜的性问题，并允许她的幻想和游戏自由呈现，[①] 只会导致性兴奋的降低而非增加，也使她不再满脑子被性问题所占据。厄娜异常早熟的性很容易被注意到，不只是她的幻想型态，包括她的行为和举动，都很像青春期沉溺于感官享乐的女孩，尤其呈现在她对男人及男孩的诱惑行为上。在分析过程中，这类行为也改善了许多。分析结束时，她看起来更像一个孩子。对于自慰幻想的分析，也使这一强迫式的自慰停止了。[②]

另一个我要强调的分析原则是，要尽可能将潜藏在孩子潜意识中对父母的怀疑及批判带到意识中来，特别是与父母的性生活有关的事。借此孩子对环境的态度才会改善，因为通过将其带到意识层来，孩子会发现他们现实中的父母，和他们在潜意识中所抱怨和批判的父母有所不同，进而除去对父母的恶意，他们与现实的关系也会改善。如同厄娜的案例所显示的，孩子能够

---

① 在上一章中，我指出儿童分析和成人分析一样，必须以禁欲（abstinence）的方式进行，但由于儿童和成人不同，因此必须有不同的准则。例如分析师参与小孩的游戏和幻想，使小孩在现实中比成人病患更感到满足，但这些满足在开始时并不明显，因为游戏是小孩的自然表现，所以本质上，分析师在小孩的游戏中扮演某种角色、他所给予小孩的注意和他以口语描述成人的幻想是一样的。另外我们必须谨记，儿童由分析中所获得的满足大部分是幻想。例如有一段时间，厄娜会在分析过程中自慰，但这是一个例外。我们不能忘记，对这个案例而言，强迫式自慰是如此频繁，甚至她几乎每天都会做，有时甚至会在别人面前做。当她的强迫症大大减弱之后，她在分析中的自慰就停止了，取而代之的是自慰幻想的表征。

② 我指的是她那有强迫式根源的过度自慰行为，以及在别人面前自慰的习惯已经停止了。但这并不意味着她不再有自慰行为。

在意识中批判他们父母的能力，是孩子与现实的关系改善的结果。[①]

现在，让我们谈谈有关技巧的问题。就像我曾经提到过的，厄娜在分析治疗中常会变得很暴怒，她的发怒及其施虐冲动常常是针对我而来的威胁。我们已经熟悉“分析”得以释放强迫式精神官能症病患的情感，比起成人，孩子以更直接、失控的方式表现出这些现象。从一开始，我就向厄娜表示她不可以攻击我的身体，但是她仍然很随兴地用各种方式发泄她的情感。她常常会把玩具摔坏，把它们切成碎片，将小椅子弄倒，将抱枕乱丢，在沙发上跺脚，将水倒出来，把纸弄脏，也把玩具和水槽弄脏，[②] 或开始施虐，等等，完全无视我的存在。但是我会在同时分析她的愤怒，这会降低她的愤怒，有时甚至使它完全消失。就技巧而言，在处理孩子在治疗中所引发的情绪时，我们至少必须分析三个因素：（一）孩子的情感必须被控制，但是只在真的必要时才如此做；（二）必须让他们的情绪有发泄的地方；（三）必须通过持续的诠释，并将现在的情境与原始的情境进行联结，以此来减低这些情绪或终止它们。

至于这些方式要如何运用，则因状况而异，例如，对于厄娜，我使用以下方法。有一段时间，每当我在治疗结束、宣告时间已经到了时，她就会变得很愤怒，因此我会将我房间的双层门都打开，为了暗示她，在她愤怒时，如果刚好有人进来带她而看到她的愤怒，则会是非常难堪的事。在此期间，每次厄娜离开诊疗室时，我的房间总是看起来像战场。在分析晚期，她则会在离开诊疗室前，很快将抱枕丢在地上，以此为满足；而在分析最晚期，她则常常会很安静地离开诊疗室。以下是另一个分析案例：彼得，3 岁 9 个月，有一阵子，他也会常常变得很暴怒；在分析晚期，有一次他很自然地指着一

---

① 当厄娜和现实如此隔离时，我仅能分析那些与幻想有关的素材。但是，我持续不断寻找这些幻想与现实的联结，不管这些线索多么微弱。借此以及通过持续减弱她的焦虑，我得以渐渐增强她与现实的关系。下一章，我将尝试更清楚地指出治疗潜伏期的小孩时，分析师在能够接触小孩的真实生活及自我兴趣（ego-interests）之前，常常会有很长一段时期被小孩的幻想占据。

② 我认为作为儿童分析的房间，应该如此安排，所以小孩可以自由释放他们的精力。有时孩子会破坏家具、地板等，在某种程度内是可以被接受的。

个玩具说："我可以很容易地想象（think）我已经把它弄坏了。"①

但很重要的是，分析师为了部分控制孩子的情绪而做的要求不能被视为教育，它们是一种理性的抉择，是不可避免的。孩子虽然常常无法听从，却可以了解这些理性的要求。同样地，如果我觉得棘手或不舒服的话，有时候我也不会真正做孩子在游戏中指派我做的事，尽管在这样的情况下，我还是会尽可能随着孩子的意见走。重要的是，在孩子有强烈情绪时，分析师要尽可能不让自己的情绪写在脸上。

我将以这一案例的素材，描绘我所提出的理论，② 这一理论在本书的第二部分会更清楚地描述。厄娜常常吸吮着一个镶金的灯，说它是"好可爱呀，火红而燃烧着"。它代表的是父亲的阴茎（参考厄娜说的另一句话，"一种长长的金色的东西，这东西让船长浮在水面上"），也代表母亲的乳房。她对吸吮东西有强烈的罪疚感，因为在游戏中，当我扮演孩子的时候，她会宣告说"吸吮"是我最大的错。这一罪疚感是因为对她而言，吸吮代表的是咬掉并吞噬母亲的乳房和父亲的阴茎。我在论文中提到断奶的过程和孩子想要吞了父亲阴茎的渴望，以及她对母亲的嫉羡与怀恨，是俄狄浦斯冲突的起因。这一嫉羡来自孩子的性理论，孩子认为在和父亲的交配中，母亲将父亲的阴茎吞进去，并且留在里面。③

这一嫉羡证实是导致厄娜强迫精神官能症的主要原因。在分析早期的游戏中，她让第三者攻击一个男人和一个女人的房屋，这是厄娜攻击冲动的原型，攻击的对象是母亲的身体，以及想象中在母亲身体里面的父亲阴茎。被小女孩的口腔嫉羡所刺激出来的这些冲动，在游戏中呈现出来：她让船（指

---

① 这一现象显示，甚至非常小的小孩，也可以完全了解移情情境的本质，并了解他们的情绪之所以降低，是因为分析师对原始情境及其有关的情绪进行了诠释。例如彼得总是能区分"和妈妈相似的我"以及"真正的妈妈"。例如他让汽车前后跑动，对我吐口水，想打我，并称我为"怪兽"。他以暴烈的方式反抗我的诠释，但是渐渐地他变得比较安静，而且满怀情感地问我："当爸爸的小鸡鸡（thingummy）像这样跑进妈妈里面的时候，我要不要对真正的妈妈说'怪兽'？"

② 参见我的论文《俄狄浦斯冲突的早期阶段》。

③ 参考第八章。

的是母亲）沉下去了，并且将那使船长（父亲）浮在水面上的“长长的金色东西”和头给撕裂了，亦即当他和母亲性交时，被象征性地阉割了。她的攻击幻想细节显示，这些针对母亲身体而来的施虐攻击有多强烈。例如，有时候她会将粪便变成危险和会爆炸的东西，因此可以从里面破坏它。她通过烧毁房子并使人从里面爆炸的方式，来描述她的施虐特质。切纸的游戏（做成“肉酱”和“眼睛色拉”）代表父母在性交中完全被摧毁。厄娜想要咬断我的鼻子，并在鼻孔里“编织”东西，也是攻击父亲阴茎的表征，她认为父亲的阴茎已经被包含在我里面了。我的其他案例也呈现出类似的素材。①

厄娜在她的幻想中用一只眼睛攻击母亲的身体，夺走并摧毁母亲身体里的其他东西（意指粪便和孩子），这些幻想以许多不同种类的鱼呈现出“渔妇”（母亲）和我（扮演孩子，表征她自己）之间激烈的挣扎。就像我们看到的，她继续想象当她和警察“拿走”（wurled）钱或鱼，并想尽各种办法占有鱼的时候，我必须在旁观看。见证她父母的性交，引发她想要盗走父亲的阴茎以及任何母亲身体里面的东西之欲望。对于想盗走并完全摧毁母亲身体之反抗，表现在当她和渔妇缠斗之后的害怕中。在游戏中，这位女强盗会把她里面的每一样东西全部盗走。我之前描述过，我认为这种属于女孩最早期危险情境的惧怕，和男孩的阉割焦虑一样。② 我想在此指出，厄娜的早期焦虑情境是让她在学习上过度拘谨的原因，我在其他分析中也作了这类的联结。③我之前提到过，对于厄娜而言，只有在深入分析她的施虐特质及最早期的俄狄浦斯情境之后，学习障碍才有了改善。厄娜异常的施虐特质，和她对知识的强烈渴望混淆了，导致（由于防御的关系）她在许多活动上都变得非常拘谨，这些都与她对知识的渴求有关。算数和书写对她而言，都象征着对母亲

① 我也在另一个分析中发现，对我的鼻子、脚、头的攻击（不管是幻想或是真实的），从来不仅指该部分的身体器官。小孩所对抗的是父亲阴茎的象征表征。在幻想中，它与我（指母亲）联结，或被我（母亲）吞并。

② 参见我的论文《俄狄浦斯冲突的早期阶段》。在此论文中我讨论了个体对工作的抑制，以及它与母亲的施虐认同之间的关系。

③ 比较我在第五章中关于艾尔丝的报告。

的身体和父亲的性器的残暴施虐攻击。[①] 在她的潜意识幻想中，这些活动等于撕裂、剪碎并燃烧母亲的身体以及身体里的孩子，并阉割掉父亲。阅读亦然，她将母亲的身体对等于书，因此阅读表示暴力地将母亲里面的东西移走，包括孩子。[②]

最后，我要以此案例证实另一个我后来根据临床经验所提出的理论。根据我的经验，厄娜的幻想特质以及她与现实的关系，是具有强烈妄想特质的典型案例。另外，我认为，导致她发展出妄想特质与同性恋倾向的主要决定因素，也是妄想症起源的基本因素，在本书的第二部分（第九章）将讨论这一问题。在此，我仅想扼要指出，在一些被我分析的儿童中，我发现了强烈的妄想特质，这些发现也让我更加确信儿童分析最重要和最有用的课题，是发现并移除个体早期生命中的“精神病特质”（psychotic traits）。

---

① 参考我的论文《学校在儿童力比多发展中的角色》（The Role of the School in the Libidinal Development of the Child，1923，《克莱茵全集 I》）。

② 詹姆士·斯特雷奇（James Strachey，1887—1967，《弗洛伊德全集英文标准版》译者。——译注）在他的论文《阅读中的一些潜意识因素》（Some Unconscious Factors in Reading，1930）中指出了这与阅读有关的潜意识意义。

第四章
潜伏期儿童的分析技巧

分析潜伏期的孩子，有其特殊的困难度。他们不像幼儿，其生动活泼的想象及清楚的焦虑，帮助我们比较容易接触他们的潜意识。潜伏期孩子的想象生活非常有限，且有强烈压抑的倾向，这是该年龄层孩子的特征。和成人比较起来，潜伏期孩子的自我尚未发展完成，他们对自己的病没有洞察力，而且没有被治疗的欲望，因此缺乏被分析的诱因，也缺乏使分析持续的动力。除此之外，尚有这个年龄层典型的保留态度与不信任感，这态度部分来自他们满脑子极力抗拒自慰的挣扎，这使得他们深深厌恶任何意味着搜寻、审问或碰触那些他们设法保持在控制中的刺激之事。

以上特质使我们不易找到分析他们的出发点，因为这个年龄层的孩子不像幼儿一样地游戏，也不像大人一样给予口语的自由联想。尽管如此，我发现若能针对这群孩子的特质，找到接近他们潜意识的方法，则可以很快和这群人建立分析情境。就早期分析而言，由于幼儿仍强烈地受本能经验与幻想的影响，且能很直接将这些幻想呈现在我们面前，因此我认为，即使在第一次会面就诠释幼儿关于性交的象征表达及其施虐幻想，仍是恰当的。然而，由于潜伏期的孩子已经更完整地将这些经验及幻想“去性化”（desexualized），因此必须以不同的方式进行。

7 岁的葛莉特（Grete）是一个非常保守的女孩，她的心智能力非常有限，且有精神分裂（schizoid）特质，很不容易与人接近。但是她会画画，她用很简单的线条描绘房子和树，而且会以强迫的方式重复着一个接一个地画。她会不断改变这些房子和树的颜色及大小，或画画的次序。我指出这些房子代表的是她自己和妈妈，而树则代表爸爸和弟弟，以及他们与彼此的关系。我开始诠释并告诉她：她所关心的是性别的不同，父亲和母亲之间以及她和弟弟之间的不同性别，还有大人和孩子之间的区别。她同意我的说法，并很快对这一诠释有所反应，而改变了她的画画方式。直到这一诠释之前，她的绘画都非常单调（过去几个月来，分析的素材只靠这些画画）。

英格（Inge）是一名 7 岁的女孩，经过了好几个治疗时段，我仍然无法找到接近她的方式。我尝试通过谈论她的学校和亲戚使对话持续，但她一直对我持有不信任及保留的态度。只有当她告诉我一首她在学校所朗读的诗时，才变得比较活泼，她一直认为，她在诗词里面所用的字句太冗长，可以再缩短一点。在这之前，她谈到看见一些鸟飞进花园就没再出来了。然后她继续说，她和她的一个女朋友，玩游戏的技巧和男生一样好。我解释说，她一直很渴望知道孩了（鸟）从哪里来，也很想了解男孩与女孩之间的不同（长或短的文字，男孩和女孩在技巧上的竞争）。我可以观察到这个诠释对她的影响，就像对葛莉特一样，我们的关系因此建立起来。她终于带来更丰富的素材，也使我们的分析得以开始进行。

由以上及其他案例，我们可以看见被压抑的求知欲掌控整个情境。若我们以此为出发点，作为分析潜伏期孩子的第一个诠释（当我谈到诠释时，我指的不是理智上的解释，而是只有当分析中的素材，以怀疑、害怕、潜意识知识或性理论 ① 等形式呈现时，才进行诠释），我们则立刻会看到孩子的罪

① 性好奇以这种方式作为压抑素材的方式之一。例如，在我做了诠释之后，英格和葛莉特没有再继续问有关性的问题，却带来一些新的素材，帮助我了解她们的焦虑和罪疚感，这是部分压抑被移除的效果。例如，英格对小孩从哪里来的兴趣，有部分是在意识中的，但是对于不同性别及对于这一主题的百思不解所产生的焦虑，则隐藏在潜意识中。葛莉特则将两者皆压抑了。我的诠释对于这两个小孩之所以有效果，是因为我通过（转下页注）

疚感与焦虑，分析情境也因此被建立起来。

当某些压抑被移除之后，便可以看到诠释的效果，它会以不同的方式呈现出来：（一）分析情境已经建立起来；（二）孩子的想象变得比较自由，亦即其表征变得比较丰富，也比较广泛，口语表达比较多，陈述的故事比较充满幻想；（三）孩子不只经验到被释放，而且对于分析的目的有一些了解，就像成人的洞察力一样。① 借此，诠释得以渐渐克服我在本章前面所提的一些困难，这些困难与潜伏期的发展状况有关，它们使分析难以进行。

潜伏期的孩子比较压抑其幻想，由于自我发展得较完全，因此比起幼儿，他们的游戏内容比较接近现实，也较少幻想。例如有关玩水的游戏，我们较不易在潜伏期孩子身上观察到口腔欲望、尿湿或弄脏之类的直接表征。他们的游戏比较是反应式的（reactive tendencies），而且比较理性，例如烹饪、清理等。我认为，这个年龄层孩子的游戏会比较理性，并不只因为他们更强烈地压抑其幻想，也因为他们会强迫地过度强调现实，这也是潜伏期孩子的发展特色。

在处理这个阶段的一些典型案例时，我们一再发现，和成人比起来，大孩子的自我仍然非常脆弱，但他们努力强化自我的位置：通过将所有能量都放在压抑上，并借由事实来支持这个努力。这是为何我认为，我们不能期待“自

（接上页注）她们所提供的素材，了解到她们对性的好奇，并借此将她们的性好奇、潜藏的焦虑及罪疚感进行联结。

纯理性的解释，不只无法回答孩子心智中最即刻的问题，而且会激起被压抑的素材，却无法解决它。当这种现象发生时，小孩会对分析师的解释起反感。在我的文章《儿童对于分析的阻抗》（The Child’s Resistance to Analysis）［这篇文章是《一名儿童的发展》（The Development of a Child，1921，《克莱茵全集 I》）一文中的一部分］中，我指出，小孩只有当焦虑和内在冲突不造成阻碍的情况下，才能接受性的启示。他们对于这种启示的抗拒，则被视为症状。从我发表这一观点之后，它似乎已被普遍接受［参考《论性的启蒙》（*über Sexuelle Aufklärung*），精神分析教育学杂志特刊（*Sonderheft der Zeitschrift für psychoanalytische Pädagogik*，1927）］，以及奥托·费尼谢尔（Otto Fenichel，1897—1946，精神分析师，维也纳精神分析学会成员之一）的《至今未被论及的一些婴儿期理论》（*Some Infantile Theories not Hitherto Described*，1927）。若理性的解释可以为小孩带来释放，则通常表示小孩心智中比较表层的一些压抑已经被解决了。坦率回答这类突发问题，被小孩认为是自信与爱的证明，并可以通过公开讨论性问题，纾缓他的一些罪疚感。

① 就像我在第二章指出的，这也可以被运用在幼儿身上。

我”协助我们的分析工作，因为分析本身与孩子的自我倾向对立，也是为何我一再强调，只有与潜意识建立关系，我们才得以一步步和“自我”合作。

幼儿常常很容易在分析开始就玩玩具，相对地，潜伏期的孩子则会很快开始扮演角色。对一些 5~10 岁的孩子，我曾经连续好几周甚至好几个月，跟他们玩这类扮演游戏，只有当游戏的细节及其联结通过分析被澄清时，才会改变游戏内容。而下一个游戏则常常会以另一种形式，呈现与同一个情节有关的幻想，这时游戏会出现新细节，帮助我们做更深入的联结。例如 7 岁的英格，就其本性和行为而言，可以说是一位正常的孩子，虽然她具有一些只有在分析中才会完全出现的问题。① 有好一阵子，她和我玩一个与办公室有关的游戏，她是老板，交代我做事情，指示我写下她所讲的话，这些和她在学习、书写上的严重缺陷是对立的。在这个游戏中，她对于成为一个男人的渴望是很清楚的。有一天，她放弃玩这个游戏，而开始和我玩学校的游戏。我们知道她不只在课业上有许多困难，而且很不喜欢上学，她现在却用很长段时间来和我玩学校的游戏。她扮演学校老师，我扮演学生，她叫我犯一些错误，这些错误对于我了解她在求学上的失败是很重要的暗示。英格是家里的老幺，她觉得哥哥姐姐们的优秀（其实正与事实相反）使她难以忍受。她认为，在学校里这些情境又会再重复。在游戏中，她作为一位老师，所教授的细节显示她对于知识 ② 的渴望未被满足，且已经被压抑了，这是导致她

① 对英格的分析一共持续了 375 次，是一种预防性的治疗。她的主要问题是拒学，她首次见我时，问题并不明显，但在分析过程中，却发现这个问题有更深的根源。英格是一个生动活泼的小孩，社会适应良好，整体而言，可以说是一个正常的小孩。尽管如此，分析还是让她有了很大的改变。分析结果发现，她的生动全来自她主动的同性恋倾向；她与男孩的良好关系来自她对他们的认同。分析首先揭露了她的严重忧郁倾向，之后发现在表面自信的背后，还隐藏着严重的自卑感及害怕失败，这是造成她学业困难的原因。在分析之后，她变得比较自由、快乐和开放。她和母亲的关系，也比较充满情感，并且很坦诚。她的升华持续增加且更稳定。英格成功地进入青春期，且发展良好。由于在性态度上的改变，她的女性特质愈来愈明显，我们可以预见她未来生活的正向发展。在治疗结束七年后，她持续保持良好的发展，且成功地进入青春期。

② 在第十章中我提到，一般而言，在早期发展阶段，甚至在小孩尚未有言说能力之前，就对知识有所渴望。根据我的经验，这些早期问题（它们常常部分或全部在潜意识中），在小孩早期的性理论及施虐特质渐增时就已出现，大概在 6 个月大左右。我认为，它们与俄狄浦斯冲突同时开始。

无法忍受哥哥姊姊的优秀，并觉得学校的课程很无趣的原因。

我们已经见到英格先对父亲有强烈的认同（在游戏中她扮演老板的角色），之后再认同母亲（在母女倒置的角色扮演游戏中，她是女老师，我是学生）。在下一个游戏中，她是玩具商店的女老板，我必须为我的孩子买各式各样的玩具，这示范了母亲应该给她的。她卖给我的东西都是阴茎的象征，例如圆珠笔、铅笔等。而我的孩子，因为我给他们的东西而变得更聪明、更机智。这个游戏（在这个游戏中，小女孩的同性恋倾向和阉割情结再次变得更显著）的愿望实现指出，母亲应该将父亲的阴茎给她，她才能借此排挤掉父亲，并赢得母亲的爱。在游戏的下一阶段，她要我为我的孩子买吃的东西，这个游戏清楚地呈现出：父亲的阴茎和母亲的乳房，是她最深的口腔欲望客体；她的口腔挫折，则是她所有问题的根源，也是导致她无法学习的原因。

由于企图并吞母亲乳房的口腔施虐所造成的罪疚感，在很小的时候，英格就开始将她的口腔挫折当成一种处罚。① 针对母亲而来的攻击冲动，以及企图盗走母亲和她的孩子的欲望，强化了这一早期的罪疚感（来自俄狄浦斯情结），导致她极度害怕母亲（虽然是被掩饰起来的），这是她为何无法维持女性位置（feminine position）而认同父亲的原因。然而由于她想盗走父亲的阴茎，而对父亲过度害怕，使她也无法接受同性恋位置（homosexual position）。这导致她因为无法“知道”（know）（亦即渴望知识的早期挫折），而觉得自己无法“做”（do）（作为老幺而言，这常常是事实）。因此，她无法从事学校中与男性特质有关的活动，也无法维持女性的位置，这包括在幻想中怀孕、生孩子，因此也无法在女性位置上升华。她的焦虑及罪疚感使她无法建立起孩子与母亲的关系（或与学校女老师的关系），因为在潜意识中，她将知识的汲取对等于口腔施虐渴望的满足，这涉及对母亲乳房和父亲阴茎的摧毁。

虽然英格在现实中是个失败者，但想象中她却扮演各种不同的角色。就

① 根据琼斯的看法，当小孩未被满足时，他们认为是客体故意要他们有这种感觉，参考《女性性特质的早期发展》（*Early Development of Female Sexuality*, 1927），也参考瑞维尔的《儿童分析论文集》（*A Symposium on Child-Analysis*, 1928）。

像在我之前描述的游戏中，她扮演办公室的老板，是个成功的父亲；扮演一位学校的女老师时，她有许多孩子，将老幺变成最聪明的老大；在扮演贩卖玩具及食物的店员时，她通过角色的双重置换，倒转了口腔挫折的情境。

在这个案例中，我描述到，为了澄清隐藏的心理联结，我们不只要探讨每一个游戏的细节，且必须探讨由一个游戏换到另一个游戏的原因，这些游戏的转换，帮助我们了解不同心理位置的变化及波动，同时得以窥见心智能量间互动的动力。

我将通过下一个案例示范如何运用多重技巧。9岁半的肯尼斯（Kenneth）是一个看起来比他实际年龄还小的小男孩，很害怕、害羞，非常拘谨，且重度焦虑。从小他就常常眉头深锁。他几乎无法完成学业，其学习水平只和7岁的孩子差不多。在家里，他会过度攻击并嘲笑别人，且很难被管教。他对于性方面的兴趣异常开放，且未被升华。他喜欢讲脏话，喜欢暴露自己。和同年龄层的孩子比起来，他会异常缺乏羞耻感地自慰。①

以下是他的简史：很小的时候，肯尼斯被保姆性侵，他对这事件的记忆非常清楚，这件事后来被母亲知道了。根据母亲的描述，保姆玛莉一心一意照顾孩子，但是对于孩子的整洁非常严厉。肯尼斯对于被侵害的记忆，要回到他5岁的时候（事实上，发生在更早的时候）。他一点都不害羞，也很高兴地描述这件事情。他说保姆常常在洗澡的时候，把他也带进浴室，而且要求他抚摸她的性器官，除此之外，她对他很好。他说保姆很爱他，而且有好一阵子，他否认保姆对他太严厉。在分析开始时，他报告了一个5岁以后常做的梦：他梦见他碰触一个陌生女人的性器官，而且帮她自慰。

在第一次与我见面时，他就呈现出对我的害怕。在治疗不久之后，他做了以下这个焦虑的梦：突然有一个男人坐在我的椅子上，接着我被脱掉衣服，然后他被吓到了，因为他看到我有一个超大的男性性器官。在我诠释这个梦之后，出现了很丰富的素材：在他的性理论里，“妈妈是带有阳具的”。经

① 肯尼斯的治疗一共持续了225个小时，由于外在环境的原因而无法持续。他的精神官能症虽然无法完全被移除，但其现实生活中的一些困难已经被降低。例如，他较能适应学校的要求，也比较容易被教养。

由分析证实，这种心智影像（mental image）绝对是他对玛莉的具象化。其实他很小的时候，就已经很怕她，因为她曾经严厉地鞭打他，但他仍无法承认这个事实，直到晚期的梦才让他改变态度。

即使像肯尼斯这个在许多方面都很小的孩子，也能立刻明白分析的目的，并感到分析的必要性。他有时会像大孩子一样地自由联想，而且选择躺在沙发上联想，这可以说是他分析中最可观的部分。很快地，他开始用游戏说故事，他从桌上拿起一些铅笔当作人。有一次，他带来一些衣架当作人，并且互相殴打。他会将它们当成火箭、飞弹、鱼雷等，并用它们盖建筑物，这些都是他躺在沙发上做的。后来他发现窗台上有一盒积木，他将小桌子移到沙发旁，然后通过这些积木开始进行表征式的联想。

肯尼斯的第二个梦使分析得以更深入，我将尽可能以此描绘我所使用的技巧。梦是这样的：他在浴室里尿尿，一个男人跑进来，射了一发子弹，把他的耳朵给打了下来。当肯尼斯告诉我这个梦的时候，他用积木堆出各式各样的东西，他向我如此解释：积木代表的是他哥哥、爸爸、他自己及保姆玛莉，这些人都在不同的房间（房间之间的墙也都是用积木建起来的）。玛莉起床，拿起一只很大的棍子（另一个积木）向他冲过来，她正要对他做一些事情，因为他做错了一些事（自慰和尿床）。当她用棍子打他时，他开始帮她自慰，她就立刻不再打他。因此每次当她又打他时，他就帮她自慰，她就不会再打他。这个过程一再重复，直到最后虽然他已经做了该做的事情，她还是威胁要用棍子将他杀掉，然后他的哥哥进来救他。

由游戏及自由联想，肯尼斯非常惊讶地发现他曾经如此害怕玛莉，他对于父母的害怕也同时进入意识中。他的自由联想很清楚地呈现，害怕玛莉的背后，隐藏着的是对“坏母亲”的害怕，这个“坏母亲”和那会阉割的父亲结成联盟，后者以梦中那个进浴室将他耳朵打掉的人表征出来，浴室也是他帮保姆自慰的地方。

肯尼斯害怕父母联合起来对付他（在幻想中，父母永远在交配状态），是分析中非常重要的部分。只有在我重复观察许多相同的情境之后，我才发现对于“有阴茎的女人”的害怕，来自幼儿在非常早期的发展过程中所形成的性理论。有关这些观察，在我的文章《俄狄浦斯冲突的早期阶段》（1928）一文中已经描述过，在本书第二部我会详加讨论（第八章）。此性理论的内涵是，在性交过程中，父亲的阴茎被吞并到母亲里面。[①] 有阴茎的女人，代表的是父母结合在一起。我将继续借此素材描绘我的观点：在他的梦中，肯尼斯首先被一个男人攻击，但后来变成被玛莉攻击。在他的幻想中，玛莉所代表的是“有阴茎的女人”，以及父母的结合。父亲在他前半段的梦中，是一个男人，但是在后半段的梦中，只剩下阴茎，以及玛莉用来打他的棍子。

我想在此指出，早期分析技巧在某些向度上与运用在较大的孩子身上的游戏技巧类似。肯尼斯通过游戏而非语言，渐渐意识到他早期历史的重要部分。在分析历程中，他常常会变得过度焦虑，且只能通过积木与他的自由联想进行沟通。事实上，当他的焦虑浮现时，他常常无法用言语表达，而必须通过游戏。只有当他的焦虑因为诠释而被减弱时，才得以自由地言说。

另一案例我也做了一些技巧上的修饰。9 岁的沃纳（Werner）是一个有强迫式精神官能症的男孩，在许多方面，这个男孩的症状很像成人精神官能症，他也常常眉头深锁且重度焦虑，但他的焦虑主要显示在他的易怒与盛怒中。[②] 分析中的主要部分是通过玩具及画画完成的。我被迫坐在他的旁边，在游戏桌旁和他一起玩，这远超我偶尔和幼儿一起的互动。有时我甚至必须在他的指示下，单独做一些事，例如，我必须将积木叠起来，将车子移来移去，等等，他则只坐在那儿督导我。我会如此听命，是因为他的手有时会严重地抖动，因此无法将玩具放到他想放的地方，或害怕损坏它们。这些颤抖常常

---

① 菲力司・贝汉姆在他的文章《同性恋与俄狄浦斯情结》（Homosexualität und Ödipuskomplex, 1926）中，提出隐藏起来的女性阴茎，在潜意识中，与“父亲可怕的阴茎隐藏在母亲里面”这一概念联结时，则可看到其病源。

② 沃纳有下列症状：焦虑、害羞（它们以许多形式显示出来，但特别显示在上学的焦虑及愈来愈困难的学习中）、强迫式仪式（这些仪式变得愈来愈仔细，以致需要许多小时才能完成），以及严重的精神官能症（这使他的教养过程变得非常困难）。在他完成 210 个小时的分析之后，这些困难已经大致被移除了。小男孩目前的发展（治疗结束五年之后）非常正向，已经没有强迫式的仪式。他的功课不错，也很喜欢上学，与学校及家人相处良好，社会适应也不错，他与近亲和远亲的关系都改善了，此外，他非常喜欢各种活动或运动，这是之前没有的状况，而且对自己感觉很好。

表示焦虑就要开始了。我常能通过以下方式缩短他并发的焦虑症状：用他要的方式玩游戏，同时通过联结他的焦虑及游戏的意义进行诠释。他对自己内在的攻击之害怕，以及对爱的能力之不信任，使他失去修复父母、哥哥和姐姐的希望。在幻想中，他已经攻击了这些人，因此他害怕会不小心弄倒他刚刚建起来的积木和东西。这种对自己的重建能力之不信任，以及对可以让事情恢复正常的能力之缺乏信心，是导致他在学习和游戏中严重抑制的原因。

当他的焦虑被充分解决之后，沃纳便可以自己玩游戏，不再需要我的帮忙。他画了许多画，而且也提供了许多丰富的联想。在分析的后期，他表达素材的主要工具是自由联想，就像肯尼斯一样，他喜欢躺在躺椅上，用此方式联想。他会持续描述一些冒险的幻想，在冒险中，机器、仪器或机关常常是很重要的部分。以前画画的素材也会重复出现在这些故事中，但以更多的细节去丰富故事内容。

如我前面所述，沃纳强烈而爆发的焦虑主要表现在暴怒与攻击中，以及藐视、反抗与找茬的态度中。他本来没有任何病识感，常常强调他没有必要被分析。有好一阵子，当他的阻抗出现时，他会用很傲慢、生气的方式对待我。在家里，他也是一个很难管教的孩子。要不是我很快成功解决他的焦虑，他的家人可能会无法说服他持续接受治疗。后来他对分析的抗拒，几乎只出现在分析过程中。

我现在要描述一个在技巧运用上非常困难的案例。伊根（Egon）是个9岁半的男孩，他没有明显的症状，然而他的整体发展堪忧。他非常退缩，甚至对于那些非常亲近的人，他只说绝对必须说的话，几乎没有情感的联结，也没有朋友。他对任何事都毫无兴趣，没有什么事可以取悦他。他是一个会读书的人，然而分析显示，他的这一偏好有点强迫式。若问他喜欢什么事情，他的典型回答是："我不在意。"他脸上浮现一种过度早熟且牵强附会的表情，那僵硬的举动也几乎令人傻眼。他在现实上的退缩如此极端，以致看不到周边的事情，也无法认出他所熟悉的朋友。分析呈现出，他那愈来愈严重的精神病特质，在他进入青春期时，极可能会导致精神分裂（schizophrenia）的发作。

以下是这个小男孩的简史：大约 4 岁大时，他常常被父亲威胁不可以自慰，若做了，则一定要告解。他的个性因此起了变化，伊根开始说谎，并有爆发的愤怒。后来他的攻击退居幕后，取而代之的是冷酷无情及反抗的态度，且渐渐从外在世界退缩。

持续好几周，我让伊根躺在沙发上（他没有拒绝躺下，而且显然更喜欢躺下而不要玩游戏），为了让治疗得以进行，我也尝试使用许多不同的方式。我渐渐被迫接受了我的所有企图都是白费力气。我愈来愈清楚，这个孩子的言语障碍根基是如此之深，以致我必须先以分析的方式克服它。我渐渐了解这个男孩需要以行动化的方式帮助自己。到目前为止，我从他那儿获得的微薄素材，完全来自他偶尔说的一两个字（在一个治疗时段中，不会超过几句话）。当他把玩他的手指头时，我再次问他，是否对我的小玩具没有兴趣，他又给了典型的回答："我不在意。"尽管如此，他望了望玩具桌上的一些东西，然后被一辆玩具小马车吸引，而且只想玩这辆小马车。这个单调的游戏，可以让他玩整整一个小时，并且持续好几周。伊根让小马车沿着桌边跑，然后将它们丢在我旁边的地上。从他的眼神里，我得知我必须将它们捡起，并再推回给他。为了避免掉进窥视的父亲角色（父亲是他所反抗的对象），持续好几周，我和他在静默中一起玩，没有进行任何诠释，只想通过游戏和他建立关系。在这期间，游戏的细节全然没有丝毫变化，但是尽管如此单调，却有许多细节值得提出来。在这个案例和其他小男孩的分析中，我发现让马车移动常常指的是手淫，而让马车相撞则指的是性交，大车与小车的比较，指的是他和父亲或父亲的性器官的竞争。

几周之后，当我向伊根澄清这些素材，并将它与我所了解[①]的联结时，有了两个重要的成果。在家里，父母非常惊讶伊根的行为变得更自由了，在分析中则呈现出问题在经由诠释被解决后的典型反应，他开始在单调无聊的

① 未来的分析显示，针对这些素材进行诠释是没有意义的。只有在十五个月后，以及在分析结束之前，他的语言障碍才被克服。我尚未发现任何分析显示不诠释（non-interpretation）的好处。在一些案例中，我曾尝试不诠释的方式，但很快就放弃了，因为个案会很快出现严重焦虑，且会有放弃分析的危险。在伊根的案例中，由于他的焦虑如此强烈，使我得以延长我的实验。

游戏中添加一些新的细节。刚开始时，这些细节不容易被发现，但变得愈来愈清楚，后来整个游戏的内容改变了，从单调地将马车推来推去，到开始玩叠罗汉的游戏。由于技巧的改善，他开始将马车一辆一辆叠得很高，并和我比较谁叠得更高。后来他开始使用积木，并愈来愈清楚呈现他所叠起来的东西（不管他如何有技巧地掩饰），代表的总是两种性别的人或性器官。搭积木之后，伊根开始使用非常独特的方式画画，他没有看纸，只用两只手搓他的铅笔，以此制造一些线条，然后再从这些潦草的线条中解读它的形状。他会看到不同的头，很清楚地辨别男人和女人的头。在描述这些头的细节及它们彼此的关系时，他早期游戏中的素材再次出现，意旨对不同性别的差异和父母性交的不确定感、心中与此主题有关的问题，以及幻想中作为第三者而在父母的性交关系中扮演了什么样的角色，等等。他的恨与破坏冲动也在以下行动中更彰显出来：将头砍断并砍碎，这些头代表母亲身体里面的孩子，以及双亲。现在我们更清楚地了解他将马车堆得愈来愈高，代表怀孕中母亲的身体。他非常嫉羡她，且想盗走她里面的东西。他对妈妈有很强烈的感觉，且想盗走她里面的父亲阴茎和她的孩子，这导致他对母亲的害怕。这个表征后来表现在他斩切的行动中，通过这个游戏，他也获得了一些剪切的技巧。就像他在建筑游戏中所显示出来的，他剪出来的形状所表征的都是人，他如何让这些不同的形状相遇、它们的不同尺寸、是男人或女人、是否有些缺陷或太多缺陷、他什么时候或如何开始切东西等，都帮助我们更深入地了解他那逆转的（inverted）又直接的俄狄浦斯情结。他和母亲之间的竞争，与他强烈的同性恋倾向有关。由这一竞争关系而来的焦虑，不管是来自父亲还是母亲，都变得愈来愈明显。当母亲怀孕时，他对弟弟妹妹的怀恨，以及针对他们而来的破坏冲动，在剪形状的过程中获得宣泄，这些形状代表的是又小又自卑的人。他玩游戏的次序也是很重要的一环，在将这些形状剪断并剪成碎片之后，他总是会开始建构，以此作为修复的举动。同样由于反向作用，他会在被剪断的人偶身上过度修饰，等等。在这些表征中，总会重复出现一些压抑的问题，以及早期被压抑下去对于知识的强烈渴望，这些都是使他的无法言说、具有退缩人格，以及缺乏兴趣的主要因素。

伊根对于游戏的抑制从4岁就开始了，其中部分甚至来自更早的时候。他不到3岁就会盖建筑物，却很晚才会剪纸，而且只维持了一段很短的时间，当时只会剪断头。他从来不会画画。4岁以后，他对之前的所有活动都失去兴趣。因此，他现在所呈现的是严重压抑的升华，部分以再活化的形式呈现，其他部分则是新的创作。他以非常天真、原始的方式执行这些动作，看起来像是3岁孩子的举动。必须强调的是，这些改变发生的同时，小男孩的整个人格也有了正向的改变。

有关他的语言能力，在一段长期治疗之后，只有微弱的进步，但在游戏中，他渐渐能较自由并完整地回答我的问题。另一方面，我曾经一直无法让他像大孩子一样自由联想，只有在治疗后期（治疗全程是425个小时），我们才能彻底认识并探讨语言障碍背后的偏执因素，这些因素后来完全被移除了。[①]当他的焦虑渐渐减弱之后，他开始以书写的方式自由联想。晚期，他会在我耳边说悄悄话，并要我以微弱的声音回答。我后来发现原来他害怕被房间里的某些人听到，他也从不愿走近房间的某些地方，例如，如果他的球滚进沙发或柜子底下，或滚进黑暗的角落，我必须为他捡回来。当他的焦虑加重时，会有僵化及固着的表情，这些在分析开始时是非常显著的。我后来发现，这是因为他怀疑一些隐藏起来的迫害者，会从各个角落甚至从天花板观看他。这种被害的想法可以回溯到早期害怕妈妈身体里的许多阴茎，包括他自己的。这种视阴茎为迫害者所产生的焦虑，因为父亲的态度而加重了——父亲观看他，并责问有关自慰的事，而且使他远离母亲（母亲和父亲结成同盟——“有阴茎的女人”）。在分析过程中，当他对于“好母亲”的信念愈强，则我愈会被当成他的同盟及保护者，使他不至于受到迫害者从各个角度的威胁。直到这方面的焦虑以及迫害者的数量和危险度降低时，他才能开始说话，并能

① 我会在第九章更仔细地描绘这一案例。大致而言，伊根的分析令人满意。他的表情不再像面具，动作也不再如此僵化，他开始喜欢玩游戏，兴趣也和同年龄的男孩一样。他和家里以及世界的关系已经改善，且变成一个快乐满足的小孩。我最后听到有关他的消息，是在分析结束三年半之后，他的健康状况持续进展，也不再被当时的环境所造成的某些严重压力干扰。

更自由地活动。[①]

伊根最后期的治疗几乎完全靠自由联想。毋庸置疑，在治疗这个小男孩的过程中，我只有通过幼儿所使用的游戏技巧，才能接触他的潜意识。这种游戏技巧是否可以被运用在更大的孩子身上，则令人质疑。[②]

一般而言，潜伏期的孩子会使用许多口语联想，但对许多个案而言，我们运用口语联想的态度，必须与成人不同。例如像肯尼斯这种孩子，很快就能在意识中发现精神分析的好处，并意识到自己的需要。甚至更小的孩子，比如厄娜，渴望被治愈的动机是如此强烈，因此可以在分析开始时偶尔问她："你现在在想什么？"但是对于许多 9 岁或 10 岁的孩子，问这类的问题是无用的。该问孩子什么问题，取决于他们游戏和联想的方式。

若我们观察非常小的孩子，则可以立刻看到积木、纸张，甚至周遭所有的物品都可以被表征成任何东西。当孩子忙着玩这些东西时，我们通常可以借由问他"那是什么"而发现许多东西（原则是，在问这个问题之前，应该已经做了许多分析，而且移情关系也已经建立起来了）。例如，孩子常常告诉我们，水里的石头都是想要爬到岸边来的孩子，或者说他们都是人在打架。"那是什么"这个问题，很自然会带领我们到另一个问题："那他们在做什么"或"他们现在在哪里"，等等。我们可以用类似但修饰过的方式，引发大一点的孩子去联想。但原则上，只有当他们心里那些幻想的压抑与不信任感，通过足够的分析被减弱，且分析情境已经被建立起来时，才能完成。

让我们回到 7 岁的英格的分析。当她扮演办公室老板的角色、写信并交代事情等时，有一次我问她："信里面写了什么？"她很快回答："你收到信的时候就知道了。"当我收到信时，我发现里面除了潦草的线条之外，别

① 梅莉塔（克莱茵的女儿）在她的论文《论被害意念与妄想的心理学》（A Contribution to the Psychology of Persecutory Ideas and Delusions，1931）中，也谈到一个类似的案例。这个男孩大约 16 岁，在分析中几乎不开口讲话。对于此案例，语言障碍乃导因于被害的想法。这个男孩直到被分析后，才因被害焦虑降低而开始联想。

② 大致而言，伊根的分析令人满意。他的表情不再像面具，动作也不再如此僵化，他开始喜欢玩游戏，兴趣也和同龄的男孩一样。他和家里以及世界的关系已经改善，且变成一个快乐满足的小孩。我最后听到有关他的消息，是在分析结束三年半之后，他的健康状况持续进展，也不再被当时的环境所造成的某些严重压力干扰。

无他物。[①] 因此，之后我问她："X 先生（游戏里面的角色之一）要我问你信里面写了什么东西？因为他必须知道，而且如果你能够在电话中念给他听的话，他会很高兴。"于是，她毫不迟疑地告诉我她幻想中整封信的内容，同时也提供了许多具启发性的联想。有一次，我必须假装是医生，当我问她生了什么病时，她回答说："生什么病都一样。"因此，我以一个医生的身份，正式问她："夫人，你必须清楚地告诉我，到底哪里在痛。"之后我才能继续问其他问题，诸如她为什么生病、什么时候开始生病，等等。随后，她玩了许多扮演病人的游戏，我由此获得许多被深深埋起来的丰富素材。之后情境转变，她当医生、我当病人时，她作为医生所给我的劝告，又提供了我许多信息。

在此，我要提纲挈领对本章作一个概要。在治疗潜伏期的孩子时，最重要的是与他们的潜意识幻想建立关系，方法是通过诠释这些素材的象征内容，并将其与他们的焦虑和罪疚感进行联结。然而，由于这个发展阶段的儿童比早期阶段的儿童更会压抑其潜意识幻想，因此，我们只能通过表征来接近他们的潜意识幻想，这些表征有时看起来与幻想完全无关。在分析潜伏期的孩子时，我们会发现只能一步步解决孩子的压抑，并且会经历许多阵痛。有些案例，在持续好几周或好几个月之后所获得的联想，似乎毫无意义，例如报告新闻或书上的内容，或一些单调的学校事件。此外，一些单调强迫式绘画、搭积木、缝衣服等（特别是当我们只获得非常少的自由联想时），这些表面上看起来似乎对于了解他们的幻想生活毫无帮助。但是，我们必须记住我在本章前面所提到的两个案例，葛莉特和英格，他们提醒我们，有些活动或言语虽然完全没有幻想，但若我们不视之为抗拒，而将它们视为真正的素材，则可以为我们打开潜意识幻想之门。通过注意非常微弱的指标，并将象征、罪疚感与焦虑进行联结，以此作为诠释的开端，我发现，这总是可以找到开

---

① 我之前提过的案例——英格，在书写上有严重障碍，却渴望可以像成人一样写得"快一点、漂亮一点"，她的渴望和幻想之间的妥协，则是潦草地画线条。在她幻想中，这些线条是漂亮和有技巧的字迹。她想在书写方面超越成人及其强烈的抱负与好奇心，与她深感自己的无知和无法做任何事是同时存在的，这是导致她在真实生活中失败的主要原因。

始并持续分析的机会。

在儿童分析中，我们在尚未能完全和自我建立关系之前，就和潜意识沟通，这并不意味着自我在分析的过程中被排除了。这种排外是不可能的，因为自我与本我和超我是如此接近，而且我们仅能通过自我才能接触潜意识。尽管如此，我们并非通过分析建立自我（教育则是），我们只通过它打开一条通往心智中的潜意识机构（agencies）之路——这些机构是自我形成的要素。

让我们回到之前的一些案例。我们看到7岁的葛莉特在被分析时，有好一阵子几乎只是画画。我们还记得，她常常以极强迫的方式，只画不同尺寸的房子和树。我本来可以像一位具有同情心的老师一样，将这些缺乏想象力及重复的图画和其他自我的活动联结，并企图刺激她的潜意识幻想。我也可能叫她装饰、把房子布置漂亮，或是叫她将这些房子和树放在一个有街道的城里，借此将她的活动与她可能拥有的艺术或其他方面的才华进行联结。或者，我也可以从她所画的树出发，让她对辨别不同种类的树产生兴趣，以此刺激她对自然历史的好奇。若我做了以上种种的话，则我们可以预期她的“自我兴趣”会更明显地呈现出来，分析师也得以更接近她的“自我”。但我的经验显示，如此刺激孩子的想象，并无法松绑孩子的压抑，也因此无法找到使分析工作持续进行的立足点。[①] 此外，我认为这些方法是不可行的，因为孩子有许多潜伏的焦虑，为此我们不得不尽快建立起分析情境，并开始进行真正的分析。即使我们有机会通过“自我”接近潜意识，我们所获得的结果和我们所花的时间比起来，也是微不足道的，因为我们以此所获得的丰富、有意义的素材，都只是表面的。事实上，我们不用花太多时间就能获得更引人注目的潜意识素材。例如葛莉特的案例，我们本来可以刺激她的好奇，而且在状况良好时，可以使她对房子的出入口、不同种类的树，以及树是如何长大的感兴趣。但是这些扩大的兴趣，与她在分析早期呈现于画画上的素材比起来，只是少一点伪装而已。她以强迫方式一再重复画着大大小小的树，代表的是母亲、父亲、她自己和兄弟。这些不同的人物以不同的尺寸、形状、

---

① 参考本章对伊根和葛莉特的分析。

颜色及画画的次序呈现出来。其实，这些所潜藏的是葛莉特对不同性别及其相关问题的好奇，而这些好奇皆被压抑了。通过这方面的诠释，我终于得以接触她的焦虑及罪疚感，并使分析得以持续进行。

若素材里潜藏着的那些可见的复杂表征，与那些微弱的表征没有区别，则就分析而言，选取哪种表征作为诠释的开端是不相关的。就儿童分析而言，“诠释”是使分析历程得以开始并持续下去的唯一方法。因此我认为，若分析师足够了解素材，并将它与潜藏的焦虑联结的话，那么就可能正确地诠释那些缺乏幻想和单调无聊的联想。若我们以此态度进行，则“自我兴趣”与升华会因某些焦虑的解决以及压抑的移除而同时产生。例如，虽然我没有为艾尔丝（我们将在下一章详细描述这个案例）提供建议和鼓励，她也能逐渐从单调强迫式的画画中发展出熟练的绘画技艺。

在我进入分析青春期孩子的主题之前，必须先讨论分析师与父母相处的问题，虽然这个问题不是分析技巧的范畴，却是儿童分析师的工作中相当重要的一环。为了使分析师的工作得以进行，分析师和儿童父母的关系必须足够好。由于孩子仍必须依赖父母，因此父母必须是分析的一部分。然而由于父母不是被分析的对象，因此可通过一般心理方式影响他们。父母与儿童分析师之间的关系有一些特定的难题，因为这一关系与父母自己的情结有关。孩子的精神官能症与父母本身的罪疚感非常相关，父母认为让孩子接受分析，证实了孩子的病症是他们造成的。此外，要他们告诉分析师其家族生活的细节，常常是非常困窘的。尤其是母亲，会对自己的孩子和女性分析师建立关系感到妒忌，这一妒忌主要来自母亲与她的母亲意象（mother-imago）之间的竞争，[①] 这在女教师或护士身上尤其显著，虽然她们对于孩子接受分析的态度常常非常友善。这些及其他因素，大部分隐藏在潜意识中，使父母（特别是母亲）对于分析师有了爱恨交织的感情，尽管在意识中他们知道孩子被分析的需要，但是仍然无法移除对分析师的感觉。因此，即使孩子的亲戚们

---

① 在我同时分析母亲和小孩的案例中，我发现母亲潜意识里也害怕她的小孩被盗走。对母亲而言，小孩的分析师代表的是严厉的母亲，命令她偿还她所偷走的小孩。母亲认为，分析师发现了她曾有攻击兄弟姐妹的冲动，并且会对她进行惩罚。

在意识中对分析有好感，我们必须期待在这些好感中，多少存在一些干扰因素。至于困难的强度如何，则全在于他们潜意识的态度及对分析所产生的爱恨交织的程度。这是为什么我在面对熟悉精神分析的父母时所遭遇的障碍并不会少于那些完全不懂精神分析的父母。基于同样的理由，我认为在孩子开始进行分析前，不仅没必要对父母解释太多精神分析的理论，它甚至是多余的。因为对于他们自己的情结而言，这类的解释只有坏处。我只会和父母解释分析的意义以及分析后果的一些基本原则，并提到在治疗过程中，我将和孩子谈论性的主题，借此事先预备父母的心情，以防孩子在治疗过程中发生一些问题。不管在任何情况下，我绝对拒绝向他们报告分析的细节。就像成人一样，我严谨地对待孩子对我的信任。

根据我的判断，和父母建立关系的目标，在于请他们尽可能不要干扰我们的工作，不管是内在的还是外在的，例如通过发问或其他方式，鼓励孩子谈论分析的事情，或者用任何方式支持孩子抗拒分析。但是，当孩子产生强烈焦虑和暴烈阻抗时，就像露丝和特露德的案例，我们便需要他们较主动的合作。[①] 在这种情况下，我们必须依赖照顾孩子的人，不管多困难，都要想尽办法将孩子带来分析。根据我的经验，这是可能的，因为一般而言，不管孩子的抗拒有多强烈，他们还保有对分析师的正向移情。换句话说，孩子对分析的态度常常是爱恨交织的。尽管如此，孩子的环境所提供的协助，不能成为分析工作的主要辅助。这种强烈阻抗只能偶尔发生，不应持续太久。分析工作应该避免这种情境的发生，若无法避免，则应该尽快解决它。

若我们可以成功地和孩子的父母建立良好的关系，并肯定他们在潜意识中的合作，我们则偶尔可以从他们身上获得有关孩子在分析之外的一些有用的知识或信息，例如一些与分析工作有关的任何改变、症状的出现或消失等。但是，若父母获得这些信息会付出一些痛苦的代价，则我宁愿不要这些信息，因为虽然它很有价值，却不是不可或缺的。我总是想办法让父母明了：不要让孩子认为他们所使用的管教方式来自我的劝告，并努力将教育和分析完全

① 见第二章。

隔离，如此“分析”才能纯粹属于我自己和病人之间的事。

另一个要点是，孩子和成人一样，分析的场所必须是分析师的工作室，并且在一定的时段进行。同时为了避免移情情境的置换，我不会让带孩子来分析的人在我的办公室里等候。他将孩子带来，时间到时再来接孩子回去。

除非是重大的错误，我不会干扰孩子的养育方式。由于孩子的问题常常与父母自己的情结有关，因此分析师的劝告不只是无用的，还会增加父母的焦虑和罪疚感，也会使分析更难进行，并使他们对孩子的分析有负向反应。①

这种情况在儿童完成分析或经过相当程度的分析之后，会大大改善。儿童精神官能症的减弱或移除，会对父母有正向影响。当母亲管教孩子的困难减弱之后，她的罪疚感也跟着减弱，这除了改善她对孩子的态度之外，也使她较能接受分析师对于养育孩子的劝告，因为母亲接受劝告的内在困难（internal difficulty）已经减弱了。尽管如此，根据我的经验，更重要的不在于影响孩子的环境，而是孩子的分析成果，因为分析可以帮助孩子更能适应困难的环境，也帮助他更能面对环境所施加的压力。当然这种面对压力的能力是有限的，当孩子的处境恶化时，我们的努力可能会徒劳无功，精神官能症也可能复发。我也一再碰过一些案例，虽然他们的精神官能症并未完全消失，然而分析的结果使孩子在面对困难情境时较为放松，其发展状况也随之改善。我们几乎可以更进一步假设，若儿童心智的最深层次被基本改变之后，

① 我将以一名母亲的案例来说明。这位母亲对精神分析挺熟悉，而且也对它充满信心，因为她 10 岁大的女儿在被分析后进步很多，女儿本来有很严重的精神官能症。尽管如此，我仍然发现我很难劝阻她不要帮女儿做功课，虽然她很清楚，这么做只会让小孩更无法学习。最后在我的要求下，她终于不再帮女儿做功课了。但是我发现，从此之后，母亲总是尝试要女儿告诉她有关分析中所发生的事。有一次，在我的要求下她不再如此做，她却开始告诉小孩，她发现她（小女孩）早上起来时有黑眼圈。之前，她曾经说过当她禁止小孩自慰时，就会有这种现象。当这些干扰分析的因素再次被去除时，母亲则开始过分注意小孩的服装，并说小孩花太多时间在厕所里，如此使小孩变得更难管教。这时我决定放弃介入母亲的管教方式，并以她的干扰作为分析素材的一部分。当我不再提供劝告一段时间之后，这些干扰就减弱了。通过这个案例，我发现这一切所发生的事，对孩子而言，都有同样的潜意识意义，它们象征的是对自慰的询问和责备，它们有一个模拟的根源，就是母亲的情结。亦即尽管在意识中，母亲想要修饰一些我所反对的错误教育方式，但是都徒劳无功。好像我的劝告反而增强了她在教育孩子上的困难。有关这种情形，我在其他案例上也有类似的经验。

即使病症再度复发，也不会如此严重了。在此值得一提的是，有时当孩子的精神官能症减弱之后，他外围神经质的环境也会随之改善。[①] 有时在成功治疗之后，孩子就可以适应其他环境，例如寄宿学校。在孩子被分析之前，由于其病症及缺乏适应能力，这是不可能的。

到底分析师是应该常常见父母，还是尽量减少与父母会面，则因案例而异。在一些案例中，我发现后者可以避免我和父母之间的摩擦。

父母对于孩子接受分析的爱恨交织，可以解释为什么有些经验不足的分析师会感到震惊和痛苦，亦即即使非常成功的治疗，也无法从父母那儿得到肯定。虽然我常碰到领悟性很高的父母，然而，在大多数的案例中，我发现父母经常忘掉孩子来接受分析时的症状，也很容易忽略孩子在分析中的成长与改变。除此之外，我们应该谨记，父母并不是分析是否有疗效的裁判。成人分析的成效在于移除干扰病人的困难。虽然父母并不一定如此认为，但我们知道儿童分析的目的在于避免同样的困难再度发生，包括避免精神病的发作。父母一方面被孩子的严重症状所困扰，但另一方面，又不承认它的重要性，因为父母对孩子现实生活的影响力，无法与精神官能症对成人的影响相比。总之，我们应该学习放弃来自父母的认可。我们必须谨记，分析工作的主要目的在于确保孩子的健康，而非来自父亲或母亲的感激。

① 例如一名 14 岁男孩的案例。他很不幸，家庭生活也很艰苦，他因为性格问题来接受我的分析。我后来知道，虽然他的姐姐从未被分析过，这个小男孩的进步，对于大他一岁的姐姐的性格也有了正向的影响，而且母亲对他的态度也有了正向的改变。

第五章

青春期儿童的分析技巧

对青春期孩子的分析，在技巧上与潜伏期的孩子有许多差异。青春期孩子的本能冲动（instinctual impulse）比较强烈，其幻想活动也比较多，其自我有不同的目标，自我与现实的关系也和潜伏期的孩子有所不同。另一方面，分析他们与分析幼儿有许多相似之处：由于青春期的孩子强烈地被其本能冲动及潜意识所主导，其幻想生活也很丰富；再者，青春期所呈现出来的焦虑和情感，也比潜伏期的孩子更剧烈，犹如幼儿焦虑的复发。

如同幼儿，青春期“自我”的主要功能之一，是减缓（modifying）或防止焦虑出现，但由于青少年的“自我”发展得比较完整，因此较能成功地完成此课题。因为青少年已经发展出许多不同的兴趣与活动（运动等），这些活动都帮助他们处理焦虑、过度补偿，并使自己和他人无法意识到这些焦虑。他们以青春期的特质（反抗与不服从）来完成这一课题。以上使分析青春期的孩子在技巧上的难度加大了。除非我们能快速碰触到病人的情感（这个时期的情感是非常强烈的，且主要显示在反抗或藐视移情中），否则可能会导致分析突然中断。我发现，这个年龄的男孩在前几次的分析治疗中，常会期待与我产生暴烈的肢体冲突。

例如，14 岁的路德维格（Ludwig），他在第二次约谈时就爽约了。后来，因为母亲要他“再给分析一次机会”，他才勉强再次赴约。在第三次约谈中，我成功地让他知道他把我当成了牙医，他斩钉截铁地说自己不会害怕牙医（我的长相让他想起了牙医），然而我针对他的素材所进行的诠释，足以让他信服其实他会害怕。我的诠释显示，他期待我就像期待牙医一样，但不只会拔出他的牙齿，而且会将他的整个身体切成碎片。通过降低他在这方面的焦虑，我终于和他建立起分析情境。未来的分析确实常常诱发出许多焦虑，但是由于他的阻抗皆在分析情境之内，因此得以使分析持续下去。

在其他案例中，我也观察到潜藏起来的潜伏焦虑（latent anxiety）的征兆。我通常在第一次治疗时就会诠释它们，借此立刻降低孩子的负向移情。若未能立即发现这些焦虑，或未能及时通过诠释潜意识素材而建立分析情境，这些焦虑可能就会立即爆发。青少年所呈现的素材和幼儿非常相似：青春期和前青春期的男孩，对于人和事的幻想方式，与幼儿玩玩具的方式类似。3 岁 9 个月大的彼得，通过小马车、小火车与汽车来表达这些幻想，而 14 岁的路德维格，则在持续好几个月的时间里一再述说各种汽车、脚踏车及机车的结构如何不同，等等。彼得将马车推来推去，并比较哪一辆小马车比较好，路德维格则语带感情地述说哪一辆车或哪一位驾驶员将在哪些赛车中赢得冠军。彼得会赞美某个玩具人的驾驶技巧，并让他表演各式各样的技艺，路德维格则不厌其烦地赞美一些运动界的偶像。

尽管如此，由于青少年的幻想较能适应现实及其较强壮的“自我兴趣”（ego-interest），因此，其幻想内容和幼儿的比起来，较不容易被探知。除此之外，由于青少年的活动较多，也与现实较接近，因此他们的幻想特质[①]常常千变万化，想在现实世界中证实其勇气的冲动，以及想和别人竞争的渴望愈来愈显著。这就是为什么运动成为青少年生命和幻想中很重要的一部分，

① 我发现许多前青春期或潜伏期的男孩，会花许多时间谈论印第安人的故事、侦探小说或许多有关旅行、冒险及打架的幻想。他们会像连续剧般地报告这些故事，而且常常会在想象中发明一些技巧，例如一些特别种类的船、机器、车或在战争中所使用的机关等。

因为它们除了让青少年有机会崇拜那些精湛的技艺之外，也提供彼此竞争的机会，这些都成了克服焦虑的工具。

这些幻想是与父亲争夺母亲的表达，也与性能力的竞争有关。和幼儿一样，这些感觉伴随各种形式的恨与攻击，也是焦虑与罪疚感的来源。然而比起幼儿，青春期的孩子所使用的特殊防御机制更能成功地掩饰这些事实：青春期的男孩以他的英雄偶像或伟人来掩饰，他很容易维持对这些客体的认同，因为他们离他很远，他们也能借此来维持对父亲意象（father-imagos）之负向感觉的过度补偿。他将父亲意象分裂，并将他的攻击转移到别的客体。若我们将他对某客体的欣赏（过度补偿的结果）和他对其他人的过度怀恨或侵略（比如学校老师、关系等）联结，则我们便可以找到分析大一点的男孩的俄狄浦斯情结及其情感方式。

在一些案例中，有时压抑使青少年的人格变得非常有限，甚至仅剩下单一的兴趣，例如对某种运动的兴趣。这种单一的兴趣，就像幼儿只玩一种游戏而排除所有其他游戏一样。这种单一的游戏是那被压抑的幻想之表征，它常常是强迫式症状之一种，而非升华。有些青少年在持续好几个月的分析中，只单调地报告有关足球赛或脚踏车赛的事情。对这些看起来非常无趣的联想，我们必须从中抽取那被压抑的幻想内容。若我们使用梦的分析或游戏分析的技巧，并考虑置换、凝缩（condensation）和象征式表征等机制，以及其瞬间的焦虑信号和整体情绪状况的关系，则我们可以发现在这些单调兴趣①表层之后的东西，并渐渐深入其心智中较深的情结。我将在此以一个潜伏期孩子的分析案例为例来进行说明。我们可能还记得 7 岁的葛莉特，②她那单调的画画几乎完全没有幻想内容，但在持续好几个月的分析中，我只能依赖这些单调的画画。或是伊根，一个更极端的案例。这些孩子的幻想非常有限，和其他正常潜伏期的孩子比起来，他们所使用的表征工具也非常有限。我愈来

---

① 亚伯拉罕亲自告诉我，他在分析一位 20 岁左右的男孩时，仅通过他所谓的“邮票语言”（stamp language），像邮票被撕掉的角落这类细节，成了亚伯拉罕接触男孩阉割情结的唯一工具。

② 参考第四章。

愈认为，当青春期孩子的表达方式与兴趣如此有限时，我们所面对的是一位留在潜伏期太久的孩子；另一方面，当幼儿的想象活动非常有限时（例如拘谨的游戏等），则可视之为太早开始的潜伏期。不管潜伏期太早开始或持续太久（结束太晚），都可以通过其干扰程度的严重性来判断孩子是否已经度过潜伏期，因为这些过度干扰的现象常发生在潜伏期。

我将以一两个案例来描绘分析青春期孩子的正确技巧。比尔（Bill）是一名15岁的男孩，[①] 在分析中，他不停描绘他的脚踏车及其每一部分，例如，他害怕如果骑得太快，就会伤害其中的一些部分。这些无止境的联想提供了丰富的素材，诸如阉割情结与自慰的罪疚感。[②] 他告诉我，在一趟脚踏车旅游中，他和朋友交换脚踏车，他不知道为什么一直害怕他的脚踏车可能已经被弄坏了。根据这件事及其他类似故事，我指出他的害怕可能与小时候的一些性行为有关。他同意了，并记起小时候有一次和一个小男生有类似的细节。对这件事的罪疚感，以及他害怕这些举动已经伤害了他的阴茎及身体的想法，深藏在他的潜意识中。

在分析14岁的路德维格时，我通过类似的素材，发现他对弟弟感到强烈罪疚的原因。例如，路德维格谈到他的蒸汽机需要修理，然后，他立刻联想到他弟弟的引擎可能永远无法被修复了。我后来发现，与这有关的抗拒，以及希望我们的晤谈赶快结束等，都与他害怕母亲可能会发现他与弟弟之间的性关系有关。他对这事还有一点点记忆。这一关系使他在潜意识中留下强烈的罪疚感，因为他比较年长、比较强壮，因此有时会强迫弟弟进入他里面。为此，他常觉得他必须为弟弟的发展障碍负责，他弟弟有严重的精神官

---

① 比尔很神经质、拘谨，而且有许多精神官能病症。分析只持续了三个月（45个小时）。分析结束六年后，我听说他发展得很好。

② 分析一再呈现骑脚踏车象征的是自慰和性交。在我另一篇文章《早期分析》中，我指出足球、脚踏车等常常是阴茎的象征。我在该文中较详尽讨论不同种类的运动与力比多幻想（libidinal phantasies）的关系，而这是象征对等（symbol equations）的结果。因此由象征角度处理病人所谈的运动，并将之与他的一般情感状态联结，分析师得以了解病人的力比多及攻击幻想，以及他们所带来的罪疚感。

能症。[①]

有一次，他谈到和朋友一起进行的一次蒸汽船之旅，在针对这个旅行联想时，路德维格突然想到这艘船可能会沉下去。之后他突然从口袋中掏出一张火车季票，并问我是否可以告诉他这张票的截止日期，他说他不知道哪个号码指的是月、哪个号码指的是日。车票上的"截止日期"象征他的死亡日期。和朋友一起旅行，意旨他在小时候和弟弟 / 朋友的相互自慰[②]。这一联想引发了他的罪疚感，以及害怕自己的死亡。路德维格继续说，为了不弄脏已经包裹好的盒子，他将电池拿出来。然后他说，他和弟弟在室内将乒乓球当足球玩，他说乒乓球比较不会有危险，因为它不会伤到一个人的头，也不会打破玻璃。这时他记起小时候的一次意外，他被足球打到，痛到失去意识。他说他并没有受伤，但是若打到他的鼻子和牙齿，则会很容易受伤。对于这次意外的记忆，是另一个记忆的过滤，亦即他和另一个比他大的朋友的关系，这个大男孩可能曾经诱惑他。乒乓球指的是他弟弟比较小且比较没有伤害力

① 路德维格的分析本来是预防性的，他虽然处在忧郁中，却没有不正常的人格。他不喜欢交朋友，非常不活泼且退缩到他自己里面，和兄弟姐妹的关系也不好，但他的社会适应很正常，学业成绩不错，可以说没什么主要问题。他的分析一共持续了 190 次。在结案三年之后，我听到一些有关他的事，这位非常正常的小男孩，在某些方面的改变是如此明显，以致一些和他不太亲近的人（他们当然不知道他曾经被分析过）也注意到这些改变。分析发现，他对戏剧或电影的缺乏兴趣，与他对渴望获得知识的强烈抑制有关，虽然他在学校的功课不错。当这些抑制被移除之后，他的心智世界范围变得更宽广，他也更有自信。分析他那极端的被动态度，帮助他发展出许多不同的活动兴趣。他对弟弟的态度变好了，社会适应能力也变强了。这些及其他的改变，使他成为一个更自由、平衡及更成熟的人。这些改变本身也许并不具决定性，但就一些比较深入的改变而言，它们对于他的未来发展有很重要的贡献。当日常生活中那些不活泼的态度被移除之后，他对性对象的选择也改变了，他的异性恋倾向变得更强烈，也去除掉了某些困难，这些困难本来会干扰他晚期生活能力的发展。后来我们发现，他的忧郁伴随自杀的想法，比我们原来想象的还严重。他退缩到自己里面和不喜欢交朋友，都与他企图逃离现实有关。深入的分析显示，这些都只是小男孩所承受的一些困难而已。

在此我要指出，甚至那些非常正常的孩子，也会碰上非常严重的困难（例如英格的案例）。这个观点来自日常生活的观察，这也是为什么有些人看起来非常正常，却会因为神经质而崩溃，或因一些很简单的事情而自杀。对于那些看起来没有病的人，他们在自信与性方面的际遇，以及缺乏享受的能力，只有通过精神分析才能被评估出来，在成人治疗中也证实了这样的现象。

② 译者采用德文文本中的斜线写法，表示是弟弟或是朋友。作者指的可能是后来提到的一名年长的朋友。

的阴茎，足球则是那个大男孩的阴茎。在与弟弟的关系中，他认同了那位诱惑他的大男孩，因此认为自己已经伤害了弟弟，而有了强烈的罪疚感。他拿出电池并害怕弄脏盒子，是因为他认为自己已经污染及伤害了他弟弟的焦虑，意旨他强迫弟弟将他的阴茎放到嘴里，并强迫弟弟口交，这是他和那个大男生的经验。他害怕自己已经从里面弄脏并伤害了弟弟，这与他对弟弟的施虐幻想有关。这一幻想引发更深的焦虑与罪疚感，意旨针对父母而来的施虐自慰幻想。因此，通过他和弟弟之间的关系所做的告解（告解是借由他认为蒸汽引擎需要修理的联想，象征式地呈现出来的），我们不只获得了他生命中一些其他经验与事件，且得以和他内心最深的焦虑接触。我想以此指出分析素材中所呈现的象征之丰富性，它们是分析青春期及幼儿的典型现象，因此，我们必须选取与所使用的象征吻合的诠释。

我现在要描述对青春期女孩的分析。月经的来临，引发女孩强烈的焦虑。除了那些我们所熟悉的、与月经有关的其他意义之外，它们也是身体的内在及里面的孩子完全被摧毁的、可见的表面象征。因此女孩要完全发展出女性化特质，比男孩发展出男性化特质，会遭遇更多的困难，也需要更多的时间。女性发展上的这种特殊困难，增强了青春期女孩男性特质的发展。有些女孩则只发展某一部分，特别是理性上的发展，而她的性生活及人格则持续留在潜伏期，有些甚至持续到青春期之后。在分析那些非常主动并会与男性竞争的女孩时，我们常常发现她们所呈现的素材和男孩很类似。当我们深入她们的心智并与她们的焦虑及罪疚感接触时，我们会发现，男性与女性阉割情结（castration complex）的结构很不同。这些焦虑及罪疚感来自她们对母亲的攻击，也是导致她们拒绝女性角色的原因，同时影响其阉割情结的形成。

我们发现，由于她害怕自己的身体被母亲摧毁，使她拒绝采取女人和母亲的位置。女孩在这个时期的分析中所呈现的素材，与小女孩非常类似。另一类型女孩的性生活强烈地被抑制了，分析这类女孩必须先探讨潜伏期的主题。我们会花很多时间谈论她在学校的成绩、她想讨好老师、想把功课做好，以及她对于缝纫的兴趣等。面对这类案例，我们必须使用分析潜伏期孩子时所用的技巧，并一步步解决她的焦虑，释放在幻想中被压抑的活动。当这些问题被部分解决之后，小女孩的害怕及罪疚感则会更清楚地呈现出来，这些害怕和罪疚感使她的女性角色无法维持，也使她在性方面相当抑制。相对地，第一类女孩则认同了她们的父亲。甚至那些已经发展出女性特质的女孩，在青春期时也会有焦虑，而且在表达上比女性成人更严重、更激烈。反抗及负向移情是这一时期的主要特征，因此，立刻建立分析情境是必需的。在分析中常常会发现，女性的性特质被夸大，而且被推上舞台，其中部分原因是为了欺骗、隐瞒来自男性情结的焦虑，而更深的原因，则来自对早期女性态度（feminine attitude）的害怕。①

我将以一个分析片段（虽然不全是该发展阶段的典型案例）来描绘在分析前青春期和青春期的女孩时一些技巧上的重点，同时指出治疗这个发展阶段的孩子所存在的一些困难。

艾尔丝，12 岁，有精神分裂特征，其人格发展非常不健全，不仅在自信上不及一般八九岁的孩子，也没有同年龄孩子该有的兴趣。除了一些强迫且缺乏想象力的画画之外，她极度缺乏想象的活动，对文字完全没兴趣，也不喜欢任何工作。关于这一点我会再进行补充。例如，她不喜欢交朋友、不喜欢逛街，她对戏剧、电影或任何娱乐都感到厌烦。她唯一的兴趣是吃东西，当这方面感到不满足时，则会陷入暴怒及抑郁中。她非常妒忌兄弟姐妹，但主要针对的不是母亲的爱，而是妒忌在想象中母亲给了他们什么东西吃。对母亲及兄弟姐妹的敌意，也使她社会适应不良，没有任何朋友，她显然不渴望被喜欢或被视为好孩子。她和母亲的关系非常不好，偶尔会对母亲非常暴怒，但同时又非常依附她。她离家两年，住在修女院的宿舍，但这一经验对她的状况没有持久影响。

艾尔丝 11 岁半时，母亲发现她和哥哥发生性关系，使母亲想起这并不是第一次。分析也证实了这一经验，而且在被发现之后，她和哥哥的性关系仍然持续着。

在母亲的迫切期望之下，艾尔丝来接受分析，她那不符年纪的无条件顺

---

① 参考瑞米儿的《女性面具》（*Womanliness as a Masquerade*, 1929）。

从与敌意，是使她固着在母亲身上的原因，也是使她接受分析的原动力。开始时，我请她使用躺椅。她那乏味的联想，主要在于比较我的房间和她的家，特别是房间的家具。她总是很抗拒地离开，且拒绝隔天再来分析，只有在母亲的强力说服之下，才勉强答应来。根据我的经验，在这种情况下，立刻建立分析情境是非常重要的，因为家里的支持不会持久。在第一次约谈中，我注意到艾尔丝手指的动作，当她在比较我的家具和她房间的家具时，她不断用手指抚平她裙上的皱褶。在第二次分析中，她比较我的茶壶和她房间的，说她房间有一只类似的茶壶，只是不那么漂亮。我立刻诠释说，她所比较的东西，其实指的是人，她将自己和我或她妈妈进行比较，并认为自己比较不好，因为她由于自慰而感到罪疚，并且认为这已经伤害了她的身体。我说她不停地弄平裙子的褶皱，意旨她的自慰并企图修复她的性器官。[①] 她强烈否认，但我可以看见诠释的效果，因为她所呈现的素材变丰富了，并且不再拒绝来接受分析。尽管如此，由她那明显的退化现象、言语表达的困难以及所承受的强烈焦虑，我认为更适合以游戏技巧进行分析。

在未来几个月中，艾尔丝的主要联想来自她的画画，这些画是用圆规以精准的尺度完成的，显然没有任何幻想。她的主要活动在于计算及衡量东西部分的尺度。她对于尺寸精准的强迫特质，变得愈来愈清楚。[②] 经过耐心与缓慢的工作，我发现原来这些不同部分的形状与颜色代表的是不同的人。她衡量与计算的强迫行为，被证实系来自强迫式思考的冲动，例如，想了解妈妈身体里面到底有哪些东西、有多少孩子在那儿及性别的不同等。就这一案例而言，她在人格上的束缚及智性的有限发展，皆来自早期对强烈渴望知识之本能（instinct for knowledge）的压抑。这样的压抑以反抗方式呈现，而造成对所有知识的拒绝。通过画画、衡量与计算，我们有了很大的进展，艾尔丝的焦虑也不再如此强烈。因此在治疗六个月之后，我建议她躺下来接受分

① 我做这类的诠释，不是为了探测孩子在意识中所隐瞒的事（例如自慰），而是为了能更完整地掌握她，目的是为了追溯自慰（或任何事情）所引发的罪疚感的最深根源，然后减轻它。

② 事实上，艾尔丝没有任何值得谈的有趣东西，却很喜欢念书，然而她不在意念什么书或书的内容，因为她以念书作为逃避现实的工具。

析，她接受了，而她的焦虑再次变得很强烈，但我立刻便能将之减轻。自此之后，分析的进展变得愈来愈神速。由于她的联想单调且稀少，使她在分析上的进展无法像同龄的孩子一样，但愈来愈接近标准。她开始很想满足老师，并想在老师面前留下好印象。但由于她在学习上的重度障碍，使她无法满足这样的渴望。这时，她才开始意识到自己的缺陷所带来的失望与痛苦。在家里，当她开始做功课之前，她会伤心地痛哭好几个小时，导致无法做完功课。有时，她在上学前发现她的袜子有破洞，若没有把它修补好，则会变得很绝望。她一次又一次地联想自己在学习上的失败，让我们质疑她的衣服或身体的缺陷。在未来持续几个月的分析中，她不厌其烦地报告学校的事情，包括一些单调的陈述，例如她的袖口、领子、领带以及衣服上的所有小东西，说它们太长或太短、太脏或是颜色不对等。①

这时的分析素材，主要来自有关功课挫败的细节。② 由于她不断埋怨对于某些特定主题不知道写些什么，我鼓励她针对那些主题进行联想，这些被迫的幻想 ③ 是非常具教育性的。对她而言，写文章表示承认她“不知道”（not-knowing）这个事实，指的是当父母性交时，她完全天真无邪，或不知道母亲的里面有什么东西等。所有那些与这一基本的“不知道”有关的焦虑和反叛，都因学校所交代的每一项功课再度被刺激出来。就像其他许多孩子一样，写文章对她而言好像在告解，因此也会触及她的焦虑和罪疚。例如，有一个作文主题是“描述库斐尤斯坦丹姆区商店街”（Kurfürstendamm）。④ 这个主题让她联想到商店的橱窗、橱窗里的东西以及她想拥有的东西，像是一个装饰得很漂亮的大火柴盒，这是有一次她和母亲逛街时在商店橱窗见过

---

① 参考弗鲁格尔（J. C. Flugel，1884—1955，英国精神分析学者）的《服装心理学》（*The Psychology of Clothes*, 1930)。

② 艾尔拉・夏普（Ella Sharpe，1875—1947，英籍精神分析师）在她的文章《幻想的历史》（*History as Phantasy*, 1929）中，描述一个成人精神病患的案例。在很长的一段治疗时段中，她所获得的素材几乎完全来自病人对历史事件的兴趣，夏普以此为基础，深入病人心智中最深的层次。

③ 参考费伦齐的《论被迫的幻想》（*On Forced Phantasies*，1924）。

④ 柏林一个主要购物中心。

的。她们后来真的到了那家商店，而且母亲也尝试点了一根很大的火柴，艾尔丝自己也想这样做，但因为害怕母亲及店员而克制了自己。店员代表的是父亲意象；火柴盒及里面的东西，就像商店橱窗的内容一样，代表的是母亲的身体；点火柴指的是父母之间的性交。她对于在性交中母亲能拥有父亲感到非常嫉羡，对于母亲的攻击冲动，也是让她深感愧疚的原因。另一个作文题目是“圣伯纳犬”（St. Bernard Dogs），当艾尔丝描述这些狗如何聪明地将一些快被冻死的人救出时，她开始出现非常强烈的阻抗。她后来的联想显示，在她幻想中那些被掩埋起来的孩子，都是被抛弃的。这一联想证实了无法写这个作文题目的困难，与希望妹妹们死去的欲望有关（包括妹妹出生前及出生后），并害怕自己会被母亲抛弃以作为惩罚。此外，每一项她必须做的学校功课，不管是口语或书写，对她而言都是告解。这些困难也导致她在某些科目上的学习困难，比如数学、几何、地理等。[①]

艾尔丝的学习困难渐渐减轻时，她的整体个性也起了很大的转变。她开始具有社会适应能力，有许多女性朋友，她和父母及兄弟姐妹的关系也改善了。她可以说是一个正常的女孩，兴趣也和同龄的孩子差不多。她现在的学校表现很不错，也受到老师的喜爱，变成一个有点儿太顺从的女儿。她的家人非常满意分析的成功，并且认为没有理由再继续分析了，但是我不同意他们的看法。很清楚的是，这时她 13 岁，身体发育开始进入青春期，而艾尔丝在心智上，刚刚成功地转入潜伏期。通过解决一些焦虑以及减轻她的罪疚感，分析让她社会适应良好，并在心智上得以进入潜伏期。虽然我们可以满足于这些改变，但是我所见到的仍是一个非常依赖的孩子。她仍然过度固着在母亲身上，虽然她的兴趣范围扩大了，却难以有自己的想法，她在表达之前总是说“妈妈认为”。她会想讨好别人，例如她现在很在意自己的外表，之前她完全不在乎，她现在需要被爱及被认识，这些改变主要都来自希望可以讨好母亲及老师，也因此她想要比同学更好。她的同性恋倾向仍然主导，且几乎没有异性恋冲动。

① 参见我的文章《学校在儿童力比多发展中的角色》，文中，我讨论了一般抑制的意义与特殊学习问题的关系。

她后来持续接受稳定的分析，分析所导致的改变不只是上面提到的，而是艾尔丝整个人格的发展。分析月经所带来的焦虑，对她有很大的帮助。她和母亲之间过度的正向联结，来自她的焦虑与罪疚感。偶尔，艾尔丝还是会对母亲大发脾气，但频率已经减少许多。持续分析使她和母亲之间的竞争关系完全被揭发出来，包括她对母亲强烈的嫉羡与恨，因为在她的幻想中，母亲占有了父亲，特别是父亲的阴茎，她也妒忌父亲对母亲的爱。通过分析，她的异性恋倾向变强了，同性恋倾向则退居幕后。这时，她在心理上的青春期才开始。在这之前，她无法批判母亲，也无法拥有自己的意见，因为她认为这表示对母亲的暴烈施虐攻击。对于施虐的分析，使艾尔丝更能依靠自己，这可以清楚地从她的思维和行为看出来。她也可以比较率直地反对母亲，但并没有造成问题，因为她在各方面的进展超过了这些反抗。在接受425个小时的分析之后，艾尔丝得以和母亲建立起有情感的关系，同时也有了异性恋倾向。①

在这一案例中，我们看到女孩无法克服强烈的罪疚感，不只使她无法过渡到潜伏期，而且影响了她的整个发展。她那以愤怒呈现出来的情感被置换了，也无法正确地修饰她的焦虑。艾尔丝看起来是一位不快乐、不满足的孩子，也未能意识到自己的焦虑和对自己的不满。分析的最大进步，在于使她了解她非常不快乐、让她知道她觉得自己很自卑、不被爱，而且对此感到很绝望，并且由于她的无助感，使她缺乏赢得别人的爱之企图。早期她一点都不在乎情感以及来自外在世界的赞美，后来，她又过度期待它们，使她极度服从母亲，这也是潜伏期的特征。晚期分析掀起了导致她强烈罪疚感以及学习挫败的更深层原因。这部分的分析比较容易，因为她已能完全意识到自己的疾病。

我之前提过，艾尔丝和大她1岁半的哥哥之间存在性关系。在我分析艾尔丝不久之后，我也开始治疗她哥哥。从这两个分析中，我发现他们之间的性行为虽然从小时候持续到潜伏期，但是并不常发生，而且所用的形式比较温和。问题是，艾尔丝在分析中没有一点罪疚感，但很厌恶她哥哥。分析使哥哥完全

---

① 在分析结束两年半后，尽管外在环境有许多困难，她还是发展得非常好。

停止了这一性关系，却激起艾尔丝对哥哥更大的怀恨。但在后来的分析中，由于她在其他方面的改变，她开始对这件事情感到强烈的罪疚和焦虑。[①]

我认为艾尔丝面对罪疚的方式，包括拒绝对她的行为负责以及对环境的强烈敌意和反叛态度，是一种反社会人格。例如肯尼斯，我们可在他身上看到类似的防御机制，他对于别人的意见毫不在意，并过分缺乏羞耻感。这些甚至可以在正常但顽皮的孩子身上观察到，只是情况没那么严重。分析显示，对于任何年龄层的孩子，减轻潜伏的罪疚和焦虑，可以帮助孩子适应社会，并强化他们的责任感。分析愈深入，情况愈明显。

这一案例指出，女孩在发展过程中的哪些因素决定了她们是否可以成功过渡到潜伏期，哪些因素又决定了她们能否过渡到青春期。我之前提过，许多青春期的小女孩仍处在延长的潜伏期中。但是，借由分析对母亲的攻击所造成的早期焦虑及罪疚感，我们不仅可以帮助她们成功地过渡到青春期，而且可以帮助她们进入成人生活，并保证她们拥有具女性特质的性生活及人格发展。

以下我将描绘治疗这一案例所使用的技巧，前半段我使用的是治疗潜伏期孩子的技巧，而后半段使用的是治疗青春期孩子的技巧。我一再提及，要根据不同发展阶段的需要，综合性地使用不同形式的精神分析技巧。我再次强调，早期分析技巧是各年龄层儿童分析技巧的基础。在上一章，我说过自己分析潜伏期孩子的方式，来自我分析幼儿的游戏技巧。如同本章所讨论的许多案例所显示的，早期分析技巧对于许多青春期的孩子仍是不可或缺的。对于许多非常困难的案例而言，若我们未曾考虑到青少年需要行动化并表达他们的幻想，且未小心处理所浮现的焦虑，或总而言之，未能有弹性地运用分析技巧的话，则我们注定要失败。

为了分析心智中最深的层次，我们必须观察一些主要情境。与一些浅层的、被修饰过的焦虑比起来，深层的焦虑在量上和强度上都更大，因此必须恰当处理被释放的焦虑。为了处理这些被释放的焦虑，我们必须持续回到这一根源，并借由系统性地分析移情情境来解决它。

在本书前几章，我描绘如何通过立刻分析负向移情，来面对那些比较羞

① 在第七章中，我会从其他角度更详尽地讨论这一关系。

怯或对我不友善的案例，这一方式[①]的目的，在于认识并诠释潜藏起来的焦虑之重要性，以阻止它们发展成焦虑发作（anxiety attack）。为了达到此目的，我们必须对下述有完整的知识：在儿童发展过程中，最早期的焦虑反应（anxiety reaction），以及为了对抗这些焦虑，自我所使用的防御机制。事实上，分析师在理论上，必须对心智最深层次的结构有一些了解。分析师的诠释工作必须直接面对这部分的素材，包括潜藏起来的大量焦虑，以及被激发出来的焦虑情境，而且必须将这一潜伏焦虑与以下几点进行联结：（一）焦虑底下的特殊施虐幻想；（二）为了掌控焦虑，自我所运用的防御机制。换句话说，为了通过诠释解决某些焦虑，分析师必须紧跟一些线索：超我的线索、本我的冲动，以及企图调和这两者的自我。如此才能通过诠释，一步步让当时被激发出来的焦虑内涵呈现到意识层。为了完成这一课题，分析师对病患必须绝对严谨地只使用分析的方式，因为只有借由拒绝使用任何教育方式或道德规范来影响儿童，分析师才能分析儿童最深的层次。若分析师阻止让儿童的某些本能冲动呈现，它则会不可避免的同时压抑本我冲动（id impulses）。即使分析非常小的孩子，要接近孩子最原始的口腔施虐幻想及肛门施虐幻想，也是非常艰难的工作。

此外，系统地调解孩子的焦虑之后，孩子则不会在分析与分析中间累积太多的焦虑，或使治疗过早结案，也不会让孩子太焦虑。虽然这种干扰会暂时让孩子的焦虑变得更强烈，但是他们的自我很快就可以约束及修饰它，而且比分析前做得更好。在一些案例中，孩子甚至得以避过一些比较急性的焦虑。[②]

---

① 参见第二章。

② 在许多 3 岁到 12 岁的案例中（因为客观原因而必须在治疗三到九个月之后停止分析），我发现，这些孩子没有他们刚来时那么忧虑或不安。除了我在第二章中所提的案例莉塔、特露德和露丝之外，我要提另一名 12 岁男孩的案例，他因为有被下毒的想法而来见我。在分析六个月之后，他出国了，那时不只他的害怕已经减轻，而且在各方面也都有了正向的改变，这是可以观察到的。他面对其他许多事情，也显得轻松自在。在结束治疗两年半后，我听说他的改善持续维持着。在这些案例中，孩子自己也觉得好多了。虽然这类未完成的分析，最多只能减轻孩子的精神官能症，但我觉得分析可以避免孩子在晚期罹患精神病或严重的强迫式精神官能症。我愈来愈确信，我们所跨出的每一步，不管多小，只要我们将目标放在解决孩子心智中最深层的焦虑，即使它无法让孩子治愈，至少也可以改善孩子的状况。

在强调青春期及儿童生命的早期阶段之相似性之后，我将简短回顾他们的不同。和潜伏期孩子比起来，由于青春期孩子的自我发展得较完整，他的兴趣也较成熟，因此必须使用更接近成人分析的技巧。对于某些特定的儿童，或在分析中的特定阶段，我们也许必须依赖其他技巧。但一般而言，分析青春期孩子主要仰仗的是口语联想，因为语言是帮助他们与现实建立完整关系及培养出正常兴趣的唯一管道。

为此，分析青春期孩子的分析师必须对成人分析技巧有完整的知识，因此我建议，成人分析的训练应作为儿童分析师训练的必要基础。对于成人分析没有足够经验的分析师，会在分析儿童时面对更多技巧上的困难。为了能根据孩子的不同发展阶段及其所使用的防御机制而修改分析技巧，同时保留分析治疗的基本原则，分析师除了应该完全熟悉早期分析的技巧之外，还必须对成人分析技巧非常熟练。

第六章

儿童精神官能症

直到目前为止，我讨论了儿童分析的技巧，并认为他们像成人一样可以被深度分析。以下我将谈论有关治疗的一些问题。

第一个问题是：孩子呈现出来的哪些困难是正常的？哪些又是神经质的？我们如何知道他们只是顽皮，还是真的生病了？一般而言，我们知道有些特殊的问题在量及其后果上有很大的差别，只要它们不超出一定的范围，则可以说是孩子发展的一部分。然而，由于孩子不可避免地在发展过程中会碰上一些困难，因此我们不能将孩子日常生活中的一些困难，视为发展过程中的严重干扰。

在饮食习惯上的一些干扰及焦虑，不管是以夜惊还是以恐惧症呈现出来，都确定是精神官能症的现象。但观察幼儿显示，他们的焦虑以许多不同方式被掩饰起来，甚至早在两三岁时，已经呈现出对焦虑的修饰。这个现象呈现出一个非常复杂的压抑过程，例如当夜惊不再出现时，仍会有其他睡眠干扰，比如太晚入睡或太早醒来、睡不安稳或容易被干扰、无法午休等。在分析中，我发现以上种种都是夜惊的修饰版本。这群孩子常会有许多不安的嗜好及仪式，他们会在睡前沉迷于这些仪式。同样地，那些未被伪装的饮食困扰[①]常常会以如下形式呈现出来，例如慢吞吞地吃、不好好咀嚼、失去食欲，或只是无法遵守餐桌规矩。

我们可以很容易看到，孩子对特定人物的焦虑常与羞怯有关，后来我们会认为，他们只是在社交上较不活泼或者害羞而已。这些不同层次的害怕，通常是他们原始焦虑的修饰形式，因为害怕人们可以决定他们后来的社交生活。对某些动物的恐惧，则变成对这些动物或其他所有动物的不喜欢；对无生命物体的害怕（幼儿常会赋予它们生命），长大后则会变成不喜欢与此有关的活动，例如有一个孩子害怕电话，后来变成对打电话的反感；对引擎的害怕，变成不喜欢旅行，或是很容易在旅行时感到很疲惫。另一个案例则因害怕街道而对出门逛街感到反感等，这些个案后来变成不喜欢运动及其他活动。我已经在我的文章《早期分析》中，[②]对此进行了详尽说明。对活动失去兴趣的程度有别，例如只是厌恶某种运动或不喜欢任何运动，或容易疲劳、不灵活等，这些也显示在成人的怪癖和抑制上。

正常成人会用各种方式合理化他们所不喜欢的事或东西，例如说它们很“无聊”“烂东西”“不卫生”或其他称呼等。但当孩子有这类习惯或不喜欢时——说实话，他们常会比成人更强烈且更缺乏社会适应——则会被称为“捣蛋”，虽然它们都只是焦虑与罪疚感的表达。这些恐惧症或强迫式仪式与孩子的情结细节有关，为此他们常常会对教育产生抗拒，但它们像其他精神官能症一样，可以通过分析来解决。

在此，我仅以一两个我所观察的案例进行说明。一名男孩瞪大眼睛扮鬼脸，另一个男孩以眨眼作为害怕变瞎的反驳，第三个男孩则张大嘴象征口交的告白，然后以吹口哨表示回收刚才的告白。我一再发现，孩子在洗澡或洗头时那些难以驾驭的行为，其实隐藏了对于被阉割及身体被摧毁的害怕。不管是孩子或成人，挖鼻孔代表的是对父母身体的肛门攻击。父母或保姆难以说服孩子帮他们做一些很简单的事或守规矩——而把管教他们的人弄得很不

① 在第九章，我将讨论导致婴儿饮食困难的焦虑本质。

② 参考《克莱茵全集 I》，1923 年。

高兴——常常与孩子的焦虑有关。许多案例显示，孩子不喜欢从盒子中拿出东西，因为这一行为象征他们对母亲身体的攻击，以及对攻击禁令的物质化（materialization）。

有些孩子过分活泼，且伴随着蛮横及反抗的态度，会使人常将此误判为“气质”（temperament）的征兆，或是反叛与轻蔑的不服从，其实这些行为都是焦虑的过分补偿。这种解决焦虑的方法，严重影响孩子人格的形成及后来对社会的态度。[①] 若过分活泼伴随着“不安”，则根据我的看法，这会是很重要的症状。幼儿常常通过坐立不安来解放他们的肢体，这种现象在潜伏期开始时，被凝缩成特定的刻板动作，这些刻板动作常常容易消失在孩子过量的活动中。在青春期或更早以前，它们会再重现或变得更显著，这是抽搐（tic）的基础。[②]

我一再强调拘谨的游戏内容之重要性，它们会以各种不同形式被掩饰起来。在分析中，我们可以观察到这些抑制的不同强度，例如不喜欢某种游戏，或对某些游戏缺乏耐性，这些都是游戏中的部分抑制。有些孩子需要别人主导大部分的游戏，他们让别人带领游戏，甚至不愿意自己拿玩具等；有些孩子则只喜欢玩有规则的游戏，或只喜欢玩他们很拿手的游戏。这些孩子强烈压抑了他们的幻想，这些现象伴随的是强迫式的特质，他们的游戏具有强迫特质，而非升华。

有一种游戏隐藏着刻板或缺乏弹性的动作，在孩子过渡到潜伏期时常会有这些动作，例如一名 8 岁男孩常常扮演一名执勤的警察，需要重复做一些特定的动作，且持续好几个小时。有时他会维持在一种面无表情的状态好久，另一些案例则呈现与抽搐有关的好动，这些也会被隐藏在特定游戏中。

一般而言，不喜欢游戏或缺乏敏捷度，常是导致晚期不喜欢运动的前兆，也常是孩子有问题的征兆。

---

① 参考威廉·赖希［Wilhelm Reich，1897—1957，奥籍精神分析师，曾追随弗洛伊德，提出在自然力能量（Orgone energy）之主张］的《人格的形成及儿童期的恐惧症》（*Character Formation and the Phobias of Childhood*，1930）。

② 参考我的文章《论抽搐的心理成因》（A Contribution to the Psychogenesis of Tics，1925，《克莱茵全集 I》）。我曾说过，抽搐常是潜藏起来的、更深层干扰之征兆。

许多案例显示，无法释怀地玩游戏和无法释怀地学习有关，有些无法玩游戏的孩子在学校表现不错，但后来显示其学习冲动主要是强迫式的，特别在进入青春期时，有些孩子会发展出非常严重的学习障碍。学习上的限度和在游戏上的限度一样，有许多不同层次的强度与形式，例如怠惰、缺乏兴趣、极不喜欢某些科目、延宕做功课的习惯，或只有在压力下才会在最后一分钟完成作业等。这些在学习上的局限，常常是晚期在职场上有困难的基础，它们早已在幼儿有限的游戏方式中被观察出来。

在我的文章《一名儿童的发展》① 中，我提到孩子对性启蒙（sexual enlightenment）的阻抗是发展有问题的重要指标，若他们从来不问或问太多有关这方面的问题，我们常会发现他们在求知本能上有严重障碍或被干扰。我们知道孩子不厌其烦问问题的现象，常会延伸为成人的躁郁状态，而且总与精神官能症有关。

儿童太哀愁、常跌倒，或常常让自己受伤，都可以说是这种惧怕及罪疚感的表达。分析儿童的经验让我确信，这些一再重复的小意外（有些可能比较严重）都是自我伤害的代替物，可以说是缺乏恰当方式的自杀企图。对许多儿童而言，特别是男孩，若对痛苦太敏感，常在很早时就以夸大的“不在乎”代替。换句话说，很害怕痛的男孩，常常会夸大地以不在乎的态度面对，但这“不在乎”其实只是对焦虑的防御或修饰。

孩子对礼物的态度也是值得探讨的。有些孩子对礼物贪得无厌，没有任何礼物可以真正满足他们，只会一再感到失望；有些则一点儿也不渴望收到礼物，因此对任何礼物一点儿都不在乎。就成人而言，我们也能在许多情境中观察到类似的态度，例如有些女人不断渴望买新衣服，却未能真正享受它们，或总觉得没有衣服可穿。通常这些女人总是到处找愉悦，她们会很容易改变爱的对象，也无法找到真正的性满足；另一些则对任何事都感到无聊并缺乏兴趣或渴望。分析孩子的经验让我愈来愈清楚，礼物常常象征大人故意不给他的爱之礼物，指的是母乳和母亲的乳房，以及父亲的阴茎、尿、粪便和婴儿等。这些礼物对孩子而言，再次证明那些是他企图以施虐的态度占有

① 参考《克莱茵全集 I》，1921。

的东西，现在白白给了他，以此减缓自己的罪疚感。在潜意识中，就像其他挫折一样，孩子认为没有得到礼物，是针对其攻击冲动的处罚，这种攻击冲动和力比多欲望（libidinal desire）有关。在其他案例中，当孩子的强烈罪疚感没有被成功解决，加上害怕会再面对新的失望，则可能致使他们压抑所有的力比多欲望，这些孩子会无法享受任何礼物。

孩子缺乏容忍挫折的能力，会使他们因无法处理挫折而无法适应现实，这一现象使孩子在潜意识中，视所有在成长过程中无法避免的挫折为处罚。对于大一点的孩子或一些幼儿而言，无法容忍挫折的现象常会被外在的适应所掩饰，例如通过好的行为取悦别人。特别是在潜伏期时，这种外在适应会遮掩住那些隐藏在更深处的问题。

许多孩子对节庆及假日的态度常常是很重要的指标。他们对于等候圣诞节或复活节的来临缺乏耐心，而且在这些节日过后，感到完全不满足。这些节庆或周日对他们而言，多少有重新再来的感觉，伴随着他们所期待的礼物，这些节日是对于他们曾经所受的苦或曾做错的事的补偿。家庭节日常常会深深触及孩子在家庭生活中的情结，例如生日常常代表再生，其他孩子的生日则激起他们对兄弟姐妹或所预期的兄弟姐妹之诞生感到冲突。孩子对假日或节日的这种反应可以说是精神官能症的征兆。

对戏剧、电影或表演的不喜欢，与孩子的求知本能被干扰有关。我发现，这些干扰的基础是对父母性生活感兴趣的压抑，也是对自己的性生活之防御。这一态度使孩子在许多方面无法升华，它来自早期发展过程中孩子所感到的焦虑与罪疚感，导因于对父母间性交关系的攻击幻想。

我也想强调常发生在孩子身上的各种生理疾病之心因因素，我确定许多孩子用生病来表达他们的焦虑与罪疚感（因此康复带有被肯定的效果）。一般而言，在某些年龄常生的病，可以说部分导因于精神官能症。这种心因性疾病不只让孩子更容易被感染，而且增加疾病的严重度及病期的延长。[①] 一

---

① 例如有一些百日咳的案例，当分析治疗短暂停止再重新开始的第一周，孩子常会咳嗽得很厉害。但是在分析一周之后，咳嗽的状况则快速减少，而且病情也比一般好得更快。在这些案例中，由于其潜意识的意义，每一次咳嗽都增强了焦虑，而这一焦虑又反过来刺激咳嗽。

般而言，我发现在孩子完成分析之后，比较不易感冒，有些则完全不再被感染。

我们知道，精神官能症和人格的形成极相关。在许多成人的分析中，我们可以看到他们在人格上多方面的改变，而分析大一点的孩子，几乎常造成人格上的正向改变。重点在于移除精神官能症的早期分析，也能移除学习困难。因此，我们似乎可以看到一个模拟，亦即幼儿在教育上的困难，可以模拟大孩子及成人在人格上的困难。随着此模拟，我们可以注意到当谈到“人格”时，我们首先想到的是个体本人，虽然他的人格造成环境的干扰。但是，当我们谈到“教育上的困难”时，我们首先想到的是那些管教孩子的人所必须面对的困难。如此思考常会让我们忽略，教育上的困难其实是俄狄浦斯情结减弱时所完成的发展历程的表达。因此，它们是发展中或已经形成之人格的后效（after-effects），也是晚期精神官能症或任何发展缺陷的基础。它们显示在极度的学习困难上，因此更正确地说，它们应该是精神官能症或人格的困难（而非教育的困难）。

总之，儿童在发展历程中所遭遇的困难，是人格上的神经质。换句话说，每位孩子都会经历一些神经质的发展阶段，只是在程度上有所不同而已。[①]由于精神分析被认为是移除成人精神官能症最有效的方法，因此，以精神分析来对抗儿童的精神官能症，似乎是很合理的。此外，由于每位儿童都会经历精神官能症，因此，精神分析适用于所有儿童。到目前为止，由于实务上的考虑，只有少数具有精神官能问题的正常儿童会来接受分析治疗。因此在描述治疗指标时，必须澄清什么是严重精神官能症的征兆，或只是精神官能症，亦即有哪些征兆指出孩子在晚期会发展出较严重的问题。

我将举一两个案例来讨论由于婴儿期精神官能症的特质，其严重性是不可被忽视的。然而有关此症状的一些特殊指标，却鲜有人注意。我认为，儿童精神官能症之所以未像成人精神官能症一样备受注意，是因为其症状在许

---

① 我强调这个观点已经好几年了，最近则得到有力的支持。弗洛伊德在他的著作《行外人分析的问题》（*The Question of Lay Analysis,* 1926）中如此写道：“由于现在我们学会更精准地观察，我们可以这么说：像其他法则一样，孩子的精神官能症并没有例外，它在从婴儿期的天生特质到文明社会这条路上，几乎是无法被避免的。”（p.215）。

多方面与成人分析师所认识的有许多不同。虽然我们知道成人精神官能症底下隐藏着的是婴儿期的精神官能症，但是长久以来，他们无法就其临床经验指出精神官能症对儿童而言是非常普遍的，虽然儿童自己已经呈现了许多证据。

成人精神官能症的样子不能作为儿童精神官能症的指标，因为当儿童看起来与正常成人一样时，并不表示儿童比较不神经质。例如当一个孩子可以满足自己在成长过程中的所有要求，并且他的生活也未被其幻想及本能所掌控，也能在各方面完全适应现实，而且未显示出太多的焦虑，这种孩子其实不只早熟、无趣或不可爱，甚至可以说非常不正常。因为若这样的情形是来自对幻想的强烈压抑（幻想本来是发展的先决条件），则我们可以确定这种孩子的未来令人堪虑。这种孩子所罹患的不是轻微的精神官能症，而是没有症状的精神官能症，我们从分析成人得知这种精神官能症常常是非常严重的。

通常我们在儿童第一年的生命中，可以清楚地看到他们激烈挣扎及哭喊的痕迹，但是这些标记和成人精神官能症的症状非常不同。正常儿童通常有一段时间会显示出两难及情感，他们很清楚地顺从于本能冲动与幻想，并受到超我的影响。这导致他们在适应现实上的一些困难，也造成教养上的困难，因此，他们通常不会是好带的孩子。但是如果在适应现实的过程中遭遇太多障碍，并且焦虑及爱恨交织的两极情绪太强烈时，亦即，当这些困难造成孩子及环境太多痛苦时，则我们会看到一个神经质的孩子。但是比起那些从小就强烈压抑自己的情感，以致几乎看不到任何焦虑或情感的孩子而言，这种型态的精神官能症还是比较轻微的。真正区分轻微及严重精神官能症的指标，不是量的问题，而是孩子面对其困难的态度。

以上所描述的症状与指标，是开始了解儿童处理焦虑的方式（虽然它常常是模糊不清的）及其面对事情的基本态度的里程碑。例如当一个孩子对任何表演皆不感兴趣（例如戏剧或电影），也不会好奇地问问题，他的游戏很拘谨，只能玩一些没有幻想内容的游戏等，可以说他在求知本能上有了严重的问题，并且强烈压抑他的幻想生活。虽然他看起来一切适应良好，也没有看得见的困难，这种案例在晚期会以强迫的方式满足他们对知识的渴望，而且可能伴随精神官能症状。

许多孩子无法容忍挫折的现象，被他们完美地适应教养过程中的要求给模糊了。他们从小就是一个合作的好孩子，这群孩子通常也对礼物或别人的献礼表现得不在乎。若除此之外，他们还在游戏中显示强烈的抑制及过分固着于他们的客体，则他们在晚期发展出精神官能症的机会就非常大了。他们常常很悲观且消极，他们的主要目的是不惜任何代价排除自己的焦虑与罪疚感，甚至包括放弃快乐及所有本能的满足。但他们同时又比一般人更依赖他们的客体，因为他们借由依赖外在环境来保护并支持他们对抗自身的焦虑与罪疚感。[①] 更明显的是，（虽然他们的重要性也未被认识）这些孩子的困难是，他们对礼物的贪求无厌，与他们无法容忍成长过程中施压在他们身上的挫折有关。

我们几乎可以确定以上所描述的这些案例，不容易在未来发展出一个稳定的心智状态。一般而言，儿童给人的整体印象，例如走路的样子、脸部表情、动作及言说等，皆会泄露出不成功的内在适应（internal adaptation）。无论如何，分析可辨识出儿童的干扰有多严重。我一再强调儿童的精神病和精神病特质，只有在长期的分析之后才能被指认出来，是因为儿童的精神病（就像他们的精神官能症一样）和成人的精神病有许多不同。有些接受我治疗的儿童，他们在很小的时候就呈现出的精神官能症特质，和在成人身上所看到的严重强迫式精神官能症特质非常相似，分析显示他们已经有了非常强烈的妄想特征。[②]

问题是，儿童如何呈现出其内在适应还不错。若儿童能随心所欲地根据其幻想玩游戏，且能乐在其中，则我们可以说是正向的征兆。其他一些可观察到的指标，诸如现实适应够好，和客体的关系也很好（但不过分的情感依附）。除此之外，另一个正向征兆是儿童在求知本能上的发展不被干扰，儿童因而可以自由发展出不同领域的兴趣，而且不会有强迫式精神官能症那种

① 参考瑟尔的《逃到现实》（*The Flight to Reality*, 1929）。

② 参考第三章对厄娜的分析及第四章对伊根的分析。

强烈及强迫式的特质，儿童也能呈现出某些情感和焦虑，我想这些都是正向发展的先决条件。这些及其他根据我的经验所指出的一些正向预后指标，都只是相关性的，它并不绝对确保儿童的未来，因为它仰赖儿童在未来成长过程中所接触的外在现实是否有利，这些未来情境决定儿童是否会在成人时再次发展出精神官能症。

况且我认为，我们对正常人的心智结构及潜意识的困难所知不多，因为这些人不像精神官能症一样，他们不太是精神分析所探讨的对象。我对不同年龄层的健康儿童所做的分析，让我确信虽然他们的“自我”以正常的方式反应，但是他们也会有许多焦虑，以及潜意识中严重的罪疚感与深度抑郁，辨识这些正常儿童与精神官能症儿童的唯一方式，在于正常儿童能以更有希望及更主动的态度面对这些困难。分析这些正常儿童的结果证实，对那些甚至只有轻微精神官能症的儿童而言，分析也是有价值的。[①] 以下假设似乎是合理的：通过减弱儿童的焦虑及罪疚感，并使他们的性生活有基本的改变，则不只精神官能症的儿童，甚至包括正常儿童的未来也都能有所获益。[②]

下一个问题是：到什么阶段才可以说儿童的分析已经完成了？在成人身上我们可以由许多征兆来看，例如病人可以工作、爱，在他所处的情境之下照顾自己，并可以为他的生活做必要的决定。若我们考虑导致成人失败的因素，并且能警觉到出现在儿童身上的类似因素，则我们可以说已经掌握了结束分析的指标。

成人可能会罹患精神官能症、在人格上有缺陷、升华能力被干扰，或性生活不正常。我一直努力呈现婴儿期的精神官能症，在他们很小的时候即可通过各种轻微但很有特征的征兆被探测出来，且治疗婴儿期的精神官能症是对抗成人精神官能症最好的预防，因此早期介入是预防人格缺陷及适应困难的最好方法。儿童的游戏帮助我们得以深入他们的心智，也提供一个清楚的指标，帮助我们分辨他们未来的升华能力，作为分析完成的根据。在我们考

① 参考第五章对路德维格及第四章对英格的分析。

② 这一假设也在我其他的许多案例中得到支持，亦即孩子成功地过渡到下一个发展阶段，甚至包括许多重要的过渡期，比如过渡到青春期，以及从青春期到成人阶段。

虑幼儿的分析是否完成之前，他们在游戏中的抑制应该已经大大被降低了。[①] 他们对游戏的兴趣，与同龄儿童相比，应该不只更深入、稳定，而且游戏范围会更广。

分析结果应该能够使儿童的游戏由单一强迫式的兴趣，到更广泛的兴趣，这一过程和成人精神分析的目标相似，亦即兴趣范围的拓展及升华能力的增加。因此，了解儿童的游戏可以帮助我们评估他们未来的升华能力，我们也可借此判断分析是否足以用来对抗未来在学习及工作能力上的抑制。

最后，儿童得以发展出对游戏的兴趣，亦即在游戏的种类及量上的增加，都是保证儿童未来性发展的有力证据，我将以两名幼儿（一男一女）的分析来描绘这个概念。5 岁的柯特（Kurt），开始时像其他男孩一样，只在我的玩具桌上玩汽车、火车等，他从其他玩具中挑出了这些车，并用它们玩了一些游戏。他比较这些车的大小和威力，并让它们去一个目的地。根据我的经验，这些象征的是他与父亲和兄弟们的阴茎、能力以及人格的较劲。我们可以假设这些行动指向一个正常、主动的异性恋态度，但这些现象与他那多愁善感及早熟的本性冲突。[②] 当分析持续进行时，这种看法的真实性被证实了，当他的游戏表征出他为了占有母亲而与父亲竞争时，这个游戏很快就被他那突发的强烈焦虑所中断。后来我发现，他已经清楚地发展出一种被动的同性恋倾向，但由于焦虑，他也无法维持这一倾向，因此只好逃离现实，并躲在夸大全能的幻想中。在这非常不实际的基础上，他将那些仍然留在自己里面、主动的男性化倾向推上舞台，并以夸大的方式呈现在自己和别人面前。

我一再观察到儿童的游戏像梦一样，是被伪装起来的。我们只有通过彻底分析，才能发现它的潜藏内容，就像我们了解梦的潜藏内容一样。但是由于游戏比较接近现实，亦即它的主要目的在于表达婴儿期的心智，因此常常比梦境更具强烈的再度校正（secondary elaboration)。为此，我们只有借由儿童游戏的改变，才能渐渐了解其心智生活的各种趋势。

---

① 对大一点的孩子而言，在学习及游戏上的障碍都同样必须被减少。

② 由于柯特比哥哥们小好几岁，他消极被动的态度被强化了，因此在许多方面他看起来像独生子。他也承受了许多和主动又优越的哥哥们相比较的痛苦。

我们可以看见柯特在分析中的第一个游戏所呈现出来的积极男性特质，其实大部分是假装或虚伪的，它很快就因为强烈焦虑的出现而消失了。这也使我们的分析开始朝向消极的同性恋倾向。在长期治疗之后（大约450次），他那来自同性倾向的焦虑才多少减弱了。后来，那些玩具动物（在他的想象中，本来是联合起来对抗父亲的）变成孩子，他那渴望孩子的消极女性特质更清楚地呈现出来。① 对父母的过分害怕，则使女性化与异性恋位置（heterosexual position）同时弱化了。②

分析柯特对"拥有阴茎的母亲"的害怕以及对父亲的过分畏惧，使他渐增的异性恋倾向再度活跃起来，他也比较能持续在游戏中表达与父亲的竞争关系。他再次玩起了分析开始时所玩的游戏，但是这次他玩得比较持久且较有想象力，例如他会花很多时间建造一个车库或汽车修理场，修理场内装有马达，他会不屈不挠地加入新东西，使它更完美。或是他会建造不同形式的村庄或城市，让车子可以远征探险。探险队象征的是为了夺取母亲而和父亲产生竞争。他小心地建造这些村庄、城市、车库，在其中所获取的愉悦和关注，显示出他渴望修复那位在他幻想中被他攻击的母亲。同时，在现实生活中，他对母亲的态度有了一百八十度的改变。当他的焦虑及罪疚感降低时，他对事情比较有反应，而且对母亲也比较有感情。

在游戏的许多变化中，可以观察到异性恋倾向的渐渐强化。首先游戏细节显示，他的异性关系仍被前性器期的固着所主导，或说前性器期固着一再取代了性器固着。例如火车带进城里的货物或货车送到门口的东西，经常象征排泄物，因此这些货物常常被送到后门。这些游戏表征的是他和母亲之间一种暴力式的肛门性交，因为在卸货时，例如将煤从货车卸下来时，花园或房子常常会被弄坏，屋里的人则会变得很生气，然后他的游戏就会因为自己

① 在我的文章《俄狄浦斯冲突的早期阶段》（1928）中，我讨论了男孩女性化的最早基础，并尝试呈现这些女性情结在很早就被修饰了，并且被隐藏在阉割情结之下。为此，小男孩很快就放弃玩洋娃娃（它们代表的是自己的女性部分），而玩起一些夸大其男性特质的游戏。

② 这个案例也显示出他对父母之间性关系的攻击，证实是导致焦虑的最深原因。"有阴茎的女人"指的是母亲吞并了父亲的阴茎。

的焦虑而被中断。

分析中，柯特一直在玩的一个游戏是搬运一车车不同种类的货物。[①] 有时货车到市场去运东西或把东西运到市场，有时则有人带着他们所有的东西准备长途旅行。后来的游戏联想显示这个游戏表征的是逃亡，而逃亡者身上所带的东西，则是由母亲身体内抢来或偷来的东西。游戏的一些细节变化给了我们许多启示。他的肛门施虐幻想，很清楚地显示在那由后门运送货物的游戏中。之后，柯特又玩了一些类似的游戏，但是这次为了一些特殊的原因，他必须避免从前门进出。[②] 他的自由联想指出前门代表的是前院（女性性器官），这个现象显示他对肛门的固着，是因为他不喜欢女性性器官而被强化，这不喜欢来自对女性性器官的害怕。其决定因素有许多，其中最重要的一个因素，是害怕在和母亲性交的过程中，遇见母亲肚子里面父亲的阴茎。

这种害怕虽然常会导致孩子的抑制，但有时也会成为引发某种性幻想的刺激。小男孩在害怕父亲的阴茎并企图逃离它的同时，也企图保有自己的同性恋冲动，这也可能造成成人一些怪异的性生活。就像柯特所呈现的，男孩的这种典型幻想（柯特也带来了这类幻想）常常与自己加入父母之间的性交有关。在这一过程中，联合性器（combined genital）幻想、前性器幻想或单一性器幻想都可能出现。例如在柯特的游戏中，他会让两个玩具男人或两辆车开进同一个进出口或一栋房子，这个进出口表征的是母亲的身体（另一个进出口则是母亲的肛门），这两个玩具男人常会同意同时进出，或是轮流进出，或是其中有一个会以力量或以智取胜另一个。在这一挣扎中，那个较小的男人指的是柯特自己，他会将自己变成巨人，以此取胜并移走那个较大的男人——指他的父亲。但很快地，他会变得很焦虑，而改走其他进出口，亦即从后门进去，而将前门让给父亲。这个例子显示儿童的阉割焦虑如何阻碍性器阶段的建立，并强化他的固着，或说退化到前性器期阶段。但是，这个

① 这是孩子常玩的典型游戏。

② 在此，我仅以一两个游戏幻想的发展过程来描绘游戏幻想的一般发展。以上所引用的素材只是表征之一，孩子也用其他不同的表征来呈现类似的幻想，例如运货物进城的车子，会经过一条路，而路的细节常常呈现肛门的意义。

立即呈现的结果不一定会退化到前性器期阶段。如果儿童的焦虑不太强烈的话，则除了之前所提的那些幻想之外，他可以采用与性器阶段有关的各种幻想。

儿童的这些游戏幻想，是他成年时爱情生活的必要条件。在柯特的幻想中，两个玩具男人进入一栋建筑物时，是从不同边或同一边进去的，一起或轮流进去的，吵了一架或有了共识才进去的，这些都显示这个孩子长大时可能会以各种方式进入三角关系的情境，而他则是三角关系中的第三者。例如，在这种情况下，他会和“受伤害的第三者”站在同一阵线；或是作为该家族的朋友，他会打败女主人的丈夫，或和他争斗等。另外，焦虑所导致的另一结果是减少与性交有关的游戏之频率，这会使孩子在成年时的能力减弱或被干扰。儿童时期的性幻想如何影响成人的生活，也依赖发展中的其他因素，特别是他与现实生活的经验，但基本上，其爱情模式可以在早期的游戏幻想中被预知。

由这些幻想的发展，我们得知当孩子的性冲动发展到性器阶段时，他的升华能力也跟着提升。例如柯特为自己盖了一栋房子，这栋房子其实是母亲的，他想独占它，同时却总无法将这栋房子盖好，或将它盖得够漂亮。

这种游戏幻想，已经呈现出孩子后来渐渐远离其爱之客体的轮廓。我的另一名小病人常常会用地图表征母亲的身体。一开始时，他希望能够拥有一张很大很大的纸，所以他可以画一张很大很大的地图。但是当他的游戏被其焦虑干扰时，他反过来只画非常小的地图。通过小东西，他尝试描述他和那原始的大客体（指母亲）的不同与隔离。但是这个企图失败了，他的地图再次变得愈来愈大，直到它们变到和它们原来一样大，而他再次被其焦虑所干扰。在剪纸的游戏中，他也呈现出一样的素材，他会先剪一个小玩偶，最后将它丢掉，而以大玩偶取代。我后来发现小玩偶指他的小女朋友，他尝试让这个女朋友代替妈妈，成为他的爱之客体。在此我们看到，个体在青春期得以离开其力比多客体的能力，建基在更早的时候。分析幼儿对这一过程的催化有很大的帮助。

在被分析中，孩子愈来愈能通过其游戏呈现出他的异性恋幻想与升华，亦即他能勇敢地和父亲对抗，占有母亲。他那前性器期的固着减弱了，挣扎的样子也改变了许多，他的施虐特质同时减少了。这催化了他与父亲之间的公开斗争，因此激起较少的焦虑与罪疚感，他因此较能平静且持续地在游戏中呈现他的潜意识幻想，游戏中也愈来愈有现实感。这是一个指标，表示他已经拥有未来性能力的基础。幻想及游戏特质的改变，常常伴随整个行为的一些重要改变，例如比较主动自由。这可以由以下征兆看出：许多约束的行为被移除了，他对现在及未来环境的态度也已经改变了。

下面我将以一名小女孩的分析过程来描述游戏幻想的发展。莉塔，2 岁 9 个月，她的游戏方式本来非常拘谨，她只玩自己的洋娃娃和玩具动物，而且玩得非常不情愿且拘谨。她的游戏方式清楚地呈现出强迫式的特质，在整个游戏时段里，她会以强迫的方式不断清洗她的洋娃娃，替它们换衣服。当这些活动呈现出一些幻想因素时，或是她开始正常地玩游戏时，则立刻焦虑发作，并停止游戏。[①] 分析显示，她的女性及母性特质未得到完善发展，在玩玩偶的过程中，她只偶尔扮演母亲的角色，主要是认同玩偶。她对于被弄脏、里面被摧毁及被弄坏的害怕，促使她不断清理她的玩偶（代表的是她自己）及替它们换衣服。只有当她的阉割情结被部分分析之后，才清楚呈现出：在分析开始时，她玩玩偶的强迫方式所欲表达的是她最深的焦虑，亦即害怕母亲会将她里面的孩子拿走。

当莉塔的阉割情结渐渐明显时，她以一只玩具熊代表阴茎，亦即从父亲那里盗来的阴茎，[②] 她渴望能借此阴茎取代父亲并占有母亲的爱。她在分析中所经验到的焦虑，伴随其男性化幻想而呈现出来，直到那与女性和母性位置有关的更深层焦虑被分析之后，她才能对她的玩具熊及玩具人偶有真诚的母性态度。有一次当她亲吻及拥抱小熊并呼喊着它的小名时，她说："我现

① 在第一章及第二章中，我从另一个角度谈了莉塔的焦虑及幻想压抑的更深原因。

② 莉塔常常假装她已经把列车长给甩掉了，她现在和小熊要一起旅行到一个"好"女人的房子，在那里她会被妥善地照顾，但是列车长会跑回来威胁她。这个游戏显示出她对父亲的害怕，因为她盗走了他的阴茎（小熊），这个父亲不让她继续认同他。

在一点儿也不会不快乐了！[①] 因为我有了这个亲爱的、可爱的孩子。”她的母性特质及其异性性器期的达成表现在许多方面，其中之一是对客体态度的改变，她之前非常讨厌父亲，现在则对他充满情感。[②]

我们之所以能通过游戏幻想的发展及特质预知儿童未来的性生活，是因为他们的游戏及升华基于自慰幻想。我想，若儿童的游戏是自慰幻想的表达工具及发泄工具的话，则我们可以理解为什么他们的游戏幻想之特质[③] 可以指出晚期性生活的本质。这也证明，儿童分析不只帮助儿童更有稳定感及升华能力，而且可以保证他们的心智健康及未来生活的幸福美满。

---

① 莉塔处在间断的极度抑郁中，她有时会有非常强烈的罪疚感，有时则会独自坐着哭泣。当问她为什么哭泣时，她会说：“因为我很不快乐。”若问她为什么不快乐，她则会说：“因为我在哭。”

② 参考第二章。

③ 汉斯·萨克斯（Hanns Sachs，1881—1947，原为律师，后加入维也纳精神分析学会），1939年创立《美国意象》（*American Imago*）期刊，在1923年于柏林所发表的演讲《精神分析的技巧》中，提到当自慰幻想由肛门施虐阶段进化到性器期阶段时（特别是在分析强迫式的案例上），表示治疗已经完成了。

第七章

儿童的性活动

精神分析最重要的成就之一，就是发现儿童拥有性生活，并通过直接的性活动及性幻想表现出来。

虽然我们极少看到孩子或很小的孩子公开自慰，但是我们知道婴儿自慰是普遍存在的现象。这种自慰活动常常会持续到潜伏期，在进入青春期之前及青春期时，自慰活动会再次变得频繁。潜伏期孩子的性活动较不明显，这是因为俄狄浦斯情结的解决伴随本能要求的减弱。然而，令人难以理解的是为何潜伏期孩子对抗自慰的挣扎却特别强烈。弗洛伊德如此写道[①]："潜伏期的主要课题在于对抗自慰的诱惑。"这句话似乎来自以下看法，亦即在潜伏期，本我的压力尚未减弱到可以被接受的程度，或是孩子对抗本我而产生的罪疚感增强了。

我认为伴随自慰活动而来的强烈罪疚感，其主要目的在于破坏，它通过自慰幻想[②]表现出来，是罪疚感逼迫孩子完全终止自慰。若他们成功完成这

① 弗洛伊德，《抑制、症状与焦虑》（1926，p.116）。

② 参阅第八章。

一要求，则常常会引发对碰触的恐惧症，对碰触的害怕是发展被干扰的重要指标，就像在成人分析中所呈现出来的强迫式自慰一样。由此可见，病人对自慰的过度害怕，常常导致其性生活的异常。当然我们无法真的由孩子身上看到这类干扰，因为它们到晚期才会以性无能或性冷淡呈现出来（因性别而异），但是仍可以由一些特定的困难推论其存在，它们一定伴随性发展的障碍。

分析“碰触恐惧症”（touching-phobia）显示，过分压抑自慰不只会引发许多症状，特别是抽搐症[①]，且会导致对自慰幻想的过度压抑，进而阻碍升华的形成——就文化角度而言，这个课题（指升华）在潜伏期是非常重要的[②]。由于自慰幻想不仅是孩子所有游戏活动的基础，而且是晚期升华的构成要素，因此当这些被压抑的幻想在分析中被释放时，孩子便能开始玩游戏，大一点的孩子则可开始学习，并发展出升华及各类兴趣。然而若他持续处在“碰触恐惧”下，则又会开始自慰。由强迫式自慰的案例可见[③]，当我们得以成功解决强迫症时，则可以帮助病人拥有更多升华的能力，并带动其他改变。虽然在此情况下[④]，孩子仍会持续自慰，但是程度上已经比较缓和，而且不再具有强迫式的特质。因此就自慰行为及升华能力而言，分析强迫式自慰和分析害怕碰触的结果是一致的。

因此，俄狄浦斯冲突的减弱，似乎通常和儿童的性欲望减弱同时发生，当然，性欲望并没有完全消失，一些非强迫式特质的自慰，仍可能发生在任何年龄层的儿童身上。

隐藏在强迫式自慰底下的要素，以婴儿期其他形式的性活动在运作。我一再重复，根据我的经验，孩子和其他孩子之间发生相互的性关系是非常平

---

① 参阅费伦齐的《精神分析导向对于抽搐的观察》（*Psycho-Analytical Observations on Tic*，1919）。

② 在我的论文《论抽搐的心理成因》（1925，《克莱茵全集 I》）中，我描述了一位病患，在分析中这一症状以及对于碰触的害怕渐渐消失，在他又开始那被禁止很久的自慰时，许多升华也同时被建立起来。

③ 分析“碰触恐惧症”常常会短暂地使病人开始强迫式自慰，反之亦然。强迫式自慰的另一要素是，由于罪疚感，病人会想向他周围的人展示他的癖好。这些也适用于任何年龄层中那些会公开自慰和看起来不拘谨的孩子。

④ 参阅第三章。

常的事。此外，在分析潜伏期及青春期的儿童时，我发现许多案例显示，这种相互的性活动并不会因进入潜伏期而停止，有些案例则会有突然再现。这些要素会在每一案例上运作，我将用两个案例来描绘这个现象，第一个案例是6岁与5岁兄弟之间的关系，第二个是一个14岁的哥哥和12岁妹妹之间的关系。我在分析这两对案例时，清楚地看到所有因素的互动。

宫泽尔（Günther）和法兰兹（Franz）这对兄弟在一个贫穷但不错的环境中长大，父母之间的关系非常良好，虽然母亲必须全权负责家务，但她对两个儿子的教养方式非常先进。她带宫泽尔去接受分析，因为他过度害羞拘谨、明显缺乏现实感、非常注重隐私且不信任别人，也无法有真诚的感觉或情感。相反地，法兰兹则很凶，过度兴奋而且很难管教。两兄弟的关系非常不好，但是大致上宫泽尔会让着弟弟。① 在分析他们时，我追溯这对兄弟彼此之间的性行为大约发生在2岁半到3岁半之间，② 但有可能更早。分析显示，虽然他们两人对这些举动没有任何意识中的罪疚感（即使他们会很小心地隐瞒这些行为），但是两人的潜意识都承受了许多苦。哥哥会诱惑弟弟，有时会强迫他从事一些性行为，包括相互口交、自慰、用手指碰触肛门等。这些对哥哥而言，就像阉割了弟弟一样（口交，指咬断阴茎），并且通过切割、撕碎、下毒、燃烧等完全摧毁弟弟的整个身体。对其幻想及行为的分析显示，这些行为代表的不仅是摧毁式地袭击弟弟，而且对于宫泽尔而言，弟弟代表的是父母在性交过程中联结在一起，因此他的行为可以说是针对父母的“施虐自慰幻想”之外化，虽然以一种比较缓和的形式出现。③ 此外，宫泽尔尝试通过强迫弟弟做这些事情，来确定自己在和父母的危险战斗中已经获胜。他对父母的过度惧怕，强化了他想摧毁他们的冲动。在幻想中对抗他们的攻击，让他更害怕父母。此外，他惧怕弟弟可能背叛他，而强化了对弟弟的恨以及想杀掉他的欲望，他通过和弟弟之间的行为完成这些欲望。

---

① 分析显示，两位男孩皆有强烈的精神病特质，但在此我们仅分析他们的性关系。

② 当时，他们的母亲已经发现过这种关系一两次。

③ 西奥多·莱克（Theodor Reik，1888—1969，美国心理学家，弗洛伊德早期的追随者之一）在他的《畏惧》（*Der Schrecken*, 1929）一书中，指出焦虑会增强恨的感觉。

宫泽尔强烈的施虐特质，使他的性生活完全缺乏正面因素。在其幻想中，[①] 他所从事的各种性行为都只是一系列残酷、狡猾的折磨，目的是为了置其客体于死地。他和弟弟的关系持续激起这种焦虑，并强化他的问题，最后导致其性心理发展完全不正常。

在弟弟法兰兹的潜意识中，很清楚地知觉到这些性行为的潜意识意义，因此他对于害怕被哥哥阉割及谋杀的恐惧，被过度地强化并夸大了，但是他从未向任何人埋怨或泄露他和哥哥的关系。作为弟弟，他以激烈的受虐固着来对应这些令他非常害怕的行为，并为此感到罪疚，虽然他是被诱惑者，以下是导致他采取这一态度的原因。

法兰兹在他的施虐幻想中认同了对他施加暴力的哥哥，以此满足他的施虐倾向，我们知道这是受虐的来源之一。但同时，他又企图借由认同他所害怕的客体来掌控自己的焦虑。幻想中他现在成为加害者，他所控制的敌人则是他的本我，[②] 也是被他内化进去的哥哥的阴茎（表征父亲的阴茎）——他那危险的超我。他视此超我为迫害者，这个迫害者会在他身体里面被攻击、然后被摧毁。[③][④]

但是，由于小男孩无法与那针对本我而来的残酷外在超我，以及内化进去的客体维持关系（因为它对自我造成太大的威胁），他的恨持续指向他的外在客体，这个客体代表的是那脆弱及被怀恨的自我，因此，他有时候会很残酷地对待比他年轻而弱小的孩子。这些置换是使他有时在分析中出现愤怒

---

① 参考我的论文《俄狄浦斯冲突的早期阶段》。由于缺乏反向作用及其他面向，这些幻想类似于施虐式的罪行。宫泽尔完全不觉得后悔或难过，只害怕被报复，然而这一害怕也是使他重复性行为的诱发因素。由于其极不正常的人格（摧毁本能过分主导力比多本能，因此其性行为被视为对等于犯罪行为（我们不能忘记，成人罪犯的性倒错行为常常导致犯罪）。我们可以看到，他对于被报复的害怕，促使他将客体推到一边。当宫泽尔对弟弟施暴时，他借此确定自己不是受害者。

② 参考我的论文《儿童游戏中的拟人化》，在该论文中，我巨细靡遗地讨论这一机制。

③ 在第十一章，我将更仔细地讨论此机制，我认为这是形成女性受虐特质的基础。

④ 梅莉塔在她的论文《文化发展中精神病机制的角色》（Psychotic Mechanisms in Cultural Development, 1930）中指出，原始部落的人以暴力驱逐病症，是为了克服病人对于内在恶魔（被内射进去的父亲阴茎）的害怕。

及怀恨的原因，例如他有时会用一支木制的汤匙威胁我，想将它推进我的嘴里，并说我渺小、愚蠢、脆弱。汤匙象征的是哥哥的阴茎被强迫插入他的嘴里。他已经认同了哥哥，而将对哥哥的恨导向他自己。他将因自己脆弱及渺小而产生的愤怒转移到比他弱小的孩子身上，然后借由移情情境转移到我身上。通过这一置换的防御机制，在幻想中他对调了他与哥哥的关系，因此他将哥哥对他的攻击视为自己对哥哥的攻击，因为在这个施虐幻想中（也可被运用在宫泽尔身上），哥哥同时扮演了父亲和母亲；他则变成了哥哥的共犯，一起攻击父母，并同时分享了哥哥潜意识中的罪疚感及害怕被父母发现的恐惧，因此他像哥哥一样，有一个强烈的潜意识动机使他对整个关系保密。

这类观察让我有了以下结论：来自超我的过度压抑，是导致强迫式性行为及对性行为完全压抑的决定因素。换句话说，焦虑和罪疚感增强了力比多固着（libidinal fixation），同时强化了力比多欲望。[①] 过度罪疚感及太强烈的焦虑，使孩子在进入潜伏期时无法降低其“本能需求”（instinctual need）。我必须在此补充，在这个时期，甚至性行为的降低也会导致过分的罪疚感。其精神官能症的结构与面向，将决定孩子在潜伏期的挣扎结果。害怕碰触与强迫式自慰，是一连串互补系列的两极，中间则有无数的层次与变项。

就宫泽尔和法兰兹的案例而言，我们愈来愈清楚，他们需要发生性关系之强迫行为似乎来自重复—强迫（repetition-compulsion）的因子。当他经验到一些针对他身体内在而来的不真实的危险时，个体被强迫将这些危险转到一个真实的外在世界（就这个案例而言，法兰兹害怕他所内化进去的哥哥的阴茎会成为迫害者，以及惧怕那内化进去的坏父母，会促使他让哥哥侵犯他）。他会持续以这种强迫的方式制造类似的外在危险情境，因为对于真实危险情境的害怕，[②] 总不会比他对自己身体内在的焦虑更强烈，这些真实的危险情境是比较容易面对的。

---

① 这一点这第八章会详细讨论。我同意莱克有关这一点的说法，他在他的论文《力比多与罪疚感》（Libido und Schuldgefühl，1929）中指出，对于某些案例而言，罪疚感可以强化力比多并扩大本能满足。在这些情况中，来自不好的良知之焦虑的提高，事实上可以增强本能满足。

② 瑟尔在她的论文《逃到现实》（1929）中，曾经指出“逃到现实”的机制。

企图通过外在方式停止兄弟之间的性关系是不可能的，因为他们的家不够大，因此无法有自己的房间。但是，即使这种外在介入是可行的，就我的经验来说，也注定会失败，因为来自双方的强迫症是如此强烈。后来我发现，只要他们有几分钟的时间单独在一起，他们一定会把握机会从事性行为。在潜意识中对他们而言，这些举动是其他各类行动的完整表现，它们在想象中是具有施虐特质的。只有在长时期的分析之后，他们的性活动才渐渐改变，这些性活动变得不再那么强迫式，最后完全停止了。在分析中，我从未尝试用任何方式让他们放弃这些行为 ①，而只将我的分析重点放在造成他们这种性行为的决定因素上。分析后期愈来愈清楚地呈现出，他们两人对此性行为并非完全不在意，但当他们的罪疚感不再那么强烈时，他们才能放弃这些行为。在早期发展过程中所产生的过度焦虑与罪疚感，会导致强迫症（强化固着）。当罪疚感减弱时，他们才能放弃相互的性行为。当他们的性行为渐渐改变，最后完全终止时，他们对彼此的态度也从敌意、生气，发展到比较正常友善的手足关系。

第二个案例尽管在细节上有所不同，然而一些运作的因素与前面案例极为相似。12 岁的艾尔丝和 13 岁半的盖尔特（Gert），偶尔会从事一些类似性交的行为。这些行为会突然发生，然后停止好长一段时间。小女生在意识中对这种行为没有任何罪疚感，小男生则比较正常，因此会觉得非常罪疚。分析显示这两个孩子在儿童期更早时，就已经有了性关系。在进入潜伏期时，这一关系暂时中止，强烈的罪疚感激起了他们强迫式的冲动，使他们一再重复这些性行为。在潜伏期时，② 这些曾经在儿童早期从事过的行为变得不再

---

① 在这个案例中，我想强调小男孩的性关系所带来的结果是如此显著，因此要严谨守住禁欲原则而不受干扰是不容易的。也是这个案例让我坚信，来自分析师的任何教育都是无用的；即使我能通过教育停止他的性行为，我也无法移除造成问题的关键情境，借此修饰孩子直到目前的不良发展，并指出新方向。

② 根据有这种性交经验且持续到潜伏期的其他案例显示，只有原本行为的一小部分会持续下去（口交与肛交是最常被放弃的）；即使持续下去，也只是偶尔发生。但是在孩子的潜意识中，它们重复了原来的关系以及那时所做的所有事。例如，在企图与哥哥进行性行为之后，艾尔丝的嘴边长出许多痘痘，痘痘是她对口交之罪疚感的呈现。她小时候常常有口交以及其他性行为，但是在儿童早期就放弃了。

频繁，其性行为的模式也比较有限，孩子已经完全放弃了口交和肛交，有一段期间的性行为甚至仅局限在彼此碰触与观察。但是在前青春期时，他们又开始有了类似性交的接触，是哥哥开始的，而且具有强迫式的特质。他常常会在突发的冲动后做这些事，在行动前与行动后没想过这件事，而且会在行动与行动之间"忘掉"所发生过的事。对于与这类性行为有关的许多事情，他有时会部分遗忘，特别是对于儿童早期所发生的事。小女孩在早期经常比较主动，但后来则只扮演被动的角色。

分析使造成此强迫症的主要原因渐渐呈现出来，并且慢慢被解决，直到他们两人的性关系完全停止。前面案例所谈到的两兄弟本来的关系非常不好，后来也有了显著的改善。

这两个案例及其他类似案例显示，强迫症的消除与其他相关的一些重要改变同时发生。分析使罪疚感逐渐降低，伴随施虐特质的减弱，性器期的现象则变得更强烈。这些改变可以由孩子对自慰幻想的改变得到佐证，对幼儿而言，则可以由游戏幻想的改变得到证明。

孩子在青春期再次接受分析时，则可以看见其自慰幻想的持续改变，例如盖尔特本来没有意识中的自慰幻想，但是在分析中，他开始幻想看见一个身体全裸的女孩，但见不到她的头。在分析晚期，小女孩的头渐渐出现在他的幻想中，而且愈来愈仔细，后来他认出原来那是自己的妹妹。这时他的强迫症已经完全消失，而且他和妹妹之间的性关系也完全停止了。这一现象显示出他过度压抑对妹妹的渴望与幻想，以及渴望和妹妹有性关系的强迫冲动之间的关系。更晚期，他的幻想再次改变，在幻想中他碰见一位不知名的女孩，后来幻想的是妹妹的一个朋友。这样的改变显示他的力比多冲动已经渐渐和妹妹隔离，只有当他对妹妹的强迫式固着（这一固着因他那过度的罪疚感而持续下来）通过分析被移除时，这一过程才可能发生。①

总而言之，根据我的观察，有关孩子彼此之间的性关系，特别是兄妹之间的性关系，经常发生在幼儿身上。但是，只有当孩子的罪疚感太过度而且

① 盖尔特为了一些轻微的精神官能问题来找我，对他的分析持续了一年。分析结束三年后，我听说他过得还不错。

未被成功处理时，才可能持续到潜伏期及青春期。[①] 根据我们的判断，潜伏期罪疚感的影响使孩子持续自慰，虽然不似以前那么强烈，但若要让他们放弃与其他孩子的性活动（不管是否是自己的兄弟姐妹），则会使其近亲乱伦及施虐欲望的行动化变得太真实。青春期的孩子会持续远离这样的关系，为了可以达到远离亲人的目标。但在青春期晚期，个体通常会与新的客体建立关系——这一关系建立在与旧客体的分离上，也建立在对抗乱伦的各种倾向上。

问题是，这类关系如何在一开始就被避免，我认为想在一开始就避免这种关系的发生，很难不造成其他的严重伤害，例如孩子会被严格监督，他的自由则会被严重剥夺，并且不管他们如何被监督，它还是有可能发生。再说，虽然这类早期经验对某些孩子而言，可能会造成许多伤害，但有时也会帮助孩子有正向的发展。因为这些经验除了满足孩子的力比多以及对性知识的渴望之外，也帮助他们减弱过度的罪疚感。与这种性关系有关的幻想，来自施虐自慰幻想，它会使孩子有很强烈的罪疚感。为此，对于那些针对父母而来的被禁幻想，若有机会得以和同伴一起分享，会使他的焦虑负担大大减轻。[②] 然而另一方面，这类关系本来就会增强焦虑及罪疚感，这一经验所带来的效果是好还是坏，到底是减弱孩子的焦虑还是增强他的焦虑，全赖孩子自己的施虐特质，也和其伴侣的态度有关。根据我治疗许多案例所获得的知识，我认为当正向及力比多的因素主导时，这种关系对于孩子未来所建立的客体关系以及爱的能力有正向的影响[③]。然而，当毁灭冲动及施压的行为主导时，则可能会严重伤害孩子的发展。

有关孩子的性活动及其他，精神分析所提供的知识虽然帮助我们了解某些发展要素的意义，却无法对分析的预后提供任何真正可靠的证据。让我引用弗洛伊德在《精神分析引论》所说的一段话作为结束[④]：“这些事情对

---

① 我认为即使在潜伏期和青春期，这类关系的发生率都比我们想象的要频繁。

② 汉斯·萨克斯在他的书《共同的白日梦》（*Gemeinsame Tagträume*，1924）中提到，当与别人分享乱伦幻想或白日梦时，罪疚感会降低。

③ 有关这些因素的详细讨论，请参考第十一章和第十二章。

④ 《精神分析引论》（*Introductory Lectures on Psycho-Analysis*，1918，p.364）。

于教育而言是很重要的，因为教育通过在性发展的早期阶段介入，以此预防精神官能症的发生。当我们聚焦在婴儿期的性经验时，我们必须确定已经通过照顾孩子在各方面的发展，尽力避免晚期精神官能症的发生。然而我们也知道，造成精神官能症的原因是复杂的，无法只处理单一的因素。严谨保护孩子是没有意义的，因为它无法对抗孩子的气质因素，此外，它比教育学家们所想象的更难完成，而且伴随两个不容轻忽的危险：（一）因过度鼓励性压抑而带来伤害；（二）放任孩子毫无防御地进入青春期性泛滥的洪流。因此，儿童早期预防要做多少才对儿童有益？以变通的方式对立即情境进行处置，难道不是预防精神官能症更好的方法？对于以上问题，仍有很大的争议空间。”

第二部分

早期焦虑情境
及其对儿童发展的影响

第八章

俄狄浦斯冲突的早期阶段与超我的形成

本章我试图针对超我的来源及其结构的现有知识，分享一些我的个人想法。我将呈现的理论来自分析儿童的经验，分析儿童使我有机会直接观察非常早期的心智发展历程。这些分析经验显示，口腔挫折激发出俄狄浦斯情结，超我也在同时开始形成，① 肛门冲动在这一时期尚不明显，就理论而言，直到 3 岁它们才会全力对抗前性器期的冲动。这个时期也开始清楚地呈现性器倾向（genital trends），它常被称为性特质（sexuality）的开始，也是俄狄浦斯冲突时期。

下面我将简述性器期之前的发展历程，并尝试解说俄狄浦斯冲突的早期阶段及超我的形成，大概从 6 个月到 3 岁左右。

一般而言，婴儿对于“吸吮”的乐趣会渐渐被“咬嚼”的乐趣所取代，当口腔吸吮阶段（oral-sucking stage）未被满足时，婴儿会更想在口腔咬嚼阶段（oral-biting stage）获得满足。② 亚伯拉罕认为，孩子未能在吸吮阶段得

① 参考我的文章《俄狄浦斯冲突的早期阶段》（*Klein*，1928，《克莱茵全集 I》）。

② 在《口欲对于性格形成的影响》一文中，亚伯拉罕（Abraham，1924）指出，在哺乳阶段，过分满足或对于满足的过分需求，会使个体强烈地固着在咬嚼的享乐上（p.397）。在《论口腔性格的形成》一文中，爱德华 · 葛罗夫（Edward Glover）强调口腔挫折是造成此类固着（口腔咬嚼）的重要因素，因为他相信，当口腔过分被满足而导致创伤时，其他因素也跟着被启动。我也认为，这两种情况的结果是非常不同的。

到足够满足，与喂食情况有关，这一说法可以在一般分析观察中得到佐证。我们也知道这一状况是导致孩子生病或发展障碍的主要因素之一。尽管如此，不够好的喂食情境，亦即外在挫折，似乎并非导致孩子在吸吮阶段未能得到满足的唯一理由。事实上，我们知道有些孩子不渴望吸吮，他们可谓是“懒惰的食者”，虽然他们吸收了足够的营养，却无法从吸吮中得到满足，我认为这是内在挫折的结果。以我的经验，这是来自日渐累积之病态“口腔施虐”现象。[①] 这些早期发展现象，已呈现出“生之本能”与“死之本能”的两极化。我们可以说，使孩子固着在口腔吸吮阶段的力量是力比多的表现，同样地，早期强而有力的口虐现象是“摧毁本能”尝试平衡力比多的征兆。

亚伯拉罕[②] 和欧布伊森曾经指出，任何与咬嚼器官有关的强化，例如口腔部位的肌肉等，都是导致婴儿固着在口虐阶段的基本要素。当外在挫折（比如不够好的哺育情境）与婴儿强烈的口虐本质挂钩时，婴儿无法享受吸吮，这是严重发展缺陷和心理疾病的导因。相反地，口虐现象没有太快出现或不太暴烈（并且吸吮阶段也发展顺畅时），是孩子正常发展的必要条件。[③]

若以上假设正确，则时间和量的因素都非常重要。若孩子日渐增强的口虐特质发展得太过暴烈，其客体关系和性格的形成，则会被施虐及爱恨交织的特质主导，[④] 但它如果出现太早，则其自我会发展太快。我们知道，强迫

---

① 厄娜（Erna，第三章）即是一个案例。当她还很小的时候，且尚未长出牙齿时，就一再通过咬嚼去伤害妈妈的乳房。她在婴儿时，可谓是一个懒惰的食者。我也想到其他具有过分强烈口虐本质的案例，他们虽然在哺乳期间并未出现明显的干扰或困难，事实上却有一个完全不满足的哺乳经验。相反地，我们有许多在婴儿期遭遇严重外在干扰的案例，他们并没有过分强烈的口腔施虐现象，而是强烈地固着在口腔—吸吮阶段。就如第二章所提到露丝（Ruth），她具有这类强烈“口腔—吸吮”固着，她在婴儿时期曾经挨饿好几个月，因为母亲的乳汁太少。另一位患者，从未吸吮过母亲的乳房，而是喝牛奶长大的，他虽然也呈现出强烈的口腔施虐现象，但也强烈地固着在口腔—吸吮阶段。

② 亚伯拉罕，《力比多发展简论》（1924），p.451。

③ 我发现另一个重要的发展因素是，未成熟的自我忍受焦虑的能力。我将在后文中讨论这一因素。

④ 参考亚伯拉罕，《口欲对于人格形成的影响》（1924，p.398）；也可参考爱德华·葛罗夫，《精神分析中嘴的重要性》（*The Significance of the Mouth in Psycho-Analysis*, 1924）。

式精神官能症的病因之一，是因为自我在力比多之前提前发展出来了。[①] 自我发展太早熟的主要原因，是因为早熟的口虐本质过量增加，且对未成熟的自我施加太多压力。

有关焦虑的来源，弗洛伊德又将其最初的想法进行了拓展，他曾经认为焦虑是力比多的直接转换，现在他认为这个假设的效度很有限。他说，正在吸奶的婴儿感到饥饿，会因其需要而使紧张增高，这一渐增的紧张使他感到焦虑，但这一早期焦虑情景有其更早的原型。他说："当刺激量增高到使个体不快乐时，这种未被满足的情景……对于婴儿来说，好比出生经验——危险情境的再现。这两种情境的相同因素在于刺激量累积到一个地步而造成了干扰，这些干扰必须被处理掉，它们才是'危险'的真正本质。以上两种情况，都会产生焦虑反应。"[②] 另一方面，他却无法平衡以下说法："恐惧症的焦虑是来自'自我'的'自我焦虑'（ego anxiety），它并非来自压抑，相反地，它（焦虑）激起了压抑。"[③] 根据此说法，弗洛伊德认为就某些案例而言，焦虑来自力比多的紧张。他的另一个假设是[④]"当性交被干扰，或性兴奋过程被中断，或被强迫禁制时，'自我'感知到某些危险，因而产生焦虑"。这一说法对于以上两种对立的假设，并未提供令人满意的答案。在本段之后的章节，他继续讨论其他问题。弗洛伊德将焦虑的发生与"出生情境对比……这时的自我是无助的，因为它正面对持续增高的'本能要求'（instinctual demand）——亦即焦虑最初及最原始的决定因子"。[⑤] 他认为，焦虑情境的核心是"面对焦虑时的无助感——生理的无助来自真实的危险，心理的无助则来自本能的危险"。[⑥]

我认为，不被满足的力比多转化为焦虑的显明例子，是哺乳中婴儿的生

① 参考弗洛伊德，《强迫症精神官能症的特质》（*The Predisposition to Obsessional Neurosis*, 1913）。

② 弗洛伊德，《抑制、症状与焦虑》（1926，p.137）。

③ 同上，p.110。

④ 同上，p.110。

⑤ 同上，p.144。

⑥ 同上，p.166。

理需求所造成的紧张反应，毋庸置疑地，这种反应不只是焦虑，也是愤怒。[①]什么时候“摧毁本能”与“力比多本能”会融合为一，是很难断定的，许多证据显示它从出生即存在，因需求而造成的紧张，强化了婴儿的“施虐本能”（sadistic instinct）。但是我们知道，摧毁本能直接指向有机体本身，因此必定被自我视为危险，我相信是由于这种危险被个体感知为焦虑，[②] 因此焦虑来自攻击。[③] 由于我们知道力比多挫折(libidinal frustration)强化“施虐本能”，根据这个观点，未被满足的力比多则会间接地释放焦虑或强化它。果真如此，则弗洛伊德所谓的“自我在自制中感知危险”就是所有问题的解答。我的唯一争议是，我认为弗洛伊德所谓的“心理的无助则来自本能的危险”是来自摧毁本能。

弗洛伊德认为，有机体的“自恋力比多”（libidinal narcissism）将死之本能推到客体身上，以避免摧毁有机体自身，他认为这一历程是个体与客体关系的基础，同时也是投射机制的基础。他继续说：“（死之本能的）另一部分，未从事这种向外推的举动，它继续留在有机体内，并且通过（以上所描述的）性兴奋的帮助，与力比多挂钩。在这部分（死之本能）中，我们看到了原始性欲的受虐现象。”[④]

我认为“自我”还以其他方法掌控那些尚留在有机体内的摧毁冲动，它可以鼓动它们其中一部分作为防御，以此对抗其他部分。如此则本我必须

---

① 参考费伦奇（Ferenczi，1926），《接受不快乐意见的问题》一文。雷多（Rado）在《抑郁的问题》一文中指出，婴儿面对饥饿时，以愤怒作为反应的重要性。但他据此所推论出来的结果，与我下面章节所要提出的观点有异。

② 弗洛伊德在《抑制、症状与焦虑》（1926）中指出，对于某些个案而言，当某些“本能焦虑”从“摧毁本能”中被释放时，可能转化为现实焦虑（reality anxiety）。他如此写道：“虽然一个危险情境被正确地预估，一些本能焦虑会被加诸在现实焦虑上，这是常发生的事。在此情况下，‘自我’被满足之前，‘本能’要求自我以受虐的方式退缩：摧毁本能针对主体而来。这一状况可用来解释一些个案对焦虑的夸大、不适当或瘫痪反应。”（p.168 n.）

③ 自从开始写这本书，我发现德勒莎·本纳德（Theresa Benedek）由不同角度切入，也得到了同样的结论，亦即焦虑来自摧毁本能。她说：“因此焦虑并非来自对死亡的害怕，而是对被有机体释放的死之本能的知觉，即对原始受虐（primary masochism）的知觉。”（Todestrieb und Angst，1931）

④ 《受虐的经济问题》（1924，p.163/4）。

分裂，我认为这是建立本能自制及超我的第一步，这一历程可能与原始压抑（primal repression）相同。[①] 我们可以假设这种形式的分裂被放弃，可能是因为当吞并历程开始时，被吞并的客体成了防御的道具，用来对抗有机体内的摧毁冲动。[②]

我认为，孩子被其摧毁本能冲动激起的焦虑，可以在自我内从两个面向被感知到：第一，它隐含了自己的身体被自己的摧毁冲动所阉割，亦即对于内在“本能危险”（instinctual danger）的害怕；[③] 第二，将害怕的重心放在外在客体，其施虐感觉针对外在客体而来，并认为它是危险的根源。伴随与日俱增的现实感而来的自我发展，使孩子将母亲经验为提供满足或剥削满足之人。因此，孩子依据自己的需求是否被满足，获得对客体掌控权力的知识——这一知识似乎是使孩子害怕客体的最初外在现实。由此得知，当孩子无法容忍对本能危险的害怕时，他会将本能危险的所有冲击置换到其客体身上，借此将内在危险转化为外在危险。为了对抗外在危险，他那未成熟的自我则以摧毁客体来防御自己。

我们现在必须探讨有偏差的死本能之外显，如何影响孩子和客体的关系，并使其施虐特质完全展现出来。孩子与日俱增的口腔施虐在断奶期间及断奶

---

① 在《抑制、症状与焦虑》（1926，p.94）中，弗洛伊德如此写道：“到目前为止，我们尚无法得知，就时间先后而言，超我的出现，是否是区隔原始压抑（primal repression）与晚期压力的准则。总之，最早期的焦虑通常是非常激烈的，它发生在超我被清楚区分之前。促发原始压抑的立即原因极可能是量的因素，比如过度兴奋以及对抗刺激的防护罩的破裂。”

② 我后来会讨论客体被内化的历程。到现在为止，至少可以说，我认为被吞并的客体瞬间取代了超我的角色。

③ 在分析初期，我们常常看到这类焦虑的许多表征。例如以下案例：一个 5 岁男孩常常假装他拥有各式各样的野生动物，如大象、豹、土狼和狼等，帮助他对抗敌人。每一只动物都拥有特殊的功能。大象的功能是将敌人剁成肉酱，豹将敌人撕成碎片，土狼和狼则将敌人吞吃殆尽。有时，他会认为这些服侍他的野生动物们会反过来对抗他，这一想法会在他内心引发强烈焦虑。后来我终于明白，原来这些野生动物在其潜意识中，代表不同根源的施虐特质——大象是他强而有力的施虐本质；负责撕裂敌人动物的豹，是他的牙齿和指甲；狼则是他的粪便。他害怕他所驯服的危险动物，会将他赶尽杀绝，这一害怕要归因于他将自己的施虐特质视为危险的内在敌人。让我提醒读者一个耳熟能详的表达——怒火中烧（burst with rage）。我分析孩子时，常想到这个比喻所隐含的表征意义。

后达到最高峰，这使来自各方的施虐特质完全启动与发展。那联结口腔吸吮与口腔咬嚼阶段[①]的口腔施虐幻想，已经有了非常明确的特质，孩子认为通过吸吮与掏挖，拥有了母亲乳房的内在。这种吸吮并挖掏乳房的渴望，很快会延伸到对母亲身体内在的渴望。[②]在我的论文《俄狄浦斯冲突的早期阶段》[③]中，我提到在早期发展阶段，幼儿被攻击母亲身体的倾向所掌控，其主要渴望是盗走母亲身体的内在并摧毁它。

我们可以看见，与口腔施虐最接近的施虐倾向是尿道施虐。对婴儿的观察证实幼儿通过大量的排尿幻想（尿湿、淹死、焚烧与下毒等）制造水灾而进行摧毁，这些都是针对母亲没有提供足够水分的施虐反应，其最后的攻击对象是母亲的乳房。在此脉络下，我想指出幼儿发展历程中一个很重要却常被忽略的现象：尿道施虐。[④]分析师们所熟悉的是通过大量排尿制造水灾与摧毁东西的幻想，[⑤]以及大家更熟悉的玩火与尿床，[⑥]都是施虐冲动中较常见并较少被压抑的征兆，它们都与尿道功能有关。通过分析儿童与成人，我不断看到患者将尿想象成燃烧的、腐蚀的、有毒的液体，以及秘密、阴险的

---

① 亚伯拉罕提醒我们，某些人具有吸血鬼似的行为，他解释这是由口腔施虐退化到口腔吸吮的结果。（《口腔力比多对于人格形成的影响》，1924，p.401）

② 爱德华·葛罗夫在和我讨论这一主题时，认为婴儿由于缺乏口腔满足，而经验到自己身体的空洞时，会幻想攻击母亲的身体，因为婴儿幻想母亲身体内充满了许多令人垂涎的食物。回头看我的素材，发现我完全支持这个论点。它让我想到阶段转变的启动，亦即从吸出与吞噬母亲乳房到攻击其身体内在。在这样的脉络下，格洛弗（Glover）医师提到雷多的“消化性高潮”（alimentary orgasm）［“麻醉剂的心理效果”（*The Psychic Effects of Intoxicants*），1926］理论，认为满足由口腔通到肠胃。

③《克莱茵全集 I》，1928 年。

④ 在《梦与精神官能症之排泄历程的自恋式评估》（The Narcissistic Evaluation of Excretory Processes in Dreams and Neurosis，1920）的论文中，亚伯拉罕以一个具有强烈尿道施虐的案例，提到在精神官能病患身上“发现粪便与膀胱的功能与产物被用来作为敌意冲动的道具”。（p.319）

⑤ 参考弗洛伊德的《梦的解析》（1900）与《性学三论》（1905），以及萨德格尔（Sadger）的文章《关于尿道兴奋》（Uber Urethralerotik，1910），亚伯拉罕的文章《早泄》（Ejaculatio Praecox，1917）和《梦与精神官能症之排泄历程的自恋式评估》（1920）及兰克的《精神分析对于神话研究的贡献》（1919）。

⑥ 参考弗洛伊德在《多拉：歇斯底里案例分析的片断》（1905，S.E.7，p.71-72）中对此联结的讨论。

毒物等幻想。这些“尿道施虐幻想”使阴茎在幻想中成了从事暴力的道具，也是干扰男人性功能的武器，我在许多案例中，发现尿床就来自这种幻想。

孩子用来从事施虐攻击的其他道具，诸如肛门施虐以及肌肉施虐（muscular sadism），原本都是为了对抗使他受挫的母亲乳房，但立刻被指向母亲身体的内在，母亲的身体会成为强壮施虐道具之攻击对象。早期分析显示，幼儿的这些“肛门施虐摧毁欲望”，不断借由吞噬与尿湿摧毁母亲的身体，尽管如此，想吞噬并摧毁母亲乳房的原始目的，仍清晰可辨。①

孩子对母亲身体内在的施虐攻击幻想，是其生命中的显著现象，它以发展中的“口腔施虐”阶段拉开序幕，而在早期肛门施虐减弱时落幕，期间涵盖各个面向的施虐高峰期。

亚伯拉罕的论文指出，婴儿因咬嚼而产生的喜乐，很明显地不止来自性感带的力比多满足，而且与阉割其客体的摧毁欲望有关，这一现象在发展中的施虐特质高峰期尤其显著。婴儿从 6 到 12 个月开始，即因施虐倾向而企图借由各种方式（用牙齿、指甲、粪便以及整个身体）摧毁母亲，这样的说法为我们制造了一个恐怖甚至无法理解的心智图像。根据我的经验，要以这种令人嫌恶的想法答复真理是很困难的。然而在早期分析中，我们清楚地看到伴随这种欲望而来的诸多强烈的残酷幻想，使我们无法质疑。我们都很熟悉儿童的施虐幻想在食人欲望中达到高峰，这使我们较容易接受当施虐攻击的方式扩大时，其施虐幻想会变得更完整且更有活力。我认为，冲动的增强是整件事的核心因素，如果力比多挫折会强化施虐特质，则我们可以了解：与未被满足的力比多混淆的摧毁欲望（起初是口腔施虐欲望），会导致施虐

---

① 在《力比多发展简论》中，亚伯拉罕（1924，p.474）指出躁症病患的犯罪幻想，几乎是针对母亲而来的。他以一个有力的案例描绘此现象：这位病患在想象中认同杀了母亲，并企图焚烧罗马城（母亲之象征）的尼罗王。但是根据亚伯拉罕的观点，儿子们对抗母亲的摧毁冲动是次级的，因为攻击的原始目标是父亲。我倒认为，对于母亲身体的攻击，来自攻击母亲乳房的“口腔施虐”，因此是初级的。但是，由于他们被早期对父亲阴茎的怀恨所增强，（因为幼儿认为它存在于母亲身体里面），父亲成为其摧毁与对抗的对象，到了一个足以影响俄狄浦斯冲突的整个发展的地步。因此我们可以说，儿子对父亲的原始怀恨，部分置换到母亲身上了。在本书第十二章，我们将仔细探讨这种置换对于男孩性心理发展的重要性。

特质的再度强化，并启动所有施虐运作方式。

在早期分析中我们进一步发现，口腔挫折在幼儿身上激发出一种潜意识知识：父母享受彼此的鱼水之欢，这被视为口腔之乐。在其挫折压力之下，幼儿的幻想反应在对父母的嫉羡中，并反过来增强了对他们的恨。想掏挖及吸光的欲望，现在变成想吸出并吞噬父母身上（更确切地说，他们身上的器官）的所有液体及其他物质，包括他们在口交时由彼此身上获得的物质。① 弗洛伊德认为，儿童的性理论基于种系的遗传（phylogenetic heritage），根据我们之前所讲的，我认为这种对父母性交的潜意识知识及其相关幻想，在非常早的发展阶段就已存在。口腔嫉羡是使男孩与女孩渴望将自己推入母亲身体里面的主要动机，这会同时使他们想获得有关它（母亲身体内在）的知识。② 但是，他们的摧毁冲动很快就会转向父亲，而非仅针对母亲，因为他们想象父亲的阴茎在口交时，被吸入母亲身体内并留在那里，因此攻击母亲的身体，同时也攻击了她里面的阴茎。

我认为，男孩之所以在内心最深处如此惧怕母亲作为阉割者，以及（与此害怕有关的想法）如此害怕"具有阴茎的女人"，是因为他害怕母亲身体里面有父亲的阴茎，因此他真正害怕的是被吞并到母亲身体内的父亲阴茎。③ 对于父亲阴茎的恨与焦虑置换到它所停泊的母亲身体，我认为这是心智疾病起源的重要因素，也是干扰性发展以及发展出同性恋倾向的主要因素。④ 我想，这种置换是如此发生的：对于被母亲吞并的父亲阴茎之害怕，以熟悉的

① 瑟尔在一个简论《在一例儿童分析中看到的偏执机制》（*A Paranoiac Mechanism as seen in the Analysis of a Child*）中，报告了一个具有强烈口腔施虐幻想的案例，案例中的孩子想吸出父亲由母亲乳房获得的东西之欲望，与偏执机制挂钩。被这种幻想牵制而引发的能量，与强烈的口腔施虐联结，并为对抗母亲身体内在的"攻击冲动"铺路。我发现这种幻想是精神病的特质。

② 参考亚伯拉罕，《精神分析对于人格形成的研究》（1925）。

③ 菲力司·贝汉姆在《同性恋与俄狄浦斯情结》（Homosexualität und Ödipuskomplex，1926）一文中指出，男人最常有的幻想是，在性交后父亲的阴茎被留在母亲身体里面，且藏在母亲阴道内。他也指出："对于隐藏起来的女性阴茎的各种想法，会导致病态，在潜意识中那巨大而令人害怕的父亲阴茎，藏在母亲里面。"精神分析文献常提及的幻想是，在母亲子宫内遇见父亲的阴茎，并且见证父母的性交，或是幻想在子宫内被阴茎所摧毁。

④ 参考第十二章。

置换机制，置换到较不令他害怕的母亲阴茎。对被母亲吞并的父亲阴茎的害怕是如此难以抵挡，因为在此早期发展阶段中，幼儿以“部分替代整体”（pars pro toto）原则运作，所以阴茎代表的是父亲。因此，在母亲内的阴茎表征着父母合为一体，[①] 这种合一对婴儿而言特别恐怖并具威胁性。就像我之前指出的，孩子的施虐特质在最高峰时，其攻击对象是父母的性交。在“原初情景”（父母性交情景）或原初幻想（幻想父母性交）中，幼儿对父母的死亡欲望（death-wish）与其特别丰富的施虐幻想内容挂钩，这一幻想包括对单独的父母以及在一起的父母的施虐摧毁。

孩子的幻想还包括父母通过性器官和排泄物等危险武器彼此摧毁。这些幻想所带来的严重后果是多样化的，例如，被吞并到母亲身体内的阴茎会变成危险的动物或装满爆炸物质的武器，或者母亲的阴道也会转化为危险的动物或致命的道具，诸如有毒的捕鼠器等。这些幻想皆是愿望幻想，而且因为幼儿的性理论被施虐欲望所主导，因此会对幻想中父母之间的彼此伤害感到罪疚。

孩子的施虐特质除了在量方面的增加之外，也在质方面有所改变，并持续被强化。在施虐阶段晚期，孩子对攻击客体的想象（这些想象中的攻击常常是非常暴力的，并且其施虐特质以各种方式横行）继续扩大，包括以各种精心设计的方式突袭与攻击，使其攻击更具危险性。例如在本发展阶段前期，当开放暴力主权（open violence reigns）时，排泄物被视为用来直接袭击的道具，但是后来它会被视为会爆炸或有毒的物质。以上这些因素皆会引发施虐幻想，它们的种类、数量与丰富性是无穷尽的。此外，这些反对父母在一起性交的施虐冲动，使孩子期待被联合起来的父母处罚。然而在这一早期阶段，孩子的焦虑强化了其施虐特质，并增强想摧毁危险客体的冲动，因此他必须以更强烈的施虐与摧毁欲望对抗联合起来的父母，并且反过来更怕这一敌意对象。

根据我的观点，当小男孩开始对父亲的阴茎感到怀恨，并想和母亲在性

① 我注意到在分析男孩时，他们特别想攻击我的头、脚或鼻子。对这些攻击的分析显示，他们想攻击的不只是身体的这些部分，而是因为我的头、脚或鼻子象征阴茎。我发现，他们想攻击的并非女性的阴茎，而是被吞并到我里面且附着在我身上的父亲阴茎。

器官上有联结以摧毁父亲的阴茎（他认为父亲的阴茎在母亲里面）时，其俄狄浦斯冲突即被启动。我认为，在施虐特质主导期所启动的早期性器冲动与幻想，建构了男孩与女孩的早期俄狄浦斯冲突，因为它们符合被接受的准则。虽然孩子的"前性器冲动"仍然主导，他已经开始对异性父母有性器欲望（除了口腔、尿道与肛门欲望之外），并且对同性父母感到妒忌与怀恨，虽然在此早期阶段，他已经开始经验到对后者的爱恨交织。我们甚至可以进一步说，俄狄浦斯冲突的急迫性要多亏这个早期阶段。例如当小女孩因怀恨与失望而背离母亲，并将其口腔与性器欲望转向父亲时，她仍然以强烈的口腔固着和无助感与母亲紧紧相连。小男孩则以正向口腔依附被父亲吸引，却因早期俄狄浦斯情境所引发的恨而远离他。尽管如此，孩子在这一发展阶段的冲突并不如晚期明显，因此我认为，部分原因来自孩子缺乏表达感觉的工具，另一部分则因为他与客体的关系在这个早期发展阶段仍然非常混淆与模糊。他对客体的某些反应，会传送到其"幻想客体"（phantasy-objects），[①] 并且对后者（尤其是其内在客体）产生大量的焦虑与恨，因此他对父母的态度，仅仅是他与客体之间的一部分困难。[②] 然而这些困难以许多方式呈现，例如，我常常看见孩子的夜惊及恐惧症与俄狄浦斯冲突有关。

我不认为可以清楚区分俄狄浦斯冲突的早期与晚期阶段，因为根据我的观察，性器冲动与前性器冲动在同一时期启动，前者会影响并修饰后者，因为这些早期联结的结果，甚至在晚期发展阶段仍然可以看到一些前性器冲动的痕迹。[③] 所谓性器阶段的获得，指的仅仅是性器冲动的强化。前性器与性器冲动之融合可以在我们所熟悉的事件上得知：当孩子看到原初情景或有原初幻想时（两者皆与性器有关），他们会经验到强而有力的前性器冲动，例

① 他附在"幻想客体"身上的不只是恨与焦虑的感觉，还有正向的感觉。它借此由真实的客体退缩，当它与"幻想客体"的关系太强烈时，则不管是正向或负向，它无法恰当地对真实客体有施虐幻想或修复幻想。因此，这会干扰其适应现实与客体关系的能力。

② 稍后，我会再讨论这些客体关系。

③ 我不认为，费尼切尔（Fenichel）区分俄狄浦斯与"俄狄浦斯情结的前性器前驱"（pregenital precursors of the Oedipus complex）是可行的，正如他在其《俄狄浦斯情结的前性器前因》（pregenital Antecedents of the Oedipus Complex，1930）一文中所做的。

如尿床与大便，它们伴随着针对性交中的父母而来的施虐幻想。

根据我的观察，幼儿自慰幻想的核心是以父母性交为主的早期施虐幻想。这些摧毁冲动与力比多冲动融合，使超我启动防御对抗自慰幻想，同时对抗自慰本身。因此，孩子因早期性器自慰所引发的罪疚感，来自针对父母而来的施虐幻想。我们可以进一步说，这些自慰幻想涵盖俄狄浦斯冲突的本质，因此可以说是整个性生活的核心。因为力比多冲动而引燃的罪疚感，其实是对与力比多冲动融合之摧毁冲动的反应。① 若非如此，则乱伦倾向不是罪疚感的唯一诱因，与孩子的早期乱伦欲望过早挂钩的摧毁冲动，也使孩子因害怕乱伦而产生罪疚感。

若我们的假设正确，亦即孩子的俄狄浦斯倾向在其施虐特质高峰期发生，则我们可以说恨的冲动是导致俄狄浦斯冲突与超我形成的要因，它也掌控了这两者的最早阶段和关键阶段。这种观点，虽然乍看之下与所接受的精神分析理论格格不入，但是它与我们的既有知识（力比多由前性器阶段发展到性器阶段）吻合。弗洛伊德一再指出，在发展中恨早于爱，他如此写道：② "就与客体的关系而言，恨比爱更原始。它是自恋式自我对外在世界源源不绝之刺激的原发拒绝。" 他又说：③ "自我怀恨、厌恶且企图摧毁所有客体，因为他们是使它感到不舒服的根源，它未考虑这到底是对性满足的挫折，还是对自我保护的需要（self-preservative needs）所引发的挫折。" ④

---

① 我于1929年在牛津举行的精神分析年会中，发表论文《象征形成在自我发展中的重要性》，其中我陈述了如下观点："只有在俄狄浦斯冲突晚期，对抗力比多冲突的防御才会出现；在早期防御所对抗的是伴随而来的摧毁冲动。"（《克莱茵全集 I》）。在同一年会中，琼斯在《害怕、罪疚与恨》（1929）的论文中，强调攻击倾向对于启动罪疚感的重要影响。

② 《本能及其荣枯盛衰》（1915），p.139。

③ 同上，p.138。

④ 在《文明及其不满》（1930）中，弗洛伊德进一步说："它（攻击）是人类所有情爱关系的基础（也许只有一个例外：母亲与儿子的关系）。"（《弗洛伊德全集英文标准版》21 卷，p.113）根据我的观点，在施虐主导下所展开的俄狄浦斯冲突，似乎补充了弗洛伊德的说法，因为它对于为什么恨是客体关系的基础，提出了另一个解说：孩子都是在施虐倾向高峰期与父母亲建立起关系的，这一关系是其未来关系的基础，且是决定性的。他对母亲乳房（作为其第一个客体）的爱恨交织，由于口腔挫折的加大，以及俄狄浦斯冲突的爆发而增强，直到其施虐特质完全发展为止。

本来我们认为，超我在性器期（phallic phase）开始形成。弗洛伊德在他的论文《俄狄浦斯情结的解决》（Dissolution of the Oedipus Complex，1924）中指出，俄狄浦斯情结因超我的建立而被取代——俄狄浦斯瓦解而超我取代了它的位置。①② 弗洛伊德也在《抑制、症状与焦虑》③ 中提到类似的概念："因此，动物恐惧症的焦虑是自我对危险的一种情感反应，而以此方式所发出的危险信号，其实是有关阉割的危险，这种焦虑与自我在面对危险情境时所呈现出来的真实焦虑没有不同，唯一例外是它的内涵是在潜意识中，而且只有通过扭曲的形式才能浮现到意识层。"若非如此，那些在潜伏期初期才会影响孩子的焦虑，对男孩而言仅与阉割焦虑有关，对女孩而言则与害怕失去爱有关，而超我则必须等到离开前性器期时才开始形成，而且是通过退化到口腔期来完成。弗洛伊德④ 如此写道："在个体原始口腔阶段的初期，客体贯注（object cathexis）和认同是无法区分的。"而"它"（超我）"事实上是本我的第一个客体贯注之催化者，且是俄狄浦斯情结消失后的继承者"。⑤

根据我的观察，超我的形成是一个更简单而直接的历程，在前性器期冲动的主导下，俄狄浦斯冲突与超我开始运作，而且那些在口腔施虐期被内射进来的客体（第一个客体贯注与认同）形成了最初的早期超我。⑥ 此外，启动超我的形成以及主导其最早期阶段的，是所引发的摧毁冲动与焦虑。而且根据我的观点，客体对超我的形成仍有非常重要的意义，然而，若我们视个体的冲动为超我形成过程中的基本因素，则客体的影响是另一方面的。我发现，孩子最早的认同建立在一个不真实且被扭曲的客体影像上。如同我们

---

① 《弗洛伊德全集英文标准版》19 卷，p.177。

② 作者显然由记忆中引用了这一段话，因为我们无法在作者所指出的地方找到确切的字句，但无论如何所引用的确实是正确的。参见《弗洛伊德全集英文标准版》19 卷，p.177。

③ 《弗洛伊德全集英文标准版》20 卷，p.126。

④ 《自我与本我》，《弗洛伊德全集英文标准版》19 卷，p.29。

⑤ 《非专业分析的问题》（1927），《弗洛伊德全集英文标准版》20 卷，p.223。

⑥ 苏珊·艾萨克斯（Susan Isaacs）在她的论文《缺乏与罪疚》（*Privation and Guilt*，1929）中指出，弗洛伊德的"原初认同"（primary identification）对于超我形成的影响可能比我们原来想象的还要重要。

从亚伯拉罕那里所获得的知识，[①] 在早期发展阶段，孩子的器官是真实与内射进去之客体的主要表征。我们知道父亲的阴茎是最主要的焦虑客体，它与各种危险的武器以及有毒和会吃人的动物对等，而在潜意识中，阴道表征的是一个危险的开口。[②] 这个我渐渐认出的对等，在超我形成的过程中，是一个很重要且普遍的（universal）基本机制。根据我的判断，超我的核心可在发展中的食人期发生的部分吞并中被发现，[③] 而儿童的早期意象（early imagos）铭刻了前性器冲动的痕迹。[④]

我们可以合理地说，自我视内化客体为本我的残酷敌人，因为自我的摧毁本能已经朝外并且针对客体而来，因此，我们可以预期它会有针对本我而来的敌意。但是我们可以看到，那些非常早期及强烈的焦虑来源包括种系的因素，根据我的经验，这些焦虑是孩子对内化客体的感觉。原始游牧民族的父亲作为外在权威，强迫本能的抑制。[⑤] 在历史中，人们学到了对父亲的害怕，因此当人们开始内化客体时，它被用来作为防御，对抗摧毁本能所引发的焦虑。[⑥]

---

① 亚伯拉罕如此写道：“另一值得一提的是，有关被内射进去的身体部分是，阴茎通常被等同于女性的乳房……”（《力比多发展简论》，1924，p.490）。

② 参考“有牙齿的阴道”的幻想，这一幻想常在精神分析文学中被提及。

③ 在下一章中，特别是第十一章中，我会尝试指出孩子内射（不实际的）影像（imagos），不管幻想中是好的还是坏的影像。当他们适应现实的能力以及超我渐渐形成之后，这些影像会越来越接近他们所表征的真实客体。本章中，我只想指出孩子施虐倾向的发展以及他们与早期超我形成和焦虑情境的关系。

④ 在我的论文《俄狄浦斯冲突的早期阶段》（1928）中我写道：“我们不清楚为何孩子，例如 4 岁的孩子，会在其心智中产生一种不实际的，一个幻想的，会吞噬、切割以及咬嚼的父母影像，但是我们很清楚地知道，为什么一个约 1 岁大的孩子，由于俄狄浦斯冲突的开始，所带来的焦虑会以被吞食及被摧毁的恐怖形式呈现。孩子自己渴望通过咬嚼、吞食以及切割摧毁其力比多客体（libidinal object）。这会带来焦虑，因为对客体的内射会唤醒俄狄浦斯倾向，孩子因此期待被处罚，并会害怕遭受与其所犯的罪有关的处罚：超我变成了咬嚼、吞食以及切割的东西。”

⑤ 参考弗洛伊德，《图腾与禁忌》（1913）。

⑥ “自我”将使两个敌人（客体及其摧毁本能）彼此对决，虽然这将使它置于两个彼此敌对的力量间之危险情境。可怕的父亲同时也是对抗摧毁本能的保护者，这是由于个体对父亲权力的崇拜，他本来可以通过同样的方式获得此权力。这也许可以由早期分析得到佐证，我们发现，非常小的男孩与女孩不仅害怕父亲，也同时对他们的权力充满敬佩。这种感觉的特质是深刻而原始的。我们必须记得当孩子长大时，他们的超我所扮演的角色（虽然有一位严厉的父亲）并非全是不仁慈的。弗洛伊德在他的论文《幽默》（1928）中以这些话结尾：“最后，如果超我尝试通过幽默来安慰自我，并保护他免于受苦，这与原来的父母功能并不冲突。”（《弗洛伊德全集英文标准版》20 卷，p.166）

有关超我的形成，弗洛伊德似乎有两种思路，它们就某方面而言彼此互补。根据思路之一，超我的严厉来自严厉父亲重复的禁令与命令。[①] 根据另一个思路（显示在他文件中的一两个片段），超我的严厉性是个体的摧毁冲动之结果。[②]

精神分析并未追随他的第二种思路，就像文献所呈现的，他采用了以下理论：超我来自父母的权威，并以此理论作为这主题的基础。尽管如此，弗洛伊德最近就某方面而言证实了我的观点，[③] 强调个体的冲动作为超我来源之因素的重要性，而且事实上，个体的超我与真实的客体并非一致。[④]

如此看来，我们似乎可以称孩子的早期认同为“超我形成的早期阶段”，

---

① 弗洛伊德在《俄狄浦斯情结的解决》（1924）中说，在阉割威胁之下，孩子的自我转离俄狄浦斯情结。“父亲或父母的权威被内射到自我里面而形成超我的核心，它代替了严厉的父亲，使对抗乱伦的禁令成为不朽，并确保自我对抗其力比多客体贯注。”（《弗洛伊德全集英文标准版》19 卷，pp.176-177）。在《自我与本我》（1923）中，我们被告知：“它（超我）与自我的关系对这一告诫从不感厌倦：‘你必须像这个（像你父亲）——指你不可以做他所做的事，有些是他的特权。’自我理想会有这种双层面貌，是因为自我理想的客体在于压抑俄狄浦斯情结，事实上，是因为这革命性的事件才有了他的存在。显然，压抑俄狄浦斯情结并非意识。孩子的父母特别是父亲，被视为俄狄浦斯愿望实现的障碍，因此，其婴儿自我（infantile ego）在自己里面筑起相同的障碍以巩固这一压抑。我们可以说他由父亲那里借来了这个力量，这一贷款是一个非常重大的行为。超我保留了父亲的人格或特质，俄狄浦斯情结越有力，则会越快屈服于压抑（在权威、宗教、教导、学校以及阅读的影响之下），后来，超我则会更严厉地掌控自我（以意识或潜意识中罪疚感的方式呈现）。我想在此假设，以这种方式掌控力量的根源是一种强迫式的人格特质，它以绝对的命令形式呈现出来。”（《弗洛伊德全集英文标准版》19 卷，pp.34-35）

② 在《自我与本我》（1923）中弗洛伊德说：“每一类认同都有去性化甚至升华的本质。当这类转化发生时，本能的分离似乎也在这时发生。升华之后的性欲不再有能量阻挡所有与之有关的摧毁，因此它以一种导向攻击与摧毁的形式被释放。这种分离是严厉与残酷特质的根源，它通过理想呈现出来，就是一种‘你该如何如何’的命令。”（《弗洛伊德全集英文标准版》19 卷，pp.54-55）

③ 我的观点和琼斯、葛罗夫、瑞维尔以及瑟尔一致，他们由不同角度谈到这一主题，且都认为孩子的早期幻想生活以及力比多发展对于超我的进化扮演了重要的角色。参考《儿童分析专题讨论》（1926）同时参考琼斯的论文《超我结构的来源》（1926）。在该篇论文中，他指出：“许多理由让我们认为超我的概念是一个节骨点，在那里我们可以预期所有难解的问题，例如俄狄浦斯与自恋以及恨与施虐在此相会。”（p.304）

④ 在《文明及其不满》（1930）中，弗洛伊德如此写道：“然而我们的经验显示，孩子所发展出来的严厉超我与他自己被对待的严厉度无可比拟”，还有“严厉自我的根源几乎无法表征个体从客体中所经验到的严厉性，它更好表征的是个体自己对他的攻击”。（《弗洛伊德全集英文标准版》21 卷，pp.129-130）

就像我之前使用过的词汇："俄狄浦斯冲突的早期阶段"。在儿童发展中的非常早期阶段，这些客体贯注的结果已经造成了一种影响，这一影响具有超我的特征，虽然它们在质的方面有所不同，而受到属于较晚阶段的认同所影响。由于残酷的超我在施虐特质的主导下形成，因此它可能是限制本能的力量所在，因为它取代了"自我防御"去对抗摧毁本能。

费尼切尔用了一些准则[①]区分了"超我的前驱"［precursors of the super-ego，他根据赖希（Reich）的建议，称那些为"早期认同"］[②]以及超我本身。他认为这些前驱以零散的方式存在，彼此独立且缺乏完整性。它与自我对立，对自我非常严厉，其影响力及其潜意识特质的特征，皆显示真正的超我是俄狄浦斯情结的继承者。我认为这种区分从几个角度来看是不正确的，根据我的观察，早期超我才会特别严厉，而且在正常情境下，生命中没有一段时间像儿童期早期一样，超我与自我是如此对立。事实上，后者可以解释为什么在生命的第一个阶段，自我与超我的紧张主要被感知为焦虑。此外，我也发现孩子的超我要求与禁令并不会比成人更不在潜意识中，而且它绝对与来自真实客体的要求不同。费尼切尔说，孩子的超我并没有像成人一样有组织，我认为他这一说法是正确的，然而这一点也会因人而异，因为许多幼儿呈现出组织良好的超我，相反地，许多成人的超我架构却是脆弱的，这似乎与幼儿的心智和成人比起来较无结构一致。我们也知道和潜伏期的孩子比起来，幼儿的自我比较没有结构，然而这并不表示他们没有自我，他们已经有了自我的前趋。

我之前提过在施虐阶段高峰期，施虐倾向的增强会使焦虑随之增强。针对本我而来的早期超我之威胁，包含了整个针对客体而来的施虐幻想的细节，这些现在一个个皆反过来指向自我。因此这一早期阶段所施压的焦虑，与原来存在的施虐程度在量上是一致的，它们的多样化和伴随而来的施虐幻想之丰富性也是一致的。[③]

---

① 参考费尼切尔的文章《认同》（1926）。

② 参考赖希的《受驱力限制的人格》（*Der Triebhafte Charakter*，1925）。

③ 参考我的论文《呈现在艺术中的婴儿期焦虑情境》（1926，《克莱茵全集 I》）。

日渐发展的力比多帮助克服施虐特质与焦虑，[①] 但是，过度焦虑也可以刺激个体克服它，焦虑使许多性感带变得愈来愈强壮。被口腔期尿道主导的施虐冲动会被肛门所主导的施虐冲动取代，而且那些属于早期肛门施虐阶段的防御机制（不管它如何有力）已经在运作，它们以防御对抗那些来自这一时期早期阶段的焦虑，这种焦虑本来在个体发展中的主要功能是抑制，但是它同时也是促进自我[②] 及使性生活成长的基本因素。

在这一阶段，个体所使用的防御方式非常暴烈，因为它们与焦虑所带来的过度压力是相称的。我们知道在早期肛门施虐阶段，他所排放（eject）的是其客体，他将这一客体视为敌意的，且将之对等于排泄物。然而根据我的观察，这些在早期肛门施虐阶段被排放的，是他所害怕的超我，这个超我是他在口腔施虐阶段所内射进来的。因此，他以排放动作作为防御的工具，它被充满害怕的自我用来对抗其超我。他借此排除了其内化客体，而且同时将他们投射到外在世界。个体所采用的投射与排放机制与超我的形成历程密切相关。就像其自我企图通过暴烈地排除、摧毁超我来防御自己，也通过有力的排放去掉自己的摧毁倾向。弗洛伊德[③] 认为，“防御”这一概念可以说是“自我在冲突时所使用的所有技巧的命名，这些技巧的使用会导致精神官能症，而我们保留‘压抑’这个词汇作为防御中的一种特殊方式，这种思路方式帮助我们更了解整个历程的原委”。此外，他也强调以下可能性：“压抑的历程与力比多的性器组织有一种特殊关系，而当自我为了稳定自己而对抗其他层次组织的力比多时，则会诉诸其他防御方式。”[④] 我的观点可以在亚伯拉罕的一段话中获得支持，他说：“爱惜与保存客体的倾向，来自被压抑且较原始的摧毁倾向。”[⑤]

有关这两种肛门施虐阶段的分隔线，亚伯拉罕如此写道：[⑥] “这一分隔

---

① 参考下一章，对于这一点有更完整的讨论。

② 参考第十章，有关焦虑在自我发展中的意义。

③ 《抑制、症状与焦虑》，《弗洛伊德全集英文标准版》20 卷，p.163。

④ 同上，p.125。

⑤ 《力比多发展简论》（1924），p.428。

⑥ 同上，p.433。

线是非常重要的，我们可以通过一般医学观点找到一致的看法。我们精神分析师们由实证素材所举出的分隔点，事实上与临床医学将病症分成精神官能症与精神病的区分法是一致的。尽管如此，精神分析师们并没有企图在精神官能症和精神病的情绪上做缺乏弹性而严谨的区分，相反地，他们意识到任意个体的力比多可能因为退化而跨越这两种肛门施虐期的分隔线，特别是当病症有其特殊导因，以及在力比多发展过程中的一些特定固着点时，则会促进这种本质的退化。”

我们知道，正常人与精神官能病患在结构上并没有差异，只存在量的不同，以上来自亚伯拉罕的引句，显示他也认为精神病与精神官能症只是程度上的差别。分析儿童的经验，不仅更让我确信精神病的固着点在第二肛门期前的发展阶段，而且也令我确信这个固着点同样可以被运用在精神官能症和正常孩子身上，虽然正常孩子较轻微。

我们知道，精神病患者的焦虑比精神官能症的病患更多，然而直到目前，我们无法解释为何这些过度的焦虑能在这么早的发展阶段就已存在，我们也不清楚弗洛伊德和亚伯拉罕所提出的有关精神病症的固着阶段。有关这些大量焦虑可能来自未被满足的力比多之转化，这可能性在弗洛伊德晚期的《抑制、症状与焦虑》一书中已经被排除了。我们也不能假设孩子害怕被欺负、吞噬、切碎及谋杀的害怕是一种真实的害怕，但是若假设这过分的焦虑是内在心理历程（intra-psychic processes）的结果，则较接近我所提的理论，亦即早期焦虑来自摧毁倾向及早期超我的压力。在儿童早期发展中，超我为了防御其摧毁倾向所施加的压力（压力的程度与其施虐幻想的种类和程度相符），反应在最早的焦虑情境中，这一焦虑情境与施虐期密切相关。此外，它们也会激起自我中各种特殊的自我防御机制，这些是精神病特质及其整体发展的决定因素。①

在讨论早期焦虑情境与特定精神病症特质的关系之前，让我们先探讨超

---

① 在《抑制、症状与焦虑》（1926）中，弗洛伊德写道：“另一个可能性是正在运作的危险情境，它与继之而起的精神官能症的形式非常接近。”（《弗洛伊德全集英文标准版》20卷，p.142）

我的形成以及客体关系的发展如何彼此影响。若超我确实在自我发展中的如此早期阶段就已经形成（这时的自我仍离现实非常遥远），则我们必须从别的角度来看客体关系的成长。客体影像被个体施虐冲动扭曲会导致以下影响：真实客体以及与他们的关系不止影响客体的面貌，也影响了超我的形成，同时反过来（与目前被接受的理论背道而驰），超我的形成也影响了客体关系。当幼儿开始内射他们的客体（我们必须记住，这时的他们以各种器官模糊地区分这些客体），他们对那些内射客体的害怕启动了排放和投射机制，就像我试图显示的一样。随之而来的是投射与内射的互动，这对超我的形成、客体关系的发展以及对现实的适应都是很重要的。那些稳定而持续的驱动力，使他想将那所害怕的"认同"投射到客体身上。它看起来像是一种不断重复内射过程的冲动，因此，其本身也是客体关系发展的决定性因素。①

我认为客体关系与超我的互动是可以被观察到的，因为自我在发展中的每一阶段用来面对客体的方式，与超我用来面对自我的方式相符，而且也与自我用来面对超我与本我的方式相符。在施虐期个体强化了想象中的摧毁攻击，以此保护自己免于对被内化进去的和外在暴烈客体的害怕。排除客体的目的之一，在于忽视那令人难以容忍的超我威胁。这类投射机制来自两个假设：其中之一是自我将客体放在超我的位置，借此使自己自由；另一个假设是自我让客体表征本我，借此使自己自由。如此，原来主要针对客体而来的恨，又添加了那些原来属于本我及超我的部分。② 因此，似乎那些拥有强烈早期焦虑情境的人，若同时保留了早期阶段的防御机制的话，则对于超我的害怕（不管是由于外在的还是心理内在的原因，它跨越了特定界线的话）将催促他们摧毁客体，将来也会发展出犯罪行为。③

---

① 在《本能及其荣枯盛衰》（1915）中，弗洛伊德如此写道："只要客体仍然是享乐之源，则它（自我）会将他们纳到自己内［内射，'introject'，这是费伦奇的用词（1909）］，同时它也会将里面那些不快乐的东西排放到外面（参见以下'投射机制'）。"（《弗洛伊德全集英文标准版》14 卷，p.136）

② 西奥多·莱克在他的论文《焦虑与怨恨》（Angst und Hass，1929）中提到，焦虑会增强恨。

③ 若犯罪行为确实来自这种早期焦虑，则我们了解这些犯罪行为或改正它们的唯一希望是通过分析他们心智生活中的最深层次。

我认为，这些太强烈的早期焦虑情境也是导致精神分裂症的基本要素，然而我只能提出一两个建议来证明这个观点。就像我们之前提过的，通过将所害怕的超我投射到客体身上，个体强化了对那些客体的恨，因此也同时增强了对他们的害怕。若他的攻击和焦虑太过分的话，则外在世界会变成一个可怕的地方，他的客体变成敌人，而他也会感到被外在世界以及他的内射敌人迫害并威胁。若他的焦虑太强烈或自我无法容忍，则他会尝试使用投射机制将对外在敌人的害怕排除。这会同时阻止他继续内射任何客体，使他与现实的关系不再成长，①② 并会使他更害怕所内射的客体。这种害怕会以各种形式呈现出来，例如被里面的敌人伤害或攻击，并且觉得无处逃生，这种害怕可能是抑郁（hypochondria）最深的根源之一，而且这种过度害怕及其无法被修饰或置换的特质，会很明显唤出暴烈的特殊防御方式。此外，投射机制所造成的干扰似乎与内在精神现实的否认一致，③ 通过否认，④ 个体不仅消除焦虑之源，同时也消除其情绪。⑤ 精神分裂症的各种现象可以解释成一种企图消除、控制内在敌人，或与内在敌人竞争的现象，例如紧张型精神分裂症（catatonia）可以被视为企图使内射客体无能、无法动弹，因此成为无害的。⑥

施虐期的早期阶段充满着来自客体的暴烈攻击。这一时期的晚期阶段与被肛门施虐冲动所主导的早期肛门阶段一致，它较常出现秘密式的攻击方式，

---

① 参考我的论文《象征形成对于自我发展的重要性》（1930，《克莱茵全集Ⅰ》）。

② 梅莉塔指出，精神分裂病患通过逃避到其“好的”内在客体，从而切断他对外在世界的关心，他借由停止投射并以自恋方式过分补偿对内在客体的爱来完成。客体可以借此规避他对“坏的”内射客体及外在客体的害怕。［《文化发展中精神病机制的角色》（1930），以及《论被害思想与妄想的心理学》（1931）］。

③ 费伦齐在《现实感的发展阶段》（1913）中强调，对现实的完全否认是心智反应中非常早期的形式，并认为精神病的固着点应该在早期发展阶段中的相关位置。

④ 根据梅莉塔所主张，对于焦虑情绪的否认，有部分被用来否认内射客体的存在，因为内射客体与情绪对等了（《论被害思想与妄想的心理学》，1931）

⑤ 何内·拉福格（Laforgue）在《精神分裂的盲点》（*Scotomisation*，1926）中，以“盲点化”（Scotomization）来命名这种防御机制，并强调它对精神分裂症的重要。

⑥ 根据梅莉塔的说法，僵直型精神分裂症表征死亡，也是逃离病人所害怕的攻击方法（参考以上文献）。

例如使用有毒以及暴烈式的武器。排泄物表征毒物，[①] 在孩子的幻想中，他用大便作为迫害的媒介，[②] 反对其客体，而且以魔术般的方式暗中将它们植入那些客体的肛门以及身体的其他开口处，并且滞留在那里。[③] 孩子为此开始害怕自己的排泄物，并认为它是一种会危及自己身体的危险物质，也会害怕那些他所吞并进去的客体之排泄物。他预期这些客体会以同样危险的方式偷袭他，这样的幻想会使他害怕一群在他身体里面的迫害者，并害怕被下毒，这些也都是造成疑病焦虑的基础。由于他们将内射进去的客体与粪便对等，因而增强了他们的焦虑，[④] 因为这个客体因为有毒及具有摧毁性的粪便而变得更危险了。由于尿道施虐冲动，孩子认为尿也是危险的，它们会燃烧、切割、下毒，这些都使他在潜意识中视阴茎为施虐的器官，也使他害怕父亲（迫害者）[⑤] 的危险阴茎。孩子以此方式将他的排泄物以施虐的方式转化为有毒的东西，在其幻想中，孩子认为已经完成了施虐动作，因此增强他对于内化迫害者的焦虑。

在以有毒的排泄物作为主要攻击工具的时期，孩子会愈来愈害怕那些内射进去的客体和外在客体会以模拟的方式回击自己（根据其多样化施虐策略的细微度），而且他会将其投射机制用到极致。这一焦虑会扩散出去，而且

---

① 参考我的论文《象征形成在自我发展中的重要性》（1930）以及《论智力抑制理论》（1931）（以上皆在《克莱茵全集I》）。费尼切尔在他最近发表的论文《呼吸式的内射》（Respiratory Introjection，1931）中，描述有一种施虐幻想，是将排泄视为谋杀的工具，大便是下毒及爆炸的工具，小便则是下毒的工具。根据他的意见，这些幻想会使孩子害怕因排泄物而中毒。他的论文似乎与我之前的文章中所提到的观点一致。

② 参考欧布伊森的论文《被害感的来源》（1920），以及斯塔克的论文《被害妄想中力比多征兆的反转》（1920）。根据他们的意见，迫害者的偏执概念来自潜意识中将迫害者以及粪便（scybalum）被视为同一件事，而且粪便表征迫害者的阴茎。我曾经发现，将粪便视为迫害者所造成的害怕，其实来自施虐幻想。在这一幻想中，尿与粪便被用来作为对抗母亲身体有毒和摧毁母亲身体的武器。

③ 侯海姆（Róheim）在他的论文《父亲死亡之后》（Nach dem Tode des Urvater，1923）中指出，在原始部落，邪恶的魔术师通过魔术的方式将排泄物或其他对等的东西插入男人的身体，以此杀掉他或让他生病。

④ 亚伯拉罕在《力比多发展简论》（1924）中指出，所恨的客体会被对等为粪便。也参考侯海姆的论文《父亲死亡之后》（1923），以及恩斯特・西梅尔（Simmel）的论文《医学专业以及医生生病的游戏》（1926）。

⑤ 参考我的论文《论智力抑制理论》（1931，《克莱茵全集I》）。

分配到许多客体以及外在世界的危险来源上，因此他会害怕各式各样的迫害者。[①] 那些在黑暗中偷袭的特质使孩子以警惕及多疑的眼光看待这个世界，这会增强其与现实的关系，虽然只是单方面的，而对内射客体的害怕，则会持续刺激他使用投射机制。

我认为偏执（妄想）的固着点在摧毁特质的高峰期内，这一时期孩子攻击母亲的身体内在，以及（被视为）在母亲身体里面的阴茎，他们通过下毒和危险的排泄物达成这些攻击，[②] 迫害与妄想的内容似乎都来自这些焦虑情境。[③]

依据我的观点，孩子对内射客体的害怕使他将这些害怕投射到外在世界，[④] 借此他将器官、粪便及许多事情（包括内化客体与外在客体）对等了，使这些害怕也散布到其他被对等的外在客体。[⑤][⑥]

我认为，与许多客体的这种关系（部分来自焦虑），帮助个体进一步建

---

① 害怕许多迫害者不止来自肛门施虐（害怕许多迫害性的粪便），其根源还包括口腔。根据我的经验，孩子的性理论中有以下现象：母亲在每一次的交配中吞并了一个新的阴茎，而且父亲可以提供许多阴茎，这些都是使他对许多迫害者感到害怕的原因。梅莉塔认为，这些多样化的迫害者都是孩子冲着父亲的阴茎而来的口腔—施虐攻击的投射，父亲阴茎的每一碎片都是令他感到焦虑的新客体（参考她的论文《文化发展中精神病式防御机制的角色》，1930）。

② 参考我的论文《象征形成在自我发展中的重要性》（1930）。我同意亚伯拉罕的观点，他认为偏执者的力比多退化到更早期的肛门阶段，就像我所假设的，施虐特质的高峰期因口腔—施虐倾向开始，而在早期肛门阶段减弱时结束。我认为，以上所描述的这个时期是偏执者的根基，他们被早期肛门阶段所主导。我认为这一说法补充了亚伯拉罕的发现，它显示在这个时期各种施虐工具被用到最极限，而且尿道—施虐倾向以及口腔—施虐倾向都是这个时期中最重要的因素。它同时也对这些幻想的结构提供了许多信息，它表现出那些属于较早肛门阶段的肛门施虐倾向。

③ 梅莉塔以两个案例解释被害及其相关的妄想内容，都来自这类焦虑情境（参考其论文《论被害意念与妄想的心理学》，1931）。

④ 孩子冲着其客体而来的摧毁欲望由于其表征在身体器官里，因而激起了他对这些器官与客体的害怕。这些害怕和他的力比多渴望使他将这些器官与其他事情对等，这些器官则反过来成为焦虑的客体，因而孩子持续远离他们并寻找新的对等物，以此刺激象征的发展。（参考我的论文《象征形成在自我发展中的重要》，1930，《克莱茵全集 I》）

⑤ 根据费伦齐的说法，孩子通过认同重新找到他自己的器官以及每一个外在事件的功能，这是象征的前趋。

⑥ 根据琼斯的论文《象征的理论》（1916），享乐原则使个体喜欢不同的事物，若他们都激发出相同的兴趣的话。这一观点强调力比多在认同及象征历程上的重要性。

立与客体的关系以及对现实的适应，因为其原始客体只包含一种客体，比如母亲的乳房表征母亲。但是在孩子的幻想中，这些各式各样的客体成了个体的摧毁倾向与力比多倾向的主要对象，也是那被唤醒的知识欲望之对象，也就是母亲的身体内在。当他的施虐倾向增强，且在幻想中占据了母亲身体的内在时，母亲的身体部分成为客体的表征，同时也象征外在世界与现实。本来（孩子的）客体表征的是（母亲的）乳房，现在被对等为外在世界，因此她身体的内在更进一步表征客体以及外在世界，因为它已经成为一个包含更多样化客体的地方，这是焦虑的分布面更广泛的结果。

因此，孩子对母亲身体内在的施虐幻想，铺陈了他与外在世界和现实的关系之基础，而它所造成的攻击与焦虑则是其客体关系的基本因素，他的力比多也同时运作且影响其客体关系。他与客体的力比多关系以及现实的影响，中和了他对内在和外在敌人的害怕。他对仁慈及有帮助的人物之信念，使其真实客体更强烈地浮现，而其幻想中的意象则退居幕后，这一信念来自力比多的效能。[①]

超我形成与客体关系的互动（这一互动是建立在投射与内射之间的互动），深深影响孩子的发展。在早期阶段，他将所害怕的意象投射到外在世界，使世界变成一个危险的地方，其客体则成了敌人，同时对真实客体（对他有好感的客体）的内射，反向运作而减弱了对可怕意象的害怕程度。依此观点，则超我形成、客体关系以及对现实的适应，皆是个体的施虐冲动以及与客体的内射之间互动的结果。

① 参考我的论文《儿童游戏中的拟人化》（1929，《克莱茵全集 I》）。

第九章

强迫式精神官能症与超我早期阶段的关系

在前一章我们论述了有关个体早期焦虑情境的内涵及其影响，本章我们将继续检视个体的力比多，及其与真实客体的关系如何修饰这些焦虑情境。

口腔挫折使个体去寻求能满足他的新来源，[①] 其结果使小女孩背离（转离）母亲，而以父亲的阴茎作为口腔满足的早期客体，但同时性器倾向也已经出现。[②]

由于乳房与阴茎对等，小男孩也在口腔吸吮的位置发展出对父亲阴茎的正向关系。[③] 我认为在吸吮阶段，小男孩对父亲阴茎的口腔固着是使他产生真正同性恋的要素。[④] 一般而言，小男孩对父亲阴茎的固着，会因俄狄浦斯

---

① 葛罗夫在他的论文《论口腔性格形成》（1925）中，指出挫折是个体发展的刺激因素。

② 参考我的论文《早期分析的心理学原则》（1926）和《俄狄浦斯冲突的早期阶段》（1928）（两篇论文皆在《克莱茵全集 I》中）。

③ 侯海姆在他的论文《父亲死亡之后》（1923）中提到，通过吞食原始父亲的尸体，儿子便将其视为给予养育的母亲，借此他们将直到目前为止本来仅属于母亲的爱，也转移到父亲身上。他们对父亲的态度，也会开始产生正向因素（之前仅仅是负向的）。

④ 参考弗洛伊德的著作《达文西及其儿时回忆》（*Leonardo da Vinci and a Memory of his Childhood*，1910），在第十二章当我们讨论小男孩的性发展时，会更仔细地探讨这些发展历程。

倾向被唤醒，而产生恨及焦虑。[①] 若一切发展正常，则他对父亲阴茎的正向态度是与同性建立良好关系的基础，也对小男孩完成其异性恋发展有帮助。然而有时在某些情况下，小男孩对父亲阴茎的口腔吸吮关系会导致同性恋；对女孩而言，则常常是异性恋冲动以及俄狄浦斯冲突的先兆。当小女孩转向父亲时，她的力比多欲望有了新的目标；同样，小男孩通过转向母亲而再次视母亲为性器的爱之客体（genital love object），这时可以说性器期已经建立起来了。

在施虐特质高峰期的“早期发展阶段”（我如此称之），我发现，前性器期及性器期的所有阶段都会快速发展。继之而来的力比多，会借由对抗摧毁本能而巩固自己的位置。

由于生之本能与死之本能的两极化，我想我们可以将它们的互动视为心智动力历程的基本因素。在力比多倾向与摧毁倾向之间，存在一个无法解的套，这使力比多要比摧毁倾向来得有力。然而，被死之本能主导的恶性循环（亦即攻击导致焦虑，而焦虑反过来增强攻击），只有在力比多能量足够强壮时，才得以被粉碎。在早期发展阶段，生之本能必须全力以赴才得以对抗死之本能，这一过程刺激了性发展。

由于性器冲动长期潜藏着，因此我们无法清楚辨识各个不同发展阶段的变化及其重叠之处，这些阶段是摧毁冲动与力比多冲动之间冲突的结果。可以说我们所熟悉的发展阶段，不仅因为力比多在对抗摧毁本能的过程中赢得了一个位置，而且来自我们对这两种能量的日渐适应（因为这两种能量永远彼此联结与对立）。

分析最深的心智层次，使施虐特质不断涌现，我们本来对幼儿的这些特

① 以下是直接观察的例子，可以描绘这种由喜欢到不喜欢的改变历程。在断奶之后的几个月中，小男孩呈现出对鱼类食物的偏好，并且对鱼产生高度兴趣。在他 1 岁时，当母亲在杀鱼或在厨房准备鱼时，他常常会很明显地表现出对鱼的高度兴趣。不久之后，他发展出对鱼类食物的高度厌恶，这渐渐扩散到对于看见鱼的厌恶，然后发展出对鱼的恐惧症（惧鱼症）。许多早期分析显示，对鱼、蛇及蜥蜴的攻击，常常表征的是对父亲阴茎的攻击。我认为，这些分析经验帮助我们了解孩子的行为，看着母亲杀鱼，高度满足了他对父亲阴茎的施虐冲动，这也使他对父亲感到害怕，或更正确地说：对父亲的阴茎感到害怕。

质所知不多。我认为，儿童在早期发展阶段的施虐高峰期会通过一个阶段，亦即由口腔施虐特质（食人欲望）发展到肛门施虐特质，这个主张只是将一个已经建立起来且被接受的理论往前推而已。我们必须记住，那些食人倾向无法找到与其心理相称的表达，因为通常我们只能模糊地探测到孩子想摧毁其客体的冲动，我们所看到的都只是幻想的衍生物。

假设在儿童非常早期的发展阶段中，那些所引发的无节制的幻想从未曾达到意识层面，这一假设可以帮助我们解释一个现象，亦即儿童以非常薄弱的形式表达他们对施虐客体的真实冲动。此外，我们还必须记住“自我”在发展阶段的非常早期就已经在制造这些幻想，而且儿童与现实的关系尚未发展，且又受到其幻想生活的主导。另一个理由是儿童的身材及其力量的比例，和成人比起来是不同的。儿童也比较依赖生理因素，我们可以在儿童身上看到他们对无生命的东西以及小动物所呈现出来的强烈摧毁本能。那些看不见的性器冲动，已经全力在限制儿童的施虐特质，这可能是早期使儿童对外在客体的施虐特质得以减弱的原因。

我们可以在非常小的孩子身上，看见伴随与真实客体关系而来的、与非真实意象的关系，这些意象在不同层面上被经验为过分好或是过分坏。一般而言，这两种客体关系会永远彼此挂钩或影响（我之前描绘这个历程是超我形成与客体关系的互动）。然而在幼儿的心智中，真实客体以及想象中的客体仍然被远远隔离，这可能是使他不会对真实客体过于施虐并感到焦虑的原因之一（根据其幻想的特质，原本预期会有更多的施虐与焦虑）。

就我们所知，特别是如亚伯拉罕所指出的，儿童客体关系及其人格形成的本质，要看其主要固着点是在口腔吸吮阶段或口腔施虐阶段，根据我的看法，这一因素也是超我形成的决定因素。由于乳房对等于阴茎，[①] 因此对一位仁慈母亲的内射，也会影响一位友善的父亲意象的形成。超我的建构亦然，在口腔施虐冲动的影响下，口腔吸吮阶段的固着会妨碍由焦虑所诱发的认同。

① 亚伯拉罕在他的论文《力比多发展简论》（1924，p.490）中如此写道：“此外，有关被内射进去的身体部分，阴茎通常被对等于女性的乳房，而其他身体部分，例如手指、脚、头发、屁股及粪便，则可以被视为这两种器官的次级表征。”

当儿童的施虐倾向减弱时，来自超我之威胁的暴烈程度也随之减弱，自我的反应也会跟着改变。儿童对超我及其客体的过度害怕主导着最早期的发展阶段，也会促发激烈的反应。看起来似乎“自我”先企图借由“盲点化”①［scotomizing，何内·拉福格（Laforgue）的说法］，之后再以“排除”作为防御来对抗超我。我认为当自我企图欺骗超我，② 并闪躲超我对本我冲动的反对时，它已经开始认定超我的力量。当晚期肛门阶段出现时，自我更清楚地认识了那个力量，并想尽办法终止它。在认识超我力量的同时，自我也发现自己必须顺从于超我的要求。同时，自我进一步开始认识“内在精神现实”（intrapsychic reality），这有赖于自我对外在现实的认识，前者是后者的先决条件。③ 自我在早期阶段，主要在于排除本我，而在晚期肛门阶段则是压制（suppression）本能，或更正确地说，压抑本能。④

由于与超我及本我有关的恨被置换到客体上，因此对客体的恨在量上也减少了。⑤ 由于增强的力比多成分弱化了摧毁因素，针对客体而来的原始施虐倾向也随之被弱化了。当这些发生时，自我对于害怕被客体处罚的意识似乎更强了，对于严厉超我的顺服以及认识超我强制施加在它身上的禁制，也使自我更认识客体的力量。由于自我会将超我对等为客体，而使这一现象被强化了。这个对等是修饰焦虑的下一步，自我在焦虑被修饰之后，通过投射与置换机制，强化了它与外在现实的关系。自我现在企图通过满足外在客体和内化客体的要求来面对焦虑，同时引发“自我”保护客体的反应（亚伯拉

① 否认精神现实。——译注

② 亚历山大·弗兰兹（Alexander Franz，1891—1964）在他的书《人格分析》（*Psychoanalysis of the Total Personality*，1927）中指出，本我可说收买了超我，而且介于两者之间的“默契”，使本我得以从事被禁止的行为。

③ 费伦齐在他的论文《接受令人不愉快的意见之问题》（1926）中表示，对于外在现实的认识，伴随着对精神现实的认识。

④ 弗洛伊德在其著作《抑制、症状与焦虑》（1926）中说明：“尽管如此，我们必须考虑一个可能性，亦即压抑是一种历程，与力比多的性器组织有一种特殊的关系。而且当自我为了保护自己，必须对抗另一个组织层次的力比多时，它必须采用其他防御方式……”。（《弗洛伊德全集英文标准版》21 卷，p.125）

⑤ 这句话有点模糊，因此必须在字句的脉络中理解，换句话说，对客体的恨，由于本能的排除与压抑而被减弱了。

罕认为，这是晚期肛门阶段的反应）。这种对于客体的行为改变，可能以两种方式呈现：（一）个体可能转离客体，因为他视客体为危险之源而感到害怕，同时为了保护它免于被自己的施虐冲动伤害；（二）以非常正向的感觉朝向它。这种与客体的关系历程，是将母亲意象分裂成好意象与坏意象的结果。对于客体的爱恨两难，指出了客体关系的进一步发展，同时帮助修饰儿童对超我的害怕。这一害怕先被置换到外在客体，之后再借由"置换"防御机制，扩散到许多不同客体的身上，因此，某些人成了被攻击因而具威胁性的客体，另一些人（尤其是母亲）则成了仁慈及被保护的客体。

个体之所以能够愈来愈成功地克服焦虑，要归功于婴儿渐渐朝向性器阶段的发展。在性器期，婴儿内射进去比较友善的意象，而带动超我特质的改变。

当直到目前仍非常强烈的超我威胁被弱化到只剩下谴责与告诫时，则自我可以在正向关系中找到对抗它们的支持者。现在，个体可以使用修复机制以及对客体表示怜悯的反向作用来安慰超我。① 那些由客体以及外在世界所获得的爱与认识，皆被视为超我之赞同的证明。在此脉络下，分裂意象的机制是很重要的，自我远离那有威胁危险的客体，转向友善的客体，以此企图修复想象中所造成的伤害。升华的历程终于可以启动了，②③ 因为个体对于其客体的修复倾向，是其升华的基本动力，甚至包括非常早期的升华，例如想玩的冲动。修复倾向以及升华的先决条件，是来自超我的压力必须被舒缓，而且被自我感知为罪疚感。由于以性器冲动及客体关系为重心而引发的超我在质方面的改变，影响了超我与自我的关系，并催化了罪疚感。当罪疚感变

---

① 耶凯斯（Ludwig Jekels，1867—1954）在他的论文《同情心理学》（The Psychology of Pity，1930）中指出，当一个人对他的客体感到同情时，他对待这个客体就像他希望被自己的超我所对待一样。

② 参考我的论文《呈现在艺术工作中的婴儿期焦虑情境》（Infantile Anxiety-Situations Reflected in a Work of Art，1929）。

③ 艾尔拉·夏普曾经指出，在升华中孩子将他的内射父亲投射到外在客体，在这一客体身上，他满足了自己的施虐及修复倾向，同时也将他那魔术般的全能感联结到客体身上［参考她的论文《升华及妄想的一些面向》（Certain Aspects of Sublimations and Delusions），1930］。

得太强烈时，则自我会再次感知到焦虑。① 若这一思路正确的话，则那些缺乏社会感的人，包括罪犯和所谓“反社会”的人，并非因为缺乏超我，而是其超我的质与一般人非常不同。②

根据我的观点，在最早期的肛门阶段，儿童用防御来对抗那些在口腔施虐阶段中所内射进去的恐怖意象。排除超我被视为克服焦虑的一个步骤，然而这个步骤在这一阶段无法成功，因为需要被克服的焦虑仍然太强烈，而且通过暴力排放的方式，会持续引发新的焦虑。无法用此方式被舒缓的焦虑迫使孩子释放下一个力比多（晚期的肛门阶段），它因而成了促动发展的媒介。

我们知道成人的超我和客体不完全相等，它们在儿童期的任何阶段也都不是对等的，这是我一直尝试解说的。自我尽全力使真实客体及其意象成为可互换的，而使超我与自我有了差异，根据我的观点，这是发展的基本要素。③这一发展以如下方式呈现：由于性器阶段愈来愈主导，客体与超我之间的差异也愈来愈小，意象也愈来愈接近真实的客体。此外，属于早期发展阶段的幻想以及引发焦虑的意象会退居幕后，同时个体的心智平衡会变得更稳定，而使得早期焦虑情境的修饰更成功。④

当性器冲动渐渐变强时，自我对于本我的压抑也失去了其暴烈度，而使两者之间的了解变得可能。

因此，伴随性器期而来的较正向的客体关系，也可以被视为超我与自我以及自我与本我之间良好关系的征兆。

我们已经被告知，精神病的固着点发生在发展的最早期，而早期口腔阶段及晚期肛门阶段的界线，则是区分精神病及精神官能症的界线。我进一步认为，这些固着点或病症的根源，也是使儿童的早期生命备受干扰的原因。

---

① 参考琼斯对这一主题的贡献，《害怕、罪疚与恨》（1929）。

② 费尼切尔在他的论文《认同》（1926）中也持这个观点。

③ 这一因素对于自我发展以及与现实的关系之重要性，在第十章中会更详尽解释。

④ 这句话的口语翻译是：差别愈小时，被性器期所主导的意象会愈接近真实的客体，而那些属于早期发展阶段中被焦虑所引发的幻想意象，则愈退居幕后，个体的心理平衡也会愈稳定，而且早期的焦虑情境更能被完整地修饰。

在前一章[①]我们已经看到，在施虐特质高峰期所呈现出来的过分强烈的焦虑情境，是导致精神病的基本病源。但是我也发现，儿童通常可以在最早的发展阶段就度过具有精神病特质的焦虑情境。若因为外在或内在的理由，使这些早期情境被推到最高点，儿童则会有精神病的特征。若儿童被其所害怕的意象过度压迫，并且无法充分通过有帮助的意象以及其真实客体来对抗它们，则儿童会有精神病式困扰，[②]它和成人精神病极为类似，并且会在晚期发展成真正的精神病，或成为阻碍未来发展及严重病症的基础。

由于这些焦虑情境在每个孩子身上会一再被活化，并且达到一定强度，因此每个孩子都会周期性地呈现一些精神病的现象。孩子常常会过度兴奋或过度难过，这已经是抑郁的特质。孩子的难过及其严重度，由于出现的频率非常频繁，并且改变非常快速，因此常常被忽略。但是分析中的观察让我了解到，孩子的难过与抑郁虽然不会像大人的抑郁一样严重，但是它们来自同一根源，也可能伴随自杀念头。孩子所遭遇的各种意外及不小心受伤等，常常是一种自杀的企图，虽然他们所使用的方式不太有效。由现实退缩，对成人而言是精神病的征兆，但是对孩子而言，通常会被认为是正常现象。在孩子身上所出现的偏执特质不容易被观察到，因为它们与秘密和欺骗有关，这些本来都是偏执、妄想的特质。我们知道孩子常常感到被幻想中的人物追逐或围困。通过分析非常小的孩子，[③]我发现当他们独处时，特别是在晚上，他们常觉得身边围绕着各式各样的加害者，像是巫师、巫婆、魔鬼、幻想中的人物以及动物，而且他们的害怕常常具有偏执焦虑的特质。

婴儿期的精神官能症是各种精神病及精神官能症之特质和机制的混合，在成人身上，它们会以单一面貌出现，或是以比较单纯的形式出现。在这种复杂的样貌下，有时某种疾病会被强调。然而婴儿期精神官能症的样貌，

---

① 也参考我的论文《儿童游戏中的拟人化》（1929，《克莱茵全集 I》）。

② 读者可以回顾厄娜（第三章）、伊根（第四章）以及艾尔丝（第五章）的案例。

③ 孩子对于想象中好人物（比如仙女或圣诞老公公等）的信念，皆可帮助其隐藏并克服他对坏意象的惧怕。

通常会与许多不同病态以及用来对抗它们的防御机制同时运作，而完全被模糊掉。

弗洛伊德在他的著作《抑制、症状与焦虑》[①] 中，宣称到目前为止，婴儿期最早的恐惧症尚未被解释，而且，我们也还不清楚其与晚期出现在儿童身上确切的儿童精神官能症的关系是什么。根据我的经验，这些早期恐惧症中所面临的焦虑，来自超我形成的早期阶段。孩子最早的焦虑情境，大约在6个月大时出现，且因与日俱增的施虐特质而明显化，包括害怕外在以及内射进去的暴力（例如吞食、切割及阉割）客体，而这些害怕在这么早的阶段是无法被恰当修饰的。

根据我们的经验，孩子的饮食困难常常与他们最早期的焦虑情境有关，而这些焦虑具有偏执的特质。在食人期，孩子将每种食物对等于他们的客体，就像器官所表征的，特别是父亲的阴茎以及母亲的乳房，这些是被爱及被恨、同时也是被害怕的器官。液体食物被对等为牛奶、小便及精液，硬的食物则被对等为粪便及身体中的其他物质，因此，食物会引发他们害怕被下毒或是从里面被摧毁的焦虑。若孩子的早期焦虑情境强烈运作着，则他们会将以上与他们的内化客体及粪便进行联结。

婴儿期对于动物的害怕也是这类早期焦虑的表达。它来自对于可怕超我的排放，这是早期肛门阶段的特质。婴儿期对于动物的害怕是经由许多动作建构出来的历程，孩子通过修饰他对于恐怖超我及本我的害怕。第一个动作是排除超我与本我，并将它们投射到外在世界，以此超我被对等为真实的客体；第二个动作是我们所熟悉的——将对真实父亲的害怕置换到动物身上。在许多案例中，这样的动作通过修饰幻想中超我、本我与野蛮和危险动物的对等来完成，这种对等是早期自我发展阶段的特质。选择较不凶猛的野兽作为外在世界的焦虑客体，以取代凶猛的野兽。这个焦虑的动物不仅引发孩子对父亲的害怕，而且也常常会激发孩子对他的钦佩，这一现象是理想化形成

① 《弗洛伊德全集英文标准版》20卷，p.136。

的征兆。[①] 动物恐惧症是害怕超我的修饰，我们在此可以看到超我、客体关系及动物恐惧症三者之间的亲密关系。

弗洛伊德如此写道：[②] “在之前我提过，恐惧症的投射特质是以外在可看见的东西代替内在的‘本能危险’。其好处是个体可通过逃离它、避免看到它来保护自己免于经验外在的危险，然而无法逃离来自里面的危险。我这一说法并非不正确，但它无法深入表层底下的东西。因为其实‘本能要求’本身并不危险，只有当伴随真实的外在危险时，它才会被视为危险的——指阉割的危险情境。因此恐惧症的最后一个手段，是借由一个外在危险来取代另一个危险。”但是我大胆认为，恐惧症的根源是内在的危险，个体所害怕的是他自己的摧毁本能以及他所内射进去的父母。在同一阶段里，当弗洛伊德描述代替物的好处时，[③] 他说：“与恐惧症有关的焦虑是有条件的，只有当它所害怕的客体被知觉到时，危险情境才会出现。个体不需要害怕被一位不在的父亲所阉割，但另一方面，他又无法将自己的父亲抛诸脑后，他会随时出现。但是若父亲被动物代替的话，我们只要避免看到它、远离它，就可使自己免于危险与焦虑。”

若自我通过动物恐惧症，不仅将一个外在客体置换到另一个客体身上，而且也将更害怕的客体（因为是内化进去的，所以无路可逃）投射到另一个较不害怕的客体身上，则个体会获益更大。由下文我们得知，阉割焦虑不止是一种扭曲：“被马咬（被狼吞掉）代替了被父亲阉割”，而且也是对“吞并超我”（devouring super-ego）的早期焦虑，这是动物恐惧症的根源。

为了描述以上论点，让我们一起看看两个著名的动物恐惧症案例——小

---

① 亚伯拉罕所告诉我的故事是一个好例子：他描绘一个孩子对动物的恨，可能已经隐含害怕被该动物责备的意思。他将一本图画书给他不到 1 岁半的亲戚家的小男孩，指着图画书并念书中的故事给他听。其中有一幅图画是一只猪妈妈正在劝告它的孩子要保持干净，这些文字和照片显然让小男孩不高兴了，因为他迫不及待要翻到下一页。当亚伯拉罕又回到这一页时，小男孩便不想再看图画了。亚伯拉罕因此理解到，虽然小男孩非常喜欢看图画书，然而他无法忍受图画中的猪。在告诉我这个故事时，亚伯拉罕说：“他的超我在那个时候可能是一只猪。”

② 参考《抑制、症状与焦虑》（1926，p.126）。

③ 同上，p.125。

汉斯以及狼人。弗洛伊德指出，[①] 虽然这两个恐惧症有其相似之处，但也有很多不同的地方。有关不同之处，我们可以观察到小汉斯的恐惧症具有许多正向特质。首先，令他感到焦虑的动物本身并非令人害怕的动物，而且他对它也呈现出相当程度的友善，例如在恐惧症发作之前，他会跟父亲和马一起玩，他与父母以及环境的关系整体而言是好的，而且他的整体发展显示他已经成功跨越了肛门施虐阶段，并且已经进入性器阶段。他的动物恐惧症只呈现出一些属于早期阶段焦虑的痕迹，在该阶段，超我被对等为野蛮及令人害怕的动物，而且孩子对这一客体的害怕是非常强烈的。整体而言，他似乎已经令人满意地克服并修饰了早期焦虑。弗洛伊德如此描述小汉斯："'小汉斯'本来似乎已经是个正常的小男孩，而且已经拥有了'正向'俄狄浦斯情结。"因此，他的婴儿期精神官能症可以说非常微弱，甚至是"正常的"。据我们所知，他的焦虑在很短的分析之后就已经完全消失了。

而狼人，一个 4 岁小男孩的精神官能症，则呈现出非常不同的面貌。这个孩子的发展不能说是正常的，弗洛伊德这样描述他："……他对女性客体的态度，因为早期的诱惑经验而被干扰了，并且已经呈现出强烈的消极女性特质。狼之梦的分析，呈现出他对父亲极微弱的企图性攻击，但是，无疑这证实他压抑了对父亲消极、温柔的态度，还有一些其他因素也可能正在运作着，却不那么明显。"[②] 狼人的分析"显示怕被父亲吞掉的想法，以退化的方式呈现出来，亦即有一种被动消极的温柔冲动，渴望以性器兴奋的方式被父亲所爱"。[③]

根据我们之前的讨论，这种看法不止表达一种因受到压抑而退化的被动温柔渴望，更重要的是，这也是一个早期发展阶段所遗留下来的现象。[④] 如

---

① 同上，p.107。

② 同上。

③ 同上，p.105。

④ 不管从理论或治疗观点来看，我们必须了解儿童精神官能症发作时，孩子感到被吞噬的想法是否只是情感贯注的退化，或已经附带着晚期被修饰过的原始活动，因为我们所关心的不只是想法的内容，还包括附着在内容上的焦虑。直到我们认识到这种焦虑会造成精神官能症，也是精神病特有的，我们才能在质和量的面向上完全了解这种焦虑。

果我们视小男孩担心被狼吞噬的害怕不仅是怕被父亲阉割的曲解和代替物，而且（根据我的看法）也是一种原始焦虑，这种原始焦虑以原始的形式持续着（晚期则以修饰的形式），那么我们可以说，在小男孩的心智中已经运作着对父亲的害怕，而这决定性地影响了他的偏差发展历程。在施虐特质高峰期，小男孩由于口腔施虐本能而渴望内射父亲的阴茎，这种强烈的口腔施虐敌意冲动使孩子害怕一个危险的、会吞噬他的动物，之后再将它与父亲的阴茎对等。他对父亲的害怕可以成功被克服与修饰的程度，部分依赖于其摧毁倾向的强度。狼人并未克服其早期焦虑，他对狼的害怕（代表他对父亲的害怕）显示他后来将父亲的影像视为一只会吃人的狼。因为根据我们的了解，晚期他在父亲意象中重新发现了这只狼，而且他的整个发展都被这种强烈的害怕所掌控。① 根据我的观点，这种对父亲的强烈害怕是造成反向俄狄浦斯情结的基本因素。通过分析许多 4 到 5 岁之间、非常神经质的小男孩（这些小男孩均有偏执特质，② 而且被反向俄狄浦斯情结主导），我愈来愈确信他们在发展历程中，都强烈地被对父亲的过分焦虑所掌控，这些焦虑在心智的最深处仍然活跃地运作着，它们由于对父亲的强烈原始攻击冲动而被引发。

来自直接俄狄浦斯情境的挣扎，在幻想中无法与这种危险的、食人的父亲对比，因此异性恋位置必须被放弃。我认为这些焦虑情境，是导致狼人对父亲产生消极态度的主要因素，而姐妹对他的诱惑，只是强化并肯定了他由于害怕父亲而产生的态度而已。我们经由案例得知“自从做了狼人的梦之后，小男孩变得很捣蛋，会欺负和虐待人”，之后分析发现他很快发展出一种很严重的强迫式精神官能症。这些事实似乎支持我的观点，也就是即使他仍然有惧狼症，他以行动防止自己的攻击倾向跑出来。③ 小汉斯以恐惧症作为防御来对抗攻击冲动是显而易见的，而狼人则深深隐藏起这种冲动。我认为可

① 参考布伦斯威克（Ruth Mack-Brunswick，1897—1946）的论文《对弗洛伊德<一例婴儿期精神官能症之案例>的补充》（A Supplement to Freud's "History of an Infantile Neurosis"，1928）。

② 我对成人的分析与这些发现一致。

③ 在以上所引用的最后一段话中，弗洛伊德似乎开放地认为，一种用来对抗施虐冲动的防御，可能已经在狼人的病症结构中扮演某种角色，虽然并非是外显的。

以借此事实，解释狼人以更病态的方式来面对他里面更大的焦虑或原始施虐特质。小汉斯的神经质并未显示出强迫症的特质，而狼人却很快发展出一种正规的强迫式精神官能症，这一现象也与我的观点吻合，亦即如果强烈的强迫症面貌太早出现在婴儿期的神经质中，则我们可以推论一个非常严重的干扰已经在运作着。①

以上推论来自我对小男孩的分析，这些分析帮助我追溯他们的病态发展是来自过分强烈的施虐特质，或者可以说是没有被成功修饰的施虐特质，使他们在非常早的生命阶段中拥有太多的焦虑，而导致孩子强烈地排除现实，进而造成严重的强迫及偏执特质。力比多冲动的增强以及小男孩身上具有的同性恋要素，被用来抵挡或修饰他们对父亲的害怕，这些害怕在很小的时候已经被激发出来。我认为这种处理焦虑的方式是偏执同性恋的基本病源，②③事实上，狼人后来发展出偏执幻想的事实也支持了我的观点。④

在《自我与本我》（1923）⑤ 中，当弗洛伊德论及偏执妄想症之爱的关系时，他似乎支持我的思路。他说："然而通过分析偏执妄想者的改变历程，我们得知还有另一种可能的机制：一种爱恨交织的态度从一开始就存在着，变化（transformation）因情感贯注的置换而产生，能量从爱欲冲动中退缩，加入了敌意的冲动。"

我相信我可以在狼人的恐惧之中，清楚指出属于最早阶段那些未被修饰的焦虑。与小汉斯比起来，狼人的客体关系也较不成功：他那尚未建立的性器期，以及太过强烈的肛门施虐冲动的影响，很显著地呈现在那很快出现的严重强迫式精神官能症中。小汉斯似乎较能将他那具威胁及令人害怕的超我

---

① 参考第六章有关这一点的论述。

② 在第三章，当我讨论一名具有偏执特质的案例时，我尝试对女性同性恋的根源提出类似的理论，读者可能还记得我分析伊根时所提出的概念（参考第四章）。我在第十二章会再回来讨论这个主题。

③ 侯海姆也提出相同的结论（参考他的论文《弗洛伊德群体心理学和自我分析中的团体心理学》（Das Völkerpsychologische in Freud's Massenpsychologie und Ich analyse，1922）。

④ 参考布伦斯威克。

⑤《弗洛伊德全集英文标准版》19 卷，pp.43-44。

修饰为一个比较不危险的意象，而且克服了他的施虐特质与焦虑。他在这方面的成功，呈现在他与双亲正向的客体关系、他主动的异性恋态度，以及他成功地进入性器期的发展之中。

让我摘要我对恐惧症发展的发现：早期焦虑情境的焦虑显示在婴儿对乳房的害怕；婴儿期对动物的害怕始于早期肛门阶段，它会持续扩散到对客体的害怕；在晚期肛门阶段甚至性器阶段，这些引发焦虑的客体会被大幅度修饰。

我相信，恐惧症修饰的历程与那些在晚期肛门阶段所开始的防御机制有关，这些机制是强迫式精神官能症的基础。我认为，强迫式精神官能症是为了疗愈早期阶段的精神病情境的一种企图，① 而且在婴儿期的精神官能症中，强迫式机制以及那些属于之前发展阶段的一些机制都已经在运作。

乍看之下，我所强调的强迫精神官能症的一些要素，对于临床上婴儿期精神官能症的影响似乎与弗洛伊德所言有所差异，特别是有关强迫式精神官能症的发病点。尽管如此，我相信这个异议可由一个基本点来理解，虽然我说过根据我的发现，强迫式精神官能症的根源来自儿童早期，但是强迫式特质要整合为一个有组织的物体，成为我们所谓的强迫式精神官能症，则要直到儿童晚期才会出现，亦即要到潜伏期开始时才会出现。大家所接受的理论是，肛门施虐阶段的固着直到晚期才能通过退化而成为强迫式精神官能症的要素。我认为，强迫式精神官能症的起点（亦即孩子发展出强迫式症状以及强迫式机制的刹那），是在孩子的生命被晚期肛门阶段所掌控之时。这种早期的强迫问题与晚期完全建立起来的强迫式精神官能症有一些不同的面貌，这是可以被理解的，因为要直到晚期（在潜伏期时），那比较成熟的自我由于与现实关系的改变，才能将在儿童早期已经很活跃的强迫式面貌精细化与整合。② 幼儿的强迫式特质常不易被探知的另一个理由，是因为它们常常伴

① 强迫式精神官能症，是自我为了克服早期婴儿期的精神病式焦虑，而采用的一种疗愈方式的企图，另一种方式会在第十二章中讨论。

② 我会在第十章中更巨细靡遗地讨论这些改变，在该章中，我尝试指出潜伏期的孩子以强迫式精神官能症来满足自我、超我以及本我的要求。而在儿童早期，当自我尚未成熟时，则无法以这种方式来面对焦虑。

随着那些尚未被克服的早期病态，以及各种其他防御机制。

尽管如此，我还是想提出，[①] 幼儿常常会表现出一些特定的强迫特质，而且已经有婴儿期的精神官能症是被真正的强迫式精神官能症主导。[②] 根据我的经验，当早期焦虑情境太强烈且未被充分修饰，则会发生此现象，它会导致非常严重的强迫式精神官能症。

我希望已经通过区分强迫式特质的早期根源，以及晚期的强迫式精神官能症，表达清楚我对强迫式精神官能症起源的说法，与被接受的理论是一致的。在《抑制、症状与焦虑》中，弗洛伊德如此说："强迫式精神官能症的起源……是为了……防御俄狄浦斯情结的力比多要求。"他继续说："力比多的性器组织太脆弱，且无力抗拒。因此当自我开始防御时，它所做的第一件事是将性器期的性器组织全部或部分往后推到早期的施虐肛门阶段，这种退化是晚期所有发展的决定性因素。"若我们将退化视为不同于力比多位置的摆荡，根据我的看法，这种摆荡是早期发展的特质。在退化中，那已经形成的性器位置再三被抛弃，直到它好好地被强化且建立起来。而且假设正如我所主张的，俄狄浦斯情境始于非常早的阶段，则我这里所谈论的有关强迫式精神官能症的起源，则与之前我所引用的弗洛伊德之观点没有抵触。我的论文也支持了弗洛伊德刚才提出的试探性建议，他如此写道："也许退化并非气质因素，而是时间因素的结果。退化成为可能，也许并非因力比多的性器组织太脆弱，而是因为'自我'太早开始对立——在施虐阶段的高峰期就开始对立。"对于这个想法，他持续说："我尚未准备好针对这一点表达特定的意见，但是我可以说分析情境的观察并不支持这个假设，相反地，分析情境显示在强迫式精神官能症开始时，个体也已经进入了性器期。此外，这

① 参见第六章。

② 也可以参考莉塔的案例（参考第三章），她 2 岁 9 个月时来接受分析。当时她已有许多显著的强迫症状，其中最主要的是很复杂的床边礼仪，以及过分喜爱次序及清洁，后者也呈现在许多习惯上。这些习惯为期已久且影响她的整个人格，例如她在床边的礼仪在 2 岁时已经开始，而且持续稳定地发展。厄娜（第三章）在 6 岁时来见我，她的某些强迫症状可以回溯到满 2 岁时。这些案例严重的早期精神官能症，和成人强迫式精神官能症有许多相似的地方。

种精神官能症的发作期，和歇斯底里症比较起来，属于生命中较晚的时期，在儿童的第二阶段，进入潜伏期之后。”① 假设正如我所主张的：强迫式精神官能症的起源来自儿童期的第一个阶段，但是要直到潜伏期开始时，才会呈现出适当的强迫式精神官能症，则这些对立就消失了。

我的论点是强迫式机制在儿童早期，亦即第二年时就具有活动力。我认为，超我在儿童生命最早的阶段就已经形成，它首先被自我感知为焦虑，然后在早期肛门施虐阶段渐渐结束时，被感知为罪疚感，这一论点曾经与我们所熟悉的理论有所出入。在本书第一部分我已经提供这一理论所建基的实证素材，现在我想以理论来支持它。我们再回到弗洛伊德：② “在强迫式精神官能症中，所有晚期症状形成的主要原因，显然是源于自我对超我的害怕。”我主张强迫式精神官能症是用来修饰早期焦虑情境的工具，而且在强迫式精神官能症中的严厉超我，只不过是属于儿童早期发展阶段中那没有被修饰且令人害怕的超我而已，我想这个主张帮助我们了解为什么超我在这些精神官能症身上如此严厉。

我发现孩子那与尿道及肛门施虐倾向挂钩的罪疚感，来自施虐特质高峰期在幻想中对母亲身体的攻击。③ 在早期分析中我们得知，孩子害怕“坏母亲”会命令他归还从母亲那里偷来的粪便和孩子，因此要求他整洁、干净的真实母亲（或保姆）会立刻变成一个可怕的人，他们在孩子恐怖的想象中，不仅坚持要他放弃自己的粪便，而且企图用暴力把粪便从他身体里面挖出来。另一个更令人无法招架的害怕根源，来自他所内射进去的意象，由于那些针对外在客体而来的摧毁幻想，使他期待对等残暴的攻击会发生在他体内。

---

① 《抑制、症状与焦虑》（1926，pp.113-114）。

② 同上，p.128。

③ 普遍认可的观点是：在性器期所引发的罪疚感与如厕训练时的退化有关，这种观点没有考虑到罪疚感的严重度，以及它们与前性器现象的紧密关系。这些早期训练对成人未来发展的持久影响（我们在分析成人时再三看到这个现象）指出，早期训练与深度罪疚感之间存在直接而深入的关联。费伦奇在他的论文《性习惯的精神分析》（Psycho-Analysis of Sexual Habits，1925）中，指出以上两者有极直接的关联，而且可能有一种与超我有关的生理导因，他称此为“括约肌道德”（sphincter morality）。

在这个阶段，由于孩子将排泄物与危险、有毒、会焚烧的物质以及每一种防御武器对等，因此害怕自己的排泄物，并认为它会摧毁自己的身体。这种将排泄物与摧毁物质对等，并幻想它们会被用来攻击自己的施虐想象，进一步使孩子害怕外在及内在客体会以相同的方式反攻，因此对排泄物和脏乱感到害怕。根据我的经验，这些焦虑之源，由于其多样化使孩子无法招架，也是使孩子在如厕训练时感到非常焦虑与罪疚的原因。

孩子对于厌恶、秩序以及清洁的反向作用，皆来自焦虑。它们有许多不同的根源，这些根源皆来自最早期的危险情境。当进入第二肛门阶段时，孩子与客体的关系已经发展出来了，我们知道，他怜悯的反向作用也随之浮现。此外，如同我之前所强调的，对客体的满足也是使孩子感到安全的保障，他以此对抗来自里面与外面的摧毁，而对客体的修复，则是使自己身体保持完整的必要条件。①

根据我的看法，来自早期危险情境的焦虑，与强迫症的起源及其症状有紧密关系。它与各种受伤行为以及对于身体内在的摧毁行为有关，因此身体的内在必须被修复。但是我们无法得知内在的状况，不管是自己的或是客体的，因此孩子无法确定他对于内在受伤与被攻击的害怕是否有根据，也无法得知他是否已经成功地通过强迫式行为让它们变好了。这些不确定感强化了孩子的焦虑，加上他无法对于幻想中的摧毁有具体的知识，这些都使孩子强迫地渴望寻求知识。孩子尝试克服其焦虑，但由于想象的本质，使孩子变得吹毛求疵，例如太强调现实和过分精准等。来自不确定感的质疑② 不仅使孩子产生强迫式人格，而且会使孩子太强调精准、次序、遵守特定的规矩及仪式等。

---

① 反向作用以及罪疚感在自我发展非常早期的时候已经开始（最早可以在儿童进入2岁时）。亚伯拉罕在他的一两篇论文的片段中支持这个观点，在《力比多发展简论》（1924）中，他说："在具有食人性目标的自恋阶段，我们可以看到本能抑制以病态的焦虑形式出现。克服这种食人冲动的历程与罪疚感紧紧挂钩，以属于第三阶段的典型抑制现象呈现出来。"（p.496）

② 弗洛伊德在他的论文《强迫式精神官能症案例评注》（Notes upon a Case of Obsessional Neurosis，1909，p.243）中指出："强迫行为另一方面是为了弥补疑虑，也是为了修正那无法容忍的抑制情境，因为疑虑是抑制的证据。"

强迫式人格的另一个重要因素来自各种不同根源的、强烈的、多样化的焦虑，它与最早期的危险情境有关。这些强烈及多样化的焦虑，以同等强烈的冲动启动防御机制，它使孩子以强迫方式清理及整理那些弄脏的、破碎的或是被弄乱的东西。他必须依据其施虐幻想及其幻想的内容，以各种方式将那些被破坏的东西重建并美化。

强迫式精神官能病患会通过各种投射压迫别人，首先他视这些客体如同自己的本我或超我，并借由将高压式的要求置换到外面，试图将那些无法被容忍以及让他遭受痛苦的强迫症丢到外面。由此他不经意地通过折磨及镇压其客体，满足了他的原始施虐特质。此外，他将害怕被内射进去的客体摧毁或攻击的焦虑转移到外在客体身上，这一焦虑激起他想控制并主导其意象的强迫症，因此那从未被满足的强迫症转为对抗外在客体。

强迫症活动的等级、强度和神经质的严重度，与最早期危险情境所引发的焦虑程度与特质是相等的。若这一说法正确的话，则我们更能了解偏执症状与较严重的强迫式精神官能症之间的亲密关系。根据亚伯拉罕的说法，偏执患者的力比多会退化到两个肛门施虐阶段之前。根据我的发现，我想进一步说，在早期肛门施虐阶段，若个体的早期焦虑情境强烈地运作着，则他实际上经过了一个基本偏执状态，它通常在下一个阶段（第二个肛门施虐阶段）会被克服。而且其强迫症状的严重度，则依发生在强迫症状之前的偏执病态的严重程度而定。若其强迫症机制无法恰当地克服那些偏执问题，则潜藏在它底下的偏执特质会常常浮现出来，或是出现有规律的偏执症状。

我们知道压抑强迫式行为会引发焦虑，因此强迫式行为的目的在于控制焦虑。若我们假设这些被克服的焦虑属于最早期的焦虑情境，而且它们在孩子害怕自己的身体及其客体被各种方式摧毁时达到高峰，这个信念帮助我们更能了解许多强迫症行为的深层意义。例如当我们更清楚了解焦虑以及罪疚感的本质（潜藏其下的是肛门式的东西互换），则我们更能理解强迫式收集与丢弃东西的症状。

在游戏分析中，我们发现孩子以非常不同的方式呈现强迫式取得和给予，并且伴随焦虑与罪疚感，这是对之前盗取和摧毁行为的表征之反应。例如，孩子会将游戏箱里所有或是部分的东西移到另一个游戏箱，并且小心翼翼地将它们安置在新的游戏箱里，而且以非常焦虑的态度保存它们。若东西够大的话，则会一个一个细数它们。这些东西是多样化的，包括烧过的火柴（孩子总觉得无法清除它们所留下来的灰）、不同形状的纸、铅笔、盖房子的砖头以及片段的线头……它们表征着孩子已经从母亲身体里面取走所有东西，也就是父亲的阴茎、孩子、粪便、尿以及牛奶等。他们会以同样的方式写黑板、将叶子撕成碎片，然后再小心翼翼地将它们保存在其他地方。

我们常常看到由于其焦虑的升高，孩子不仅归还他象征式地由母亲身体取走的东西，而且他那强迫式的给予（更确切地说是归还）并无法真正满足他。他持续被迫用各种方式，补充或追加他所归还的，借此他的原始施虐倾向持续突破那反动的部分。

5 岁的小病人约翰（John）是一名非常神经质的孩子，在分析中他发展出一种数数躁狂症（counting mania），此症状对那个年龄层而言是非常正常的，因此当时并不易被觉察。在分析中他常常会将玩具人摆在一张纸上，然后在将它们移到另一张纸之前，他会小心翼翼地替每个玩具人的位置做记号。这不仅是为了想知道它们之前的确实位置在哪里，也是为了能够将它们再摆回同样的位置。他也会再三地数它们，为了确定他由母亲身体里面所取走的而且必须归还的那些东西的数目（即粪便、父亲的阴茎和孩子）。当他在做这些事时，他会说我是“笨蛋”“捣蛋鬼”，并说：“一个人无法由十个之中取走十三个或两个之中取走七个。”害怕必须给出比他们拥有的更多，是孩子的典型反应，这一现象也可以通过他们区分大人与孩子在尺寸上的不同，以及他们罪疚感的强度来解释。他们觉得无法用自己的小身体归还从母亲身体里面所取走的东西，因为母亲的身体与自己比起来是如此庞大，而且强烈的罪疚感，使他们持续埋怨自己盗走并摧毁了母亲或双亲的东西，这强化了他们认为永远无法还给父母足够多东西的感觉。在非常小的时候他们所感觉到的“无知”（not knowing）大大增加了他们的焦虑。我之后会再谈论这个主题。

孩子常常在玩“归还”（giving back）的游戏时，会因想去厕所大便而终止。

另一名小病人也是5岁的男孩，在他接受分析时，有时会需要到厕所四五次。当他从厕所回来时，会非常强迫地数数，并且会数到一个非常大的数目，这是他为了说服自己：他拥有足够的东西来归还他所盗取的。在此观点下，我们认为肛门施虐特质发展成占有，似乎仅是为了累积本身的快乐，这一点必须用另一个方式来了解。成人的分析亦告诉我们，为了意外而存有大笔钱财在手中，其实只是为了安全感——把自己防御起来，对抗来自他们所盗窃的母亲之攻击（这个母亲其实早就不在人间），并渴望可以还给母亲他们所盗取的东西。但另一方面，由于害怕自己身体的内在会被挖空，而迫使他们持续累积更多的钱财，为了给自己留一条后路。例如，约翰和我都同意他因为害怕无法还给母亲他所盗取的大便和孩子，而使他持续把东西切成碎片并盗走它们，之后再用另一个理由解释为什么他无法储存他所拿取的东西。他说他的大便已经溶化了，而且他一直在排放它们，甚至就算他持续制造它们，总还觉得不够，再说他也不知道它是否“足够好”。所谓的“足够好”，他指的是和他从母亲身体里面所盗取的东西有一样的价值（因此，他非常小心翼翼选择用来表征修复之玩具的形态及颜色）。然而，更深的意义是：它是无害的[①]而且是没有毒的。[②]他的便秘一方面是因为他必须储藏自己的粪便，将它保留在里面，自己才不会变成空洞。这些许许多多的冲突（我只指出一两个）在他里面引发极度严重的焦虑，每次当他因无法制造正确的东西或给予足够的东西，或无法修复他所摧毁、破坏的东西而增强他的焦虑时，他的原始摧毁倾向则会再次使劲突围而出。当他呈现反动倾向时，则会将他之前所做的东西撕掉、切成碎片或是烧掉——那些他黏起来并填满东西的盒子（表征他的母亲），以及他画过画的纸张（可能是一个城市的蓝图），这时他的摧毁欲望是贪得无厌的。同时，孩子尿尿以及排便的原始摧毁意义变得更明显，撕裂、切碎及燃烧纸张、用水将东西弄湿、用灰把它们弄脏或是用铅笔乱涂等会轮替出现，以上这些动作都是为了相同的摧毁目的。弄湿以及弄脏

① 德文是“nicht beschädigend”（没有伤害性的）。参考以下批注。

② 琼斯在他的论文《害怕、罪疚与恨》（1929）中指出：“天真”指“未伤害”，因此天真无邪指的是没有伤害。

表示尿湿、溺水或下毒，例如弄湿的纸张被揉成球，表征的是有毒的火箭，因为它混合了尿与大便。这些细节清楚地显示出尿尿和大便的施虐意义是使孩子感到罪疚的最深原因，而且是这种罪疚感使孩子有修复的冲动，这些冲动表现在其强迫式机制里。

焦虑的增强会迫使人退化到使用早期阶段的防御机制，这个事实显示，那些属于较早发展阶段的超我之强大影响力有多重要。这些来自早期的超我增强了孩子的施虐固着，致使孩子必须再三以强迫的方式重复原来的摧毁行为。他害怕无法再将事情弄好，这更进一步引发了被客体报复的焦虑，这个客体在他的幻想中被他杀了，而且会不断跑回来找他。这一切使孩子不得不使用那些属于较早阶段的防御机制，因为那些无法被安抚及满足的客体必须被推到一边。孩子脆弱的自我无法与如此无理、暴力的超我妥协，因此除非发展到更高阶段，他的焦虑会被感知为罪疚感，并启动强迫式防御机制。我们很惊讶地发现在分析的这个时期，由于焦虑所造成的强烈压力，使孩子不止服从他的施虐幻想，而且以“控制”焦虑为最大的喜悦。

当孩子的焦虑节节升高，他需要一些手段来面对来自超我和客体的威胁，这一需求胜过了想占有的欲望，孩子因此渴望能归还他所占有的。但是，若其焦虑与冲突太强烈的话，则无法满足这个欲望。因此我们看到非常神经质的孩子，他们受困于一种为了归还而拿取的持续强迫行为中（我们可以注意到这种心理因素，与所有我们遇到的排便功能失调以及许多生理病症有关）。相反地，当焦虑的暴烈性减弱时，其反动倾向也会失去其暴烈和强迫特质，这一反动倾向会变得较稳定，它们也会以更温和及持续的方式发挥效益，也较不会受摧毁倾向所干扰。现在孩子愈来愈强烈地感受到，对自己的修复依赖对其客体的修复。事实上他的摧毁倾向并非不再运作，而是失去了其暴烈度，并且愈来愈能适应超我的要求。有关强迫式精神官能症两阶段动作的第二部分（反向作用），也含有摧毁的因素，这些愈来愈被超我和自我所引导，同时可以自由追求它们（超我与自我）所许可的目标。

我们知道，强迫式行为与“全能思考”（omnipotence of thoughts）之间有很紧密的关系，弗洛伊德曾经指出，[①] 原始部落的原初强迫行为具有魔术般的特质，他说："它们若非具有魔力，则具有对抗魔力的特质。它们被用来抵挡预期中的灾难，这个灾难常常是造成神经质的原因。"之后，他又说：[②]"强迫式精神官能症的保护因子，也是具有魔力的。尽管如此，我仍然可能描述强迫式行为的发展历程，我们可以看见症状出现时，他们尽可能地远离任何与性有关的东西（以魔术般的防御来对抗坏的欲望），以及他们如何以被禁止的性行为和最激进的魔法作为代替物，来结束其强迫式行为。"由此观点我们可以看见，强迫式行为是反魔力及坏欲望的（指死的欲望），[③] 但同时也是一种对抗性行为的盾牌。

我们可以期待以上这三种联合在同一防御行动中的因素，也会出现在引发罪疚的幻想与行为中，而使防御行为出现。我想这种混合魔力、不好的欲望以及性活动的现象，可以在婴儿的自慰活动中被探测到，这一情境我在前一章已经巨细靡遗地描绘了。

我在前一章指出，在俄狄浦斯冲突及其伴随而来的施虐、自慰幻想发生时的发展阶段，孩子将注意力放在父母的性交中，并专注于对他们的施虐攻击，这因而成了孩子罪疚感的最深来源。我得到以下结论：那些针对父母而来的摧毁冲动所导致的罪疚感，使孩子认为自慰和性行为是邪恶且被禁止的，因此罪疚感的根源是孩子的摧毁本能，而非其力比多和乱伦欲望。[④]

根据我的观点，俄狄浦斯冲突的开始阶段，及其伴随而来的施虐自慰幻

① 《图腾与禁忌》（1913，p.87）。

② 同上，pp.87-88。

③ 论及强迫式精神官能症时，弗洛伊德在《图腾与禁忌》一书中这么说："尽管如此，他的罪疚感是合理的，因为一些强烈而频繁的死亡欲望，一直在对抗着那些潜意识中在他里面运作的东西。"（p.87）。

④ 在第一章中我已经指出我对这个主题的观点，这与弗洛伊德在《文明及其不满》（1930）一书中所得出的结论一致。他在该书中说："到头来只有攻击通过压抑被转化为罪疚感，并形成超我，我确信如果精神分析关于罪疚感来源的发现局限在攻击本能的话，则许多历程会变得更简单、明了。"（p.138）。之后他又说："现在我们似乎可以做以下假设：当本能倾向被压抑时，其力比多因素被转化为症状，而其攻击部分则被转化为罪疚感。"（p.139）。

想的发生阶段是自恋期。引用弗洛伊德的话，① 在这一时期个体“……高估了（他自己的精神活动），以致对于精神活动过分高估”。这一时期的特征是，孩子对其膀胱以及粪便功能的全能感，导致全能思考的信念。② 其结果是孩子由于幻想中对其父母的各种攻击而感到罪疚，我认为这种对自己的排泄物与思考的全能信念所造成的过度罪疚感，是使精神官能症者及原始部落留在或退化到原始全能感的原因之一。当他们的罪疚感启动强迫行为作为防御时，他们将会以全能感作为修复目的，但是，这种全能感现在必须以强迫及夸大的方式维持下来，因为修复如同原来的摧毁一样，皆建基于“全能感”。

弗洛伊德曾经说过：③ “我们很难判断强迫式精神官能症所表现出来的强迫行为或保护行为，是否来自相同的法则（或是相反的法则）。它们通过被置换到非常小甚至非常琐碎的事件上，而被扭曲了。”早期分析证实，修复机制在质和量以及每个细节上很接近这个相似率（或相对率）。若孩子的施虐幻想具有非常强烈的原始全能感，则他对其用来修复的创意全能信念也会非常强烈。儿童与成人的分析非常清楚地显示，这一因素在增进或抑制摧毁及反动行为上扮演了重要的角色。个体对于修复能力的全能感与对于摧毁能力的全能感绝不是相同的，我们必须记住，个体的反向行为在自我发展阶段和客体关系阶段才会出现，我们假设在这一阶段个体与现实的关系是更成熟的。因此，当这被夸大的全能感是修复的必要条件时，则他的修复信念从一开始就被干扰了。④

在一些分析中，我发现与摧毁有关的全能感，以及与修复有关的全能感之间的不一致所造成的抑制，被一种特定因素所增强。若病人的原始施虐特质和全能感过分强烈，其反动倾向也会随之变得有力。因此，他的修复倾向

---

① 《图腾与禁忌》，p.89。

② 费伦齐在他的论文《现实感的发展阶段》（1913）中提醒我们，肛门功能、文字以及动作全能感之间的相关。也可参考亚伯拉罕的论文《梦与精神官能症中排泄历程的自恋式评价》（The Narcissistic Evaluation of Excretory Processes in Dreams and Neurosis，1920）。

③ 《图腾与禁忌》，p.87。

④ 瑟尔在讨论这一主题时指出，由于在早期经验中，孩子发现打破东西比将它们复原更容导致修复冲动被阻碍。我想这些经验的证据，使他们更怀疑自己的创造力。

也会建基在过分夸大的自大幻想中。在孩子的幻想中，摧毁力所造成的施虐、破坏是如此巨大，以致其修复力也必须具有惊天动地的规模。这本身对于其建构倾向（constructive trends）的完成已经造成伤害（尽管如此，我必须指出我的两名病患确实拥有不寻常的艺术才华与创意），但是这个障碍被以下因素再次强化。随着这些自大幻想，孩子也会强烈质疑他是否具有足够用来修复的全能，这会使他尝试借其摧毁举动来否认他的全能感。但是除此之外，每一个被用来作为正向用途的全能感，都会被视为作为负向用途的证明，因此孩子极力避免它，直到他找到绝对的证明，证实他的建构全能感（constructive omnipotence）可以完全平衡其摧毁全能感。在我所治疗的两个成人案例中，他们因为这种冲突倾向而导致的“全有或全无”的态度，使他们的工作能力严重受损。而我的一两名儿童病患，则因此而强烈抑制了升华的形成。

尽管如此，这种防御机制似乎并非强迫式精神官能症的典型机制。我所观察到的病患所呈现的临床图像是混合的，而非纯然的强迫症。通过“置换到非常小的事件上”的防御机制（这是精神官能症常使用的机制），强迫症病患可以借此一步步证实他的建构式全能感，[①] 及其完成修复的能力。因此个体对于建构式全能的质疑，似乎是迫使个体重复其行为的主要诱因。

众所周知，知识本能与施虐特质之间有紧密关系。弗洛伊德如此写道：[②] “我们常常有这样的印象：知识本能在强迫式精神官能症的防御机制中取代了施虐特质。”根据我的观察，这两者之间的联结，在自我发展非常早期的时候，也就是施虐特质的高峰期，就已经形成。此时孩子的求知本能由于俄狄浦斯冲突的觉醒而被启动，一开始是被口腔施虐倾向使用。[③] 我的经验让我了解到，求知本能的第一个客体是母亲身体的内在，孩子起初将它视为口腔满足的客体，之后将其视为父母性交的场景。在孩子的幻想中，那也是父亲的阴茎及孩子的居所。同时，为了占有母亲的内在并摧毁它们，因

---

① 弗洛伊德在他的论文《强迫式精神官能症案例评注》（1909，p.241）中说，“质疑”事实上是对于自己的爱的质疑，“一个质疑自己的爱的男人，一定会怀疑每一件小事”。

② 《强迫式精神官能症的特质》（p.324）。

③ 参考亚伯拉罕的论文《精神分析对于人格形成的研究》（1925）。

此他想强迫进入母亲的身体，想知道到底里面发生了什么事，以及里面看起来像什么。借此他渴望知道母亲身体里面有什么东西，在许多方面对等为渴望以强迫方式进入到她里面，而且第一种渴望会增强第二种渴望。因此，求知本能的来源与施虐特质在高峰期时挂钩，这帮助我们了解为什么这两者的关系如此密切，而且为什么求知本能会引发个体的罪疚感。

我们可以看见，幼儿常常会有些排山倒海的疑问与问题，而这些远超过他们的智力所能理解。原则上针对母亲而来的典型责备，是母亲没有回答他这些问题。幼儿认为母亲不满足他的求知欲望，却满足他的口腔欲望，这种责备在孩子的人格发展及其求知本能上扮演了非常重要的角色。我们可以回溯此责备到孩子最常有的抱怨：觉得无法了解成人所讲的话或是他们所用的字（后者的埋怨必须回溯到孩子还不会说话的时期）。此外，不管这两种抱怨是单独或一起出现，孩子都投注了过度的情感在上面。这时，他常常会在分析中呈现出不被了解的样子（这一现象出现在我的小病患莉塔[①] 2 岁 9 个月大时），而且同时会出现愤怒的反应。他无法以文字问他想问的问题，也无法了解以文字所呈现的回答。但是，这些问题至少有一部分未曾出现在意识中。我认为，在最早期的自我发展阶段中激发出来的对求知本能的失望，是使这一本能遭到干扰的最深根源。[②]

我们已经看到孩子的求知本能，活化了对母亲身体的施虐冲动，但是随着这种冲动反应而来的焦虑，进一步成为增加、强化这种本能的重要原动力。孩子想知道母亲身体内在以及自己内在所发生之事的渴望，因为他想象中恐惧母亲身体里内容的危险而被强化，同时也因为对危险的内化客体以及自己里面的东西的害怕而被强化。知识现在成为面对焦虑的工具，这是获得知识的原动力，同时也是求知本能的发展及其抑制的重要因素。就像焦虑在力比多发展所扮演的角色，它也是求知本能的强化和抑制因素。我们在前几页曾

---

① 参考第二章。

② 此外我认为，怀恨说另一种语言的人，以及在学习外国语言时的困难经验，似乎是因为对知识的渴望在很早以前已被干扰所致。

经讨论求知本能受到严重干扰的一些案例，[①] 在这些案例中，孩子对害怕知道任何有关在幻想中对母亲身体所造成的摧毁之焦虑，以及害怕被暴露在受到反攻击的危险中，这些焦虑是如此强烈，以致成了整个求知本能的主要干扰。孩子有一个原始而强烈的渴望，想知道有关父亲的阴茎和排泄物，以及母亲里面的孩子的本质、尺寸和数量，这个欲望未被满足，使孩子将这未被满足的欲望转化为强迫式的测量、加减及数数等。

当孩子的力比多冲动更强壮，而其摧毁冲动更脆弱时，其超我会在质的方面持续改变，这时，超我的影响会被自我感知为忠告或劝告。当焦虑减弱时，修复的机制较不会有强迫式的特质，且会比较稳定而有效地运作，并且会有更令人满意的结果，与生殖期有关的反应则会更清楚地出现。

性器期的主要特征在于投射与内射的主要互动，以及超我形成与客体关系之间的互动（这些互动主导整个孩子的早期发展），这时正向因素可以说已经获得了优势。

① 参考厄娜（第三章）、肯尼斯（第四章）以及艾尔丝（第五章）。

第十章

早期焦虑情境对于自我发展的重要性

精神分析所关心的主要问题之一，是焦虑以及对焦虑的修饰。较容易罹患各种精神官能症的人，多少与无法成功处理焦虑有关。然而修饰焦虑的方式，除了那些病态的方式之外，还有一些是正常的方式，这些方式对自我的发展是非常重要的，它们中有些将是本章的重点。

在发展早期，自我很容易受早期焦虑情境压力的影响，当自我还非常脆弱时，它一方面必须面对本我的暴力要求，另一方面却要面对残酷超我的威胁，并且必须努力满足双方。弗洛伊德如此描绘自我："可怜的东西，它必须服侍三个主人，而且受到三种危险的威胁。"① 这一说法对于幼儿那脆弱而未成熟的自我而言，特别正确，它的主要课题在于克服面对焦虑时的压力。②

就像弗洛伊德通过1岁半孩子的游戏所显示的，③ 甚至非常小的儿童，也会通过游戏来试图克服那些不愉快的经验。他把绑在线上的木制陀螺丢出

---

① 《自我与本我》（1923，p.56）。

② 在一些极端例子，这些压力是如此强而有力，以致完全终止了自我的发展。然而甚至在一些比较病态的案例上，它可以是触发成长的动因，也可以是阻碍发展的因素。为了使它有正向的影响，就像在所有发展历程中一样，一些彼此有关的因素必须有良好的关系（参考我的论文《象征形成在自我发展中的重要性》，1930，《克莱茵全集 I》）。

③ 《享乐原则之外》（*Beyond the Pleasure Principle*，1920，p.14）。

去，使它消失，然后再将它拉回来，使它出现。通过重复这个动作，他企图处理一个不愉快的心理世界——母亲的暂时离开。弗洛伊德注意到儿童游戏中非常重要的行为功能：通过游戏，儿童将被动经验转换为主动经验，并借由制造快乐的结局，而将不愉快的事件转换为愉快的事件。

早期分析显示，儿童不止用游戏来克服痛苦的现实，也用它来处理本能恐惧与内在危险——通过游戏将它们投射到外在世界。①

自我努力将其内在心理历程置换到外在世界，并将它们留在那里，这一历程似乎与另一种心智功能有关，弗洛伊德在创伤式精神病患的梦中也发现了这个现象。②

将本能与内在危险置换到外在世界，不仅让儿童更容易克服其焦虑，而且帮助他们更好地面对焦虑。③ 儿童一再通过游戏克服焦虑，似乎企图“通过理解来控制刺激”。④ 儿童将来自心理内在的焦虑置换到外在世界（这一置换也使其摧毁本能偏斜到外面），其结果是增强了客体的重要性。由于与这些客体（或其代替物）的关系，使其正向和反动趋势皆被确定了。⑤ 因此，客体对儿童而言变成危险的根源，但是当他们以仁慈的方式出现时，则是一个帮助他对抗焦虑的支持者。

弗洛伊德诠释当儿童将木制陀螺丢开时，也以此表达对母亲抛弃他的摧毁与报复冲动，⑥ 另一方面，儿童让陀螺再次出现，代表母亲回来，这似乎

① 弗洛伊德视投射的根源是“当内在兴奋制造太多累积起来的不愉悦时，用来处理这些感觉的方法。个体倾向于视它们来自外在而非内在，因此他们可以用盾牌来对抗这些刺激，以此作为防御的工具来对抗它们，这是投射的根源，投射是病态历程的重要导因。”（《享乐原则之外》，1920，p.29）。

② 弗洛伊德如此写道：“这些梦通过产生焦虑，以回溯的方式致力于处理刺激，而对这些焦虑的忽略正是创伤式精神官能症的病因。因此它们为心智器官的功能提供了一个观点，亦即虽然和享乐原则不矛盾，却是独立于它，而且似乎比获得享乐与逃避痛苦更原始。”（《享乐原则之外》，1920，p.32）

③ 在前两章中，我们看见在个体发展的早期阶段，他的自我并不足以容忍其本能焦虑与对内在客体的害怕，而且他尝试通过隐藏及否认精神现实（psychical reality）来保护自己。

④ 有关梦与游戏的紧密关系，参考本书第一章以及我的论文《儿童游戏中的拟人化》（1929）。

⑤ 德文原文为“betätigt”（激发），英译者认为这是“bestätigt”（反动）的印刷错误。

⑥《享乐原则之外》（1920，pp.14-16）。

表征儿童让之前在游戏中被摧毁的母亲魔术般地再重建起来（丢掉可被对等于杀掉）。[1]

投射作用使个体将内在本能刺激视为外在客体，如此将来自内在危险的焦虑置换到外在世界，不仅有舒缓的功能，而且还有其他好处。孩子想拥有知识的本能，伴随其施虐冲动，都针对母亲的身体内在而来。它们会因为孩子害怕母亲身体里面和自己身体里面正在进行的摧毁而被强化，因为孩子认为他没有任何方法可以控制它们。真实的（外在）危险比较容易被处理，因为孩子比较容易了解外在客体的本质，而且可以实验他们用来对抗它们的方式是否可以成功。这种必须被现实考验的状况，对于知识本能及其他活动的发展，都是非常强烈的诱因。那些帮助儿童对抗危险、驳回其焦虑以及帮助他修复其客体的活动，就像早期玩游戏的冲动一样，它们帮助儿童处理因内在和外在、真实和想象中的危险而引起的焦虑。

通过内射以及投射的互动（与这历程相呼应的是，超我形成与客体关系的互动）[2]，儿童得以驳斥他所害怕的外在世界，同时通过内射一个真实的（好）客体舒缓其焦虑。由于真实客体的爱与存在，可以帮助减弱幼儿对内射客体的害怕与罪疚感，他对内在危险的害怕会强化他对母亲的固着，并显著增加他对爱与协助的需求。弗洛伊德曾经解释，在幼儿身上所呈现的这些焦虑是可以被理解的，也可以被归因于单一源头：“想念他所爱或是所渴望的人”，[3] 弗洛伊德将这一焦虑追溯到未成熟的个体完全依赖母亲的阶段。我认为想念所爱或所渴望的人，或经验失去爱或客体的危险，以及害怕在黑暗中或与不熟悉的人独处，这些都是早期焦虑情境的修饰形式，亦即幼儿本来所害怕的是危险的内在与外在客体。在发展晚期，除了这种害怕之外，还有他对客体的关心，因此孩子会害怕母亲可能会因为自己在幻想中对她的攻击而死亡，并且害怕自己会被留在无助的状态。有关这一点，弗洛伊德

① 我在本书第九章已经指出，罪疚感是早期活动与升华的诱因。

② 参考第九章。

③《抑制、症状与焦虑》，p.136。

说：[①]“他（婴儿）尚无法区分短暂分离与永远的失落，当母亲由他眼前消失时，他惊慌得好像他永远再也见不到母亲。婴儿必须重复经验到母亲不会永远消失，才能学会母亲的消失通常伴随她的再次出现。”[②]

根据我对儿童的观察，母亲必须借由她的存在，再三证明她不是那位“坏”母亲或攻击的母亲。儿童需要一位真实的客体，对抗其对恐怖内射客体及超我的害怕。此外，母亲的存在被用来作为她并未死亡的证据。当儿童与现实的关系更健全时，儿童更能善用他与客体的关系，以及通过各种活动与升华，帮助他对抗对超我及其摧毁冲动的害怕。我之前提到焦虑可以刺激自我的发展，原因是因为当儿童无力处理焦虑时，他的自我被使唤来协助他与客体及现实建立关系，这些努力对儿童适应现实及其自我的发展是非常重要的。

幼儿的超我和客体并非同一物，然而他却持续努力使它们可以互换，这个现象部分是为了减轻他对超我的害怕，另一部分则是为了更能顺从真实客体的要求，这个要求常常不同于幻想中内射客体的要求。因此幼儿的自我必须承受来自超我与本我的冲突，以及超我自身彼此冲突的要求，这些要求来自发展历程中逐渐形成的各种不同意象。除此之外，儿童还必须面对超我的要求及其真实客体的要求，以及两者之间的不同，因此他常常摆荡在内射客体与真实客体之间，以及幻想世界与真实世界之间。

幼儿对超我与本我的适应常常是不成功的，因为本我的压力及其伴随而来的严厉超我，吸收了整个自我的能量。进入潜伏期时，力比多的发展以及

① 同上，p.169。

② 但是幼儿除非未受到早期焦虑经验所主导，否则不会信服这种安慰的经验，而且在超我的形成中，他与真实客体的关系可以被带到游戏中来。在较大的孩子身上，我再三发现母亲的缺席会再次激发起最早期的焦虑情境，就像母亲的暂时消失会被幼儿认为是永远的消失。在我的论文《儿童游戏中的拟人化》（1929）中，我报告了一名 6 岁小男孩的案例，他叫我扮演一位仙女妈妈的角色，我要保护他并对抗他那联合起来的“坏父母”，并且杀掉他们。我也一再被他从“仙女妈妈”变成“坏妈妈”。作为“仙女妈妈”，我必须治疗受到一只巨大的野兽（联合起来的坏父母）所侵害的严重伤势。然而下一分钟我必须离开，而且回来时要变成一个“坏妈妈”并攻击他。他说：“当仙女妈妈离开家时，你永远不会知道她回来时会不会突然变成一个坏妈妈。”这个小男孩从很早开始便对母亲怀有非常不平常及强烈的固着，他常常相信父母和兄弟姐妹会突然受伤，我后来甚至发现，虽然他在一分钟前才见了母亲，他还是无法相信她不会在这之间死亡。

超我的形成已经完成，自我也变得更强壮，因此他得以站在更平稳的基础上适应以上冲突。被强化的自我与超我联合建立起一个支持网，包括顺从于本我以及适应真实客体和外在世界的要求。在这一发展阶段，儿童的自我理想，使他成为父母和老师们眼中具有好品性的“好”儿童。

然而，这种稳定状态在进入青春期之前就会被动摇，特别是在青春期时。这个时期的力比多再度复苏，它强化了本我的要求，超我的施压也使自我再度承受极大的压力，使自我意识到必须重新找到新的适应方式，因为老方法已经无效。本能冲动不再像以往一样被限制或压制，儿童的焦虑再次上升，因为本能可能很容易冲破现实，而其结果可能会比儿童时期的结果更严重。

因此自我与超我联合起来建立一个新目标，他所爱的原始客体必须被放弃。我们可以看到青少年常常与他们周遭的人不合，却四处寻找新客体。就某方面而言，这个现象与现实是一致的，因为这个年龄层必须面临更复杂的各种课题。这一发展中的其他课题还包括逃离其原始客体，不再依附其客体，而以原则和理念取代之。

最后的稳定必须通过青春期后才得以达成。在离开这个发展阶段时，自我和超我终能一起合作制定一个成人的目标。这时他不再依赖个人的周边环境，而能够适应更广大的世界。虽然他了解新现实的要求，但是他将它们当成自己内在的要求，因为他成功地与自己的原始客体分离，也觉得自己更独立。这种适应全赖个体对新现实的认识，它在强壮自我的协助下完成。在其性生活绽放的第一个时期，压力来自夸大的本我与超我之要求所造成的威胁情境，这些有助于本我的强化。相反地，这一压力所造成的约束，可以在其人格上观察到。通常这种人格特质是永久的，它们在这个发展阶段结束时出现。随着第二性征的出现，其持续绽放的幻想生活（虽然比儿童期的第一阶段微弱）在青春期结束时再次被严重剥削。现在，出现在我们眼前的是一个“正常的”成人。

另外，我们知道在早期儿童期时，超我与本我无法彼此和解；在潜伏期时，由于自我与超我联合起来达成一个共同目标而稳定下来；在青春期时，一个与早期相似的情境又被创造，随之而来的是心智的稳定。我们之前已经讨论过这两种稳定的差异，现在我们一起来看看其共同点：潜伏期与青春期皆因为自我与超我达成共同的目标而完成适应，它们也一起建立了一个符合现实要求的自我理想。[①]

在这本书的前几章，我试图指出在进入潜伏期时，超我与力比多会停止发展。我现在想强调在不同发展阶段中必须面对的要点：随着俄狄浦斯冲突减弱的并非超我的改变，而是自我的成长以及超我的巩固。在潜伏期，儿童的自我和超我以适应环境为共同目标，并接受了环境中的自我理想，这个事实（而非超我的改变）可以用来解释儿童在潜伏期的稳定历程。

我们已经讨论过自我的发展，现在我们必须继续讨论这一发展过程与处理焦虑情境的关系，我认为这是发展中非常重要的因素。

我之前说过，幼儿通过游戏活动联结了幻想与现实的鸿沟，这帮助他们面对内在与外在危险的焦虑。让我们举一个小女孩常玩的有关“母亲”的典型游戏为例。分析正常的儿童显示，这些游戏除了愿望实现之外，还显示出属于早期焦虑情境的最深焦虑，在小女孩对洋娃娃的欲望底下，潜藏着被安慰与被肯定的渴望。拥有洋娃娃证明母亲没有盗走她的孩子，而且她的身体没有被母亲摧毁，因此还可以生孩子。通过喂她的洋娃娃，以及为它穿衣服（小女孩认同了洋娃娃），小女孩证明自己有一个爱她的母亲，以此舒缓害怕被抛弃、被丢弃以及变成孤儿的焦虑。男孩有时也会利用其他游戏来达成这一目的，例如整修房子、旅行等，这都与渴望找到一个新家有关，表示找到最后的归宿，亦即重新发现母亲。

小男孩的典型游戏（这些游戏很清楚地呈现出男性特质）包括玩马车、马和火车等，这些都象征着进入母亲身体里面。在他们的游戏中，小男孩不断利用各种不同的方式，呈现出在母亲的身体里与父亲格斗，并和她性交。他们在游戏中为了对抗敌人所做出的大胆、有技巧以及狡猾奸诈的行为，是

① 在《抑制、症状与焦虑》（1926）中，弗洛伊德说：“就像自我控制外在世界的行为路径，它也控制进到意识层的路径。在压抑时它从两个方向运作……”（p.95），但另一方面他又说：“我指出它（自我）对本我与超我的依赖关系，而且……它对这两者感到如此无力与焦虑。”（p.95）。我对自我发展的理论与这两句话雷同，因为它呈现出超我与自我的能量如何彼此反应，而且决定了整个个体发展的历程。

为了确定他们可以成功地打倒他们的阉割者——父亲，借此减弱他们对他的害怕。小男孩通过这些方法，以及各种表征与母亲性交并显示他在她里面的本事，企图证明他拥有阴茎和性交能力。这两件东西的失去是他所害怕的最深的焦虑情境。伴随着他的攻击倾向，他也在这些游戏中呈现出修复母亲的欲望，以此证明他的阴茎并不具摧毁力，也以此舒缓了他的罪疚感。①

那些在游戏中不拘谨的儿童可以从游戏中获得高度喜悦，他们不仅从游戏中获得愿望实现的满足，也从游戏中克服他们的焦虑。然而根据我的观点，这并非两个分立却一起运作的功能，而是自我为了克服焦虑大量使用了各种愿望实现的机制。儿童的游戏通过一个很复杂的过程来启动自我的所有能量，将焦虑转化为享乐。我们随后将解释这一基本过程如何影响成人的心智生活与自我发展。

尽管如此，儿童的自我无法单单通过游戏完全克服其焦虑。当焦虑在暗中运作时，它会不断刺激游戏，但是在它浮现到台面上的刹那，儿童则会终止其游戏。

在幼儿的游戏中，我们可以看见儿童的早期自我只能帮助其克服部分焦虑。潜伏期的儿童较能处理其焦虑，也更有能力处理现实的要求。他们的游戏内容失去了想象力，他们的时空也渐渐被学校的课业占据。他们开始对文字、数字以及画画感兴趣，这些本来都是游戏的特质之一，现在它们代替了之前的玩具游戏。他们想知道 ABC 如何连在一起，而且必须精准地确定形状与次序，其尺寸大小也必须对等，并且会对这些细节的正确操作感兴奋。以上这些活动以及之前盖房子和玩洋娃娃的活动，都基于相同的内在情境。对小女孩而言，一本漂亮且井然有序的练习簿的象征意义和房子、家一样，指的是一个健康而未被伤害的身体，文字和数字对她而言所表征的是父母、兄弟姐妹、性器官以及排泄物，它们都是其原始攻击倾向的工具，也是修复的工具。她通过成功完成作业驳回她的害怕，就像玩洋娃娃和修建房子一样。分析潜伏期的儿童让我发现，不止每一个作业的细节，还有各种手艺、画画

① 这一主题将在第十二章更完整地讨论。

等，皆在幻想中被用来修复她们的性器官与身体，以及母亲的身体与内在，还有父亲、兄弟姐妹的阴茎等。相同地，每一样自己的东西，或是玩偶的衣服，例如领子、袖子、围巾、帽子、皮带、袜子、鞋子等，都具有象征意义。①

在正常发展历程中，儿童会花很多时间小心翼翼地"画"字与数字，这些在他们长大时会发展为智力。然而，他们对成就的满足主要来自周遭的人对他们的称赞。他们以此获得大人的赞赏。因此在潜伏期，我们看到儿童通过获得真实客体的爱与赞赏来舒缓其焦虑情境，这时与客体的关系以及与现实的关系被过分强调了。

小男孩通过书写表现他们的男性特质。② 他们的每一笔划以及完成的每个字，都代表在性交中的主动表现，也是他拥有阴茎以及性能力的证实，书和练习簿代表他的性器官或是母亲（或姐妹）的身体。③ 例如对于一名 6 岁的小男孩而言，"L"表示一个骑马的男人（他自己以及他的阴茎），骑过了一个拱门（母亲的性器官），"i"则是阴茎和他自己，"e"是母亲和她的性器官，而"ie"则是他和母亲在性交中结合。一般而言大写和小写指的是父母和儿童。④ 男孩的主动性交幻想也呈现在主动游戏和运动中，就像在他们的作业中一样，我们在这些游戏的细节里发现一样的幻想——小男孩渴望打倒他的竞争者，为了可以确定他不会掉进被父亲阉割的危险中，这个渴望与男性处理焦虑情境的方式相符，这一点在青春期是非常重要的。以上现象在潜伏期时已经出现。一般而言，小男孩在这个时期也比小女孩较不依赖环境的认同，"为成功而成功"在小男孩的心理生活中，比在小女孩的心理生活中扮演更重要的角色。

我们之前已谈过在潜伏期所呈现的稳定感，基于自我与超我在共识之下对现实的适应。这一目标的达成，依靠将所有能量放在压制与限制"本我本能"（id-instinct）之上，儿童也是在此时挣扎着不让自己自慰。引用弗洛伊德的

① 参考弗鲁格尔（Flugel）的《服装心理学》（*The Psychology of Clothes*，1930）。

② 女孩亦然，书写以及其他相似的活动，主要来自男性特质的成分。

③ 与其女性成分有关，男孩的练习簿代表他自己的身体，完成学校的作业则是企图修复它。

④ 参考我的论文《学校在儿童力比多发展中的角色》（1923，《克莱茵全集 I》）。

说法，潜伏期的这种挣扎“消耗了许多能量”，且其所有能量都是为了对抗自慰幻想。就像我们再三看见的，这些幻想不止在儿童的游戏中，也在他们的学习活动以及未来的所有升华中形成一个因素。[①]

潜伏期的儿童之所以如此强烈地需要其客体的赞同，是因为他想要减少与超我的对立（这个时期的超我倾向于适应其客体的要求）。这个超我所对抗的是阉割的（desexualized）自慰幻想。因此在这个时期，他一方面想满足放弃自慰的要求，以及压抑其自慰幻想，然而另一方面也想有效而成功地满足来自反方向的要求：他在每天的生活与活动中，以去性化的形式，通过满足年长者来满足自己的自慰幻想。因为只有借由这种令人满意的升华，其焦虑情境才得以完全被驳回，而这正是自我所需要的。要想成功地逃避这种两难，潜伏期的稳定以及掌权者的许可（潜伏期的儿童需要此许可来处理其焦虑）是先决条件。

以上简单回顾了这极为复杂且呈网状的发展历程，它只是一个概论，事实上，正常儿童及精神官能症儿童的界限并不易区分，特别是在潜伏期时。精神官能症儿童在学校的表现可能很好，而正常儿童也常常不想学习，因为他常会以其他方式驳斥其焦虑情境，例如展示他的身材与勇气。潜伏期的正常小女孩常常以优越的男性特质来面对其焦虑，而当小男孩选择一种比较被动或女性化的行为模式时，仍被视为正常现象。

弗洛伊德提醒我们在潜伏期开始的一种典型仪式，是儿童挣扎着对抗自慰的结果，[②] 他说这个时期的特征是“在自我中筑起一道伦理与美学的屏障”。

---

① 在我的论文《学校在儿童力比多发展中的角色》（1923）中，我讨论了某些学校所使用的文章的潜意识意义，也检视了学校生活与学习之抑制的导因。由于过度压抑其自慰幻想，儿童同时抑制了想象生活，它们会影响其游戏与工作。在潜伏期时，这样的抑制在儿童的整个人格上非常显著。在《非医生分析的问题》（*The Question of Lay Analysis*, 1926）中，弗洛伊德写道：“我觉得在进入潜伏期时，他们（儿童）在心智上变得非常抑制与愚蠢，许多人也在那个时候开始失去他们的魅力。”（p.215）。自我为了让自己优越于本我，确实付出了很大的代价。在生命的某个时期，当自我未能成功压制本我时（例如，在性绽放的第一或第二个时期），它享受着更丰富的想象活动，所以儿童一方面表现出较不稳定的心智，另一方面却拥有更丰富的性格。

② 参考《抑制、症状与焦虑》，p.116。

由于“强迫精神官能症自我的反向作用(我们认为那是正常人格的夸大)”，① 以及孩子都在教育环境中长大，因此具有精神官能反应的儿童与正常儿童的人格界线，在潜伏期的儿童身上并不明显。

你们可能还记得，我之前提到强迫式精神官能症的起源来自儿童早期，但是我也提到，这一时期只有某些特殊的强迫特质会突显出来，直到进入潜伏期时，它们才会被架构成强迫式精神官能症。这种强迫式特质的系统化，伴随超我的巩固 ② 以及自我的强化，皆因自我与超我 ③ 有了共同的目标，这个共同目标筑成力量的核心，用来对抗本我。虽然儿童由于客体而压抑本能的要求，是通过强迫机制的协助来完成的，然而除非所有相关因素都联合起来反对本我，否则这种压抑不会成功。在这个结构组织的复杂历程中，“自我”扮演着弗洛伊德所谓的“自我的整合倾向”。④

因此在潜伏期，强迫式精神官能症已经足以满足儿童的自我、超我与客体的要求。一般而言，成人强烈反对儿童表达情感，而且经常会成功，因为这些反对与这个时期儿童的内在要求吻合。⑤ 在分析中我们常常发现，若管教儿童的人太强烈地认同儿童的叛逆与攻击倾向，则儿童常常必须承受处在冲突情境中的痛苦。只有在大人的协助之下，自我才可以平衡地压制本我和被禁止的冲动。儿童需要来自外面的禁忌，因为我们知道这些禁忌支持着来

① 参考《抑制、症状与焦虑》，pp.114-115。

② 在这个过程，儿童的各种认同会变得比较整合，来自超我的要求也比较一致，其内在客体也比较能够适应外在情境。亦可参考我的论文《儿童游戏中的拟人化》（1929，《克莱茵全集 I》）。

③ 在《抑制、症状与焦虑》（1926，p.113）中，弗洛伊德说在强迫精神官能症病患身上，自我与超我共同分享症状的形成。

④ 同上，p.112。

⑤ 儿童所处的环境也会直接影响其精神官能症，在某些分析中，我发现环境的改变对病人所带来的正向影响，在于改变他的某些症状，然而精神官能症在结构上的改变却不这么明显。另一个使儿童的症状消失的原因，在于他对客体的害怕增强了。我之前治疗过一个 14 岁的小男孩（参考我的论文《论抽搐的病因学》，1925），他在学校的功课非常好，但是在游戏以及运动上非常拘谨。直到他那离家很久的父亲回家后，施加很多压力逼着他克服他的拘谨，小男孩才由于害怕父亲而在某些方面有些改善，但是这严重影响了他的学习，这样的状况一直持续到他 14 岁来找我分析时。

自里面的禁忌，换句话说，他们需要在外在世界找到其超我的表征。这种靠客体克服其焦虑的需要，在潜伏期比其他任何发展阶段更为强烈。事实上，我认为要能够成功跨越到潜伏期，孩子克服焦虑必须依赖其客体关系以及对现实的适应。

尽管如此，为了儿童未来的稳定性，这一克服焦虑的机制不能太过分。若儿童的兴趣、成就感及其所有满足都完全投注在努力争取客体的爱与认同的话（若其客体关系是儿童处理焦虑与舒缓罪疚感的主要工具的话），则他未来的心理健康就不会有坚固的基础。若他较少依赖客体，并且其用来处理焦虑与减弱其罪疚感的兴趣与成就是为了自己，而且是为了让自己感到快乐，则其焦虑会得到较好的修饰与减弱。当他的焦虑被减弱时，其满足力比多的能力会成长，这是成功克服焦虑的先决条件。只有在超我与本我得到满意的调整，以及自我足够强壮时，焦虑才得以被克服。①

由于客体关系在潜伏期提供孩子许多精神支持，包括正常儿童，因此很难找到被过度支持的案例。但是在青春期，由于儿童不再如此依赖客体（如果儿童仍以其客体为克服焦虑的主要工具的话），因此，我们能很容易清楚区分这些案例。这是为什么我认为精神病通常在儿童晚期（青春期以及青春期之后）才会出现。如果我们以超我严厉性的减弱来衡量自我的强度，包括“本能自由”（instinctual freedom）的增加，以及对于这个发展期之目标的适应，那么我们最好不要把个体在潜伏期对教育要求以及现实的适应，② 高估为成

① 如果我们考虑教育与环境因素，则相较于潜伏期，我们在儿童期的第一阶段更能清楚地观察到危及发展的因素，以及晚期所有病症的导因。在许多青春期或晚期发病的案例中，我们可以发现，他们在儿童早期常常有许多适应的困难，可是在潜伏期时适应良好。这一时期未出现任何显著的困难，而且常常太服从于他们的教育环境，当那属于早期阶段的焦虑太强烈或没有被恰当修饰时，则在潜伏期的稳定历程便无法建立起来。

② 若潜伏期的要求太成功地加诸儿童身上，而且儿童也太顺从，则他的人格以及自我理想会永远停留在对环境屈躬奉承的状态之下。一个脆弱的自我（来自超我与本我之间适应不良的结果），在青春期时会无法完成与其客体分离的课题，也无法建立起一个独立的内在准则，因此就人格角度而言，可以说是失败了。儿童若对其客体较少依赖，则他较能处理教育对他的要求。在我所分析的潜伏期儿童中，没有一个人像在青春期的儿童一样可以和其客体分离，只有对父母的固着变得比较不强烈与两难。在这段时间，由于他较少依赖其客体，因此可以为青春期时与客体的必要分离做准备。分析可以减少儿童在适应环境时所遭遇的困难，并且与环境达成协议。此外，内在自由越多，则越能完成这一课题。

功的发展与健康之准则。

弗洛伊德曾说：“青春期的展开使精神官能症的历史迈入新章节。”同时，他还说：“早期的攻击冲动（将）再次被唤醒，但是新的力比多冲动或多或少（在坏的情况下，全部的力比多冲动）都必须随着退化的脚步，并且会以攻击与摧毁的倾向出现。力比多倾向被如此掩饰的结果，以及由于自我中有力的反向作用，其用来对抗‘性’的挣扎，会在伦理原则的旗帜下持续下去。”①

新原则和新理想化之父亲意象的建立，以及对自己的要求之强化，都被儿童用来作为离开其原始客体的手段，并以此恢复原来对父亲的正向依附，也减少他与父亲之间的冲突。这一事件与对父亲意象的分裂有关，这位高贵而令人崇拜的父亲可以再次被爱与尊敬，而那位“坏”父亲［这常常被真实的父亲或其替代人物（例如校长等）所表征］则会引发奇怪的恨意，这是此发展阶段的普遍现象。小男孩与所恨的父亲之间的攻击关系，使他和父亲站在同一边，以此确定他不会被阉割。而与那令他钦羡的父亲意象的关系，则使他满足于自己已经拥有了一个有力及有帮助的父亲，而且可以认同他。其中最重要的是，他确信自己拥有了具有建设性的能力与性能力。

这时他充满了活动力与成就感，通过这些成就（不管是生理上还是智力上的，包括勇气、力量、事业心以及其他面向），他证实了令他焦虑的阉割不会发生在自己身上，自己也不会性无能。这些成就也满足了他的反动倾向，并舒缓其罪疚感。它们证实了他的建构能力远远大于他的摧毁倾向，同时表征客体的修复，他也通过这些肯定获得了更大的满足。②在潜伏期，焦虑和罪疚感的减弱来自环境的认同，它使“自我”觉得自己是一个成功并有成就感的人。然而在青春期时，则主要来自对工作与成就的自我肯定。

我们现在必须简单介绍小女孩在青春期时面对焦虑情境的方式。一般而言，和男孩比起来，这个年龄层的女孩会持续保留其潜伏期的目标以及潜伏

---

①《抑制、症状与焦虑》，p.116。

② 小男孩通过许多升华活动，特别是智力以及艺术上的成就，大量使用女性方式处理其焦虑。他借由书本及其工作（代表的是身体、生育以及儿童等）来修复被摧毁的身体，以此他在女性的位置上等待着与母亲竞争。

期用来面对焦虑的方法。青春期的年轻女孩处理焦虑的方式，经常是男性化的。在下一章，我们将探讨为何女孩在建立女性特质上比男孩在建立男性特质上还要困难。小女孩对自己与其他人的要求也比小男孩更高。她较少以抽象的原则作为准则与理想，而是以被钦羡的人物作为准则与理想，她甚至在成就高峰时，也会想通过智力成就去取悦人。她对工作的态度（如果男性面向不是太强的话）与她对自己身体的态度有关，而与这两者有关的活动，都和她克服特殊焦虑情境有关。漂亮的身材或一件美好的事，证实成长中的小女孩不需要一个孩子，亦即她身体的内在没有被摧毁，而且她的孩子没有被拿出来。作为一名成年女性，她与孩子的关系（常常与她自己和工作的关系有关）对她处理焦虑有很大的帮助。拥有一个婴儿，养育他并看着他长大，这些事都让她（就像小女孩和洋娃娃一样）再次肯定她所拥有的孩子没有被伤害，也因此舒缓了她的罪疚感。① 在养育孩子的历程中，她必须面对的危险情境，不管是大是小，都必须被精打细算，若一切进行顺利，则可以持续排除其早期焦虑。相同地，她与家里（对等于她自己的身体）的关系，对她以女性方式处理焦虑有重大意义，也与她的早期焦虑情境有直接关联。就像我们看见的，小女孩与母亲之间的竞争，会通过幻想带母亲出去或带她到处逛呈现出来。这一焦虑情境对女孩，特别是小女孩而言，最大的威胁是被赶出家门或无家可归。② 她们对家的满足，部分是因为“家”在这一面向上帮助她克服其焦虑情境。为了让女人获得稳定状态，则她的孩子、工作、活动以及她本人的装扮与家的布置，都必须能使她得以完全避开危险情境。③ 她与男人的关系主要来自他们对她完美身材的赞赏，因此她的自恋是克服焦虑的重要面向。这种处理焦虑的女性方式，使女人比男人更依赖异性的爱与赞赏（包括其他客体）。然而男人亦然，他们从爱的关系中撷取面对焦虑的镇

---

① 参考下一章。我会在该章讨论女生与其孩子之间关系的潜藏因素。

② 在每一个儿童分析的案例中，都会出现害怕成为乞丐或无家可归的孤儿这样的主题，这一焦虑使儿童强烈地固着于母亲，也是他表达害怕失去爱的方式。

③ 在某些女人中，我发现当她们早上起来上完厕所之后，会有焕然一新的感觉，且充满能量，这与她们之前抑郁的情绪完全不同。盥洗与更衣都代表以各种方式修复。

静剂，这是使他们感到性满足的要素。

克服焦虑的正常历程似乎依赖一些因素，其中包括所使用的特定技巧，以及焦虑与施虐特质的量，还有自我承受焦虑的能力。若这些因素之间的互动都在最好的状态下，则孩子似乎可以很成功地修饰大量的焦虑，并发展出最佳状态的自我和心智健康。克服焦虑的条件和爱之能力的条件一样都是特定的，且彼此挂钩。① 有些案例，特别是青春期的案例，他们会克服所有危险情境，包括令他们最害怕的困难情境；另一些案例则是尽可能逃避，甚至以恐惧症的方式逃避所有的情境。在这两个极端例子之间，是我们所谓的通过克服焦虑情境获得愉悦，这些焦虑情境通常不太多、比较均匀，因此也不太直接。

本章我尝试呈现个体的所有活动与升华，都是为了克服焦虑与舒缓罪疚感，所有活动与兴趣的动机（除了满足其攻击冲动之外），都是为了重新修复其客体、自己的身体与性的部分。我们也看见② 在非常早期的发展阶段，全能感完全来自摧毁冲动，当反向作用启动时，这些负面的摧毁全能感使个体相信自己有摧毁能力，而且摧毁全能感越强烈，其正向全能感也更强烈，这使他得以依照超我的要求从事修复。若这个修复举动要求一个更强烈的建构全能感，例如他必须完全修复他的父母、兄弟姐妹等，以及通过“置换”修复其他客体，甚至整个世界等，则他是否能够完成生命中的大事、他的自我是否得以发展、性生活是否成功，③ 或是他是否会变得极度拘谨，这一切都有赖于其自我的强度，以及他对现实的适应（现实帮助调整这些想象中的要求）。

综合我们以上所谈的：我尝试了解个体所有能量的复杂历程，通过这些能量，自我企图处理其婴儿期的焦虑情境。这一历程是否成功，是自我发展

---

① 参考第十一章。

② 参考第九章。

③ 如果他们所面对的课题太严谨，而且其摧毁全能与建构全能之间的差距超过一个限度，则升华会变得更抑制，且生产力与性的发展会被干扰。在第十二章，我们将以一个案例讨论这一点。

以及心智健康的重要决定因素，因为对一般人而言，对抗焦虑以及罪疚感的各种肯定，使他得以将原始焦虑情境抛诸脑后，并弱化它们对他的影响。这些肯定来自许多源头，包括他的所有活动、兴趣、社交关系以及性方面的满足等。其实我们在非常平常的事情上，都会使用这机制，一般人则借由克服日常生活的困难来处理一些微不足道的焦虑。①

最后，我必须检验本章所论及的克服焦虑情境的正常方式，并将它与弗洛伊德对于这一主题的论点进行比较。② 在《抑制、症状与焦虑》中，他如此写道："当个体变得较成熟时，某些焦虑的决定因子必须消失，而且某些危险情境必须失去其重要性。"这一论点被他后来的说法所证实。在前述引据之后，他继续说："有些危险情境通过修饰其焦虑决定因子（为了适应新趋势而做的修饰）而持续存活下来。"我想我所提出的有关修饰焦虑的理论，帮助我们了解一般人用什么方式闪避其焦虑情境，并修饰令他感到焦虑的状况。临床分析的观察让我坚信，即使一般人可以移除其焦虑情境，也无法让它完全消失，虽然这些焦虑情境也许并没有直接影响他，但是在某些状况之下，其影响力会再次出现。当一个人处于极度压力下时（不管是内在或外在），或是当他生病、失败时，我们可以在他身上观察到这些最深焦虑情境的（完全与直接的）运作，因此我们可以说每一个健康的人都可能会罹患精神官能症，因为他无法完全摆脱其旧有的焦虑情境。

以下弗洛伊德的陈述似乎支持这个论点，在之前所引用的论文中，他写道："精神官能症患者与正常人不同的地方，在于他对危险情境不恰当的强烈反应。最后，成人无法绝对保证他的原始创伤焦虑情境不会再现，每一个人都有自己的限度，超过了此限度，他的心智器官就无法发挥功能来处理必须被解决的兴奋量。"

---

① 若日常生活的活动都与焦虑如此相关，则精神官能症患者更有理由辩解这些活动是很沉重的，以致他无法完成。

② 《抑制、症状与焦虑》，p.148。

第十一章

早期焦虑情境对女孩性发展的影响

精神分析对于女性心理学的探索，比男性要少很多。由于阉割焦虑被认为是造成男性精神官能症的主要动力，自然地，精神分析师们也开始以类似的病源学研究女性。由这种方式所获得的结论在两性心理学的类似之处有所帮助，但是对于相异之处则没有多大帮助。弗洛伊德早已根据这一点表达了他的看法，他说："……阉割焦虑是否绝对是压抑（或防御）的唯一动力？当我们想到女性的精神官能症时，我们不得不对它有所质疑。因为虽然我们可以确定地看见阉割情结的存在，我们却很难谈阉割焦虑，因为阉割已经完成了。"①

我们知道阉割焦虑的知识，对于了解人类心理学以及治疗精神官能症是多么重要，因此我们也期待对女性焦虑的知识与了解，将帮助我们改善对她们的治疗，也帮助我们更清楚理解她们的性发展脉络。

---

① 《抑制、症状与焦虑》（1926，p.123）。

小女孩的焦虑情境

在我的论文《俄狄浦斯冲突的早期阶段》① 中，我对这尚未解决的问题发表了一些论点，并指出小女孩最深的焦虑是害怕她身体的内在被盗空与摧毁。女孩因为与母亲的关系而产生的口腔挫折，使她背离了母亲，而以父亲的阴茎作为令她满足的客体，这个渴望让她在发展中跨出重要的一步。她幻想母亲将父亲的阴茎放到她身体里面，并且给她乳房，这些幻想是她早期性理论的核心，也由于来自父母的挫折，而引发了她对母亲的嫉羡与恨。这个发展阶段的男孩和女孩相信母亲是提供营养的根源，她的身体里面包含所有他们渴望的东西，包括父亲的阴茎。由于那来自母亲的挫折，这种性理论增强了小女孩对母亲的恨意，因此使小女孩产生想攻击并摧毁母亲内在并使她里面变得贫瘠的施虐幻想。由于害怕被报复，这种幻想成了小女孩最深焦虑情境的基础。

琼斯在《女性性特质的早期发展》(1927)中，以“丧失性欲”(aphanisis)这个名词来描述为了获得力比多满足而产生的一种完全且持久的摧毁力。他认为这是孩子最早也是最主要的焦虑情境，② 这个假设与我的观点很类似。为了获得力比多满足而怀有的摧毁能力，似乎隐含为了达成这个目标就必须摧毁这些器官。女孩期待在攻击的历程中（特别是母亲对其身体及其内在的攻击），这些器官将会被摧毁。她对母亲性器官的焦虑特别强烈，部分原因来自她自己的摧毁冲动非常强烈地导向母亲的性器官，以及母亲由这些性器官所获得的性满足，另一部分原因来自害怕她无法享受性满足，因为害怕自己的性器官会被伤害。

俄狄浦斯冲突的早期阶段

根据我的经验，小女孩的俄狄浦斯倾向开始于她对父亲阴茎的口腔欲望，

---

① 《克莱茵全集 I》(1921)。

② 《精神分析论文集》(*Papers on Psycho-Analysis*)，第四版及第五版。

伴随这一欲望而来的是肛门冲动。我发现小女孩想盗走母亲里面的父亲阴茎，并且将它吞并到自己里面，这是其性生活发展的基本因素。小女孩认为母亲不给她丰满的乳房，而在心中激起了对她的恨意；小女孩认为母亲不把父亲的阴茎给她作为满足的客体，而强化了对母亲的恨。这双重的埋怨是小女孩恨母亲的最深根源，也是俄狄浦斯倾向的结果。

这些假设与我们所接受的精神分析理论在某些面向上有所不同。弗洛伊德做出了一个结论，[①] 他认为是阉割情结开启了小女孩的俄狄浦斯情结，而且让小女孩避开母亲的原因，是母亲吝啬地不给自己一个阴茎。如果我们看看两个重要的共识，亦即小女孩希望拥有阴茎，而且怀恨母亲不给她阴茎，则弗洛伊德的观点以及我要陈述的观点之间的差异会变小。然而根据我的假设，小女孩想要的不是像男生一样拥有自己的阴茎，而是想吞并父亲的阴茎作为口腔满足的客体。此外，我认为这个渴望并非阉割情结的结果，而是俄狄浦斯倾向的基本表现，因此小女孩并非间接地通过她的男性倾向与阴茎钦羡而被俄狄浦斯冲突支配，而是直接被其女性本能因素支配。[②]

当小女孩以父亲的阴茎作为渴望的客体时，有许多因素决定这渴望的强度。口腔吸吮冲动的要求，因来自母亲乳房的挫折而被强化，使她产生一个幻想，亦即视父亲的阴茎为提供她大量且永不衰竭之口腔满足的器官，不像乳房一样会给她带来挫折，[③] 她的尿道施虐冲动也强化了这一幻想。男孩和

---

① 《两性解剖学差异所造成的某些心理影响》（*Some Psychical Consequences of the Anatomical Distinction between the Sexes*，1925，S.E. 19）。

② 在她的论文《阉割情结的起源》（*On the Genesis of the Castration Complex in Women*，1924）中，凯伦·霍妮（Karen Horney，1885—1952）也赞成小女孩之所以有阉割情结，是因为在俄狄浦斯情境中所遭受的挫折。她对拥有阴茎的渴望主要来自其俄狄浦斯愿望，而不是因为想成为一个男人。她视那渴望的阴茎为父亲的一部分，以及他的代替物。

③ 在《女性性功能的精神分析》（*Psychoanalyse der weiblichen Sexualfunktionen*，1925）中，海伦娜·朵伊契（Helene Deutsch）指出，小女孩在生命中的早期已经视父亲为情感的客体，仅次于母亲。小女孩将真实的性力比多导向父亲，这一性力比多与她贯注母亲乳房的口腔带（oral zone）有关，因为“在她发展的一个阶段，她在潜意识中将父亲的阴茎与母亲的乳房对等，并视父亲的阴茎为提供乳汁的器官”。她认为当阴茎与乳房对等时（通过从上到下的置换历程），阴道成了被动的吸吮者，而且这一阴道的口腔吸吮活动隐含在其解剖结构中（p.54），我也同意这样的说法。然而根据海伦娜·朵伊契所说，这些幻想要直到小女孩完成性成熟且有性活动经验时才开始运作。根据我的观点，（转下页注）

女孩都认为阴茎（因为它比较看得见）比女生的尿道器官更有尿道的能力。因为幼儿将身体的所有东西对等，因此小女孩对尿道能力以及阴茎权力的幻想与口腔幻想联合起来。在她的想象中，阴茎是一个能提供口腔满足的神奇客体，但是由于来自母亲的口腔挫折，也刺激了其他的性感带，并激发出她的性器倾向，包括对父亲阴茎的渴望，后者成了其口腔、尿道与性器冲动的客体。另一个强化这种欲望的因素，是在其潜意识的性理论中，她认为母亲已经吞并了父亲的阴茎，并对母亲感到非常嫉羡。

我认为是以上这些因素，使父亲的阴茎在小女孩眼中具有强大的力量，使它成为小女孩最热切钦佩与渴望的客体。[①] 如果她的女性位置主导，则她对父亲阴茎的态度会使她对男性谦恭与顺从，这同时也会让她因觉得被拒绝获得她热情朝拜并渴望的东西，而充满强烈的恨；但是若她采取男性位置，则会在她身上激起阴茎钦羡的症状。

由于小女孩对父亲阴茎拥有强大力量、巨大尺寸与能力的幻想，来自她自己的口腔、尿道与肛门施虐冲动，因此也会认为它非常危险，这一面向是她对“坏”阴茎感到害怕的基础，它因为摧毁冲动与力比多冲动的反应而出现。若她的口腔施虐占主导，则她会把在母亲里面的父亲阴茎视为一个被恨、被嫉羡以及被摧毁的东西，[②] 而且这充满恨的幻想会对焦在那满足母亲的父亲阴茎上。有时它们如此强烈，以致使小女孩将她最深和最强烈的焦虑（对母亲的焦虑）置换到父亲的阴茎上，以此作为恨母亲的附属品。当事情如此发生时，则成年女性在发展上会有严重的障碍，并会以扭曲的态度对待男性。她的客体关系也会多多少少有缺陷，并且无法克服或完全跨越“部分爱的阶

（接上页注）早期阴茎与乳房的对等，来自儿童期由乳房而来的挫折，这会强烈影响小女孩的整个发展。我也相信这种乳房与阴茎的对等（伴随着从上而下的置换），在早期就激发了女性性器官的口腔与接受特质，而且使阴道准备接受阴茎，也为女性的俄狄浦斯倾向铺了路（虽然直到晚期才会更有影响力），且奠定了小女孩性发展的基础。

① 她授予母亲一些这类的光荣，且有时认为只有当母亲拥有父亲的阴茎时，才是有价值的。

② 她将以同样态度对待母亲身体里面的孩子，我们将再回到这个主题，并且讨论她对母亲里面孩子的敌意如何影响她与其他兄弟姐妹的关系，以及与她自己想象中的孩子和后来真正孩子的关系。

段”（the stage of partial love）。[①][②]

因为思想的全能，女孩对父亲阴茎的口腔欲望使她觉得自己已经吞并了它，因此她对父亲阴茎的爱恨交织，也延展到这个内化进去的阴茎。我们知道在“部分吞并”（partial incorporation）时期，客体被表征为自己的一部分，因此父亲的阴茎代表他整个人，这是为什么我认为对孩子而言，父亲的阴茎代表最早期的父亲意象（这是父母超我的核心）。就像我尝试展现的，小男孩与小女孩由于在施虐特质的高峰期，已经开始内射他们的客体，因而会有恐怖而残酷的超我。因此，他们最早的意象承担起了幻想的一部分，这部分是那主导的前性器冲动授予他们的。[③] 但是女孩渴望将父亲的阴茎和俄狄浦斯客体内射进来并将它们留在里面的驱力，比男孩强得多。她的性器倾向与口腔欲望都有接受的特质，因此在正常情况之下，小女孩的俄狄浦斯倾向比小男孩更被口腔冲动所主导。所以，主要幻想是“好”阴茎或是“坏”阴茎，是性生活发展和超我形成的决定因子。相较于男孩与其超我的关系，女孩因为从属于其内化进去的父亲，因此比较任由“好”父亲或“坏”父亲的摆布，[④] 而且由母亲而来的焦虑与罪疚感，使她对父亲阴茎的爱恨关系变得更复杂。

为了简化我们对于整个情境的观察，我将首先论及小女孩对父亲阴茎态度的发展，然后尝试讨论她与母亲的关系如何影响她与父亲的关系。当情况良好时，小女孩会相信危险的内射阴茎以及有帮助的阴茎同时存在，由于这种两难的态度而产生的焦虑使孩子像成人一样渴望寻求性经验。这个原动力被强化了，

---

① 参考亚伯拉罕《力比多发展简论》（1924）。

② 我的小病人厄娜是一个典型的例子，她的案例可以参考本书第三章。在厄娜眼中，父亲只是一名带阴茎者，这个阴茎只满足母亲而非自己。我们后来发现，她那过度强烈的阴茎钦羡以及阉割欲望，是来自口腔位置（oral position）对父亲阴茎所感到的挫折。将恨聚焦在父亲的阴茎上，使她想象母亲已经占有了它。比起对父亲的感觉，她对母亲的恨更是个人化。厄娜避开父亲的另一个理由是为了保护他不受到自己施虐特质的攻击，而且将恨聚焦在父亲的阴茎上，也帮助厄娜视父亲为一个客体并原谅他（参考亚伯拉罕）。分析使她对父亲具有比较友善及人性化的态度，这个进步使她与母亲和其他客体的关系同时变好了。有关个体与父亲阴茎以及父亲本人的关系，我想指出，我的患者与亚伯拉罕在上述著作第483页所报告的案例之间的相似性。

③ 参考第八章以及我的论文《俄狄浦斯冲突的早期阶段》（1928，《克莱茵全集I》）。

④ 因此女孩的超我比男孩的强，我们之后会讨论这对她的自我发展以及客体关系的影响。

而且以下列方式增强了她对阴茎的力比多渴望。她对内射“坏”阴茎的害怕，是使她持续借由性交内射一个“好”阴茎的动机。① 此外，她的性活动（不管是通过口交、肛交或是正常的性交）帮助她确定那些在她心中扮演此主导角色的焦虑（与性交有关的焦虑）是否具有基础。男孩女孩想象中的性交会潜藏着如此多的危险，是因为他们的“施虐愿望幻想”（sadistic wish-phantasies）已经将父亲与母亲之间的行为转化为一个极具威胁的危险情境。②

我已经巨细靡遗地论及这些施虐自慰幻想的本质，也发现它们属于两种不同却有关联的类别。属于第一类的是，孩子使用各种施虐工具直接攻击他们的父母，不管是在性交中结合的父母还是单独的父母；第二类来自发展的较晚期，也是施虐特质的高峰期，孩子以较间接的方式呈现出施虐全能，认为自己胜于父母，并授予他们彼此摧毁的道具，将他们的牙齿、指甲、性器官、排泄物等转化为危险的武器与动物等，并根据自己的欲望，认为他们在性交中彼此折磨与摧残。

这两类施虐幻想均会由各种根源引发焦虑。属于第一类的小女孩会害怕被父母或其中之一反击，但是更怕母亲，因为她是两人当中更被自己所怀恨的人。她期待被母亲从里面和外面袭击，因为她在内射其客体的同时，也攻击了它们。这种焦虑与性交有紧密的关系，③ 由于小女孩想象父母在一起做爱，因此其原始施虐行为大部分指向双亲。但是在第二类幻想中，“做爱”更潜藏着针对她而来的极大危险，因为依据她的施虐渴望，在做爱中母亲完全被摧毁。另一方面，她的施虐幻想与欲望也将性活动转化为极度危险的情境，这一活动也是处理焦虑最有力的方法，因为伴随而来的力比多满足使她获得最高的愉悦，也因此降低她的焦虑。

---

① 我们在本书前面已经看到孩子害怕他里面的坏东西，例如内化进去的坏客体、危险的排泄物与身体部分等，通常会鼓励他尝试各种内射与排放，因此也是其发展的基本因素。

② 根据我的经验，孩子渴望父母以施虐的方式性交，是制造并维持其性理论的重要因素。这一性理论的特征不止要归因于性器冲动对其幻想形成的影响，而且也是对性交中的父母之摧毁欲望的结果。因此我发现就治疗观点而言，在分析孩子的性理论时，必须注意这些性理论来自施虐欲望，因而也会在其心智中燃起强烈的罪疚感。

③ 这些幻想也会引发危险情境，它们与性活动无关。

我想这个观点使我们了解个体想要从事性行为的动机，也帮助我们了解从这一行为中获得力比多满足的心理根源。我们知道所有性感带的力比多满足，同时隐含着摧毁的满足，这是由于在这个发展阶段中，力比多与摧毁冲动混淆的结果，它们仍然被摧毁倾向主导。根据我的看法，在生命的头几个月，摧毁冲动已经在个体内在引发焦虑，使施虐幻想与焦虑挂钩，这两者结合的结果引发了特定的焦虑情境。由于其性器冲动在施虐特质高峰期即已展开，因此，这些在早期发展阶段中被引发的焦虑情境也与性器活动联结起来了（我发现在施虐高峰期，在其施虐幻想中，做爱表征摧毁其父母的工具）。这种混淆的结果是一方面焦虑强化了其力比多需求，另一方面所有性感带的力比多满足被用来处理焦虑，"力比多满足"减弱了他的攻击，因而也减弱了他的焦虑。此外，由这种满足所获得的快乐，似乎可以缓和害怕被自己的摧毁冲动及其客体摧毁的焦虑，并且对"丧失性欲"（琼斯所称）造成不利影响，例如害怕失去达成力比多满足的能力。力比多满足作为爱（Eros）的表现，增强了他对有帮助之意象的信念，并减弱了威胁他的死之本能与超我的危险。

个体愈焦虑和愈神经质，则他的自我愈有能量，他的本能力量也会更全神贯注地致力于克服焦虑，因此力比多满足也会被用来作为处理焦虑的目的。正常人因为较远离早期焦虑情境，而且以更成功的方式修饰了它们，这些情境对其性活动的影响当然比较小，但是根据我的了解，它从不会完全消失。①正常人也会有冲动，想要在与伴侣的爱的关系中试探这种特定的焦虑情境，这会强化他的力比多固着，因此性活动也会帮助一般人克服焦虑。主导的焦虑情境以及焦虑的量，对每一个人而言都是爱的条件之特定因素。

若小女孩对于通过性活动试探其焦虑情境和现实感充满自信与希望，则她会选取一个表征"好"阴茎的人作为其客体。在这种状况下，性活动所带来的焦虑之舒缓则会带给她高度的享受，并在她的经验中添加了纯粹的力比多满足，除此之外，这也为永久而满足之爱的关系奠定下良好的基础。然而若情况不利，而且被她所害怕的内射进去的"坏"阴茎所主导，则她爱之能

---

① 参考第十章。

力的先决条件是借由一个“坏”阴茎试探现实，而且其爱的伴侣会是一个具有施虐特质的人。在这种状况下，她的试探是为了探知她的配偶会通过性活动对她造成什么样的伤害，这种期待受伤的方式甚至可以舒缓她的焦虑，而且是维护她心智生活秩序的重要因素。[①] 我认为，这种需要通过外在世界来证实并舒缓她对内在与外在危险的焦虑的强迫行为，是重复—强迫行为的主要因素。[②] 愈是神经质的个体，这种证实愈是与被处罚的需要挂钩。早期焦虑情境的焦虑愈强烈，且希望感愈弱，则与这种不利的证实挂钩的情境会愈不利，在这种情况之下，只有严厉的处罚或是不快乐的经验（被视为处罚）可以在幻想中取代所期待的恐怖处罚。她对施虐伴侣的选择也基于她的驱力：想再一次吞并进去一个施虐的“坏”阴茎（因为这是她所认识的性活动），这“坏”阴茎将摧毁她里面的危险客体。因此女性受虐特质最深的基础，似乎是女性对她所内化进去的危险客体的害怕，而她的受虐特质其实是她的施虐本能转向自己，对抗她里面的内化客体。[③]

根据弗洛伊德的观点，[④] 虽然施虐特质最早出现的时候与客体有关，但是它原来是针对器官本身而来的摧毁本能（原初施虐特质），后来才通过自恋力比多从自我转出。而性感带受虐特质则是摧毁本能无法以这种方式转向外面的那部分，它们留在器官里，一并以力比多的方式被绑在那里。他继续提到，那些转向外在的摧毁本能会再次向内而转离其客体，它造成次级的受虐特质或女性受虐特质。但是，我发现当摧毁本能以这种方式恢复时，它仍然与其客体紧紧相连，然而它们现在变成内化客体，在威胁着摧毁内在客体的同时，也威胁着摧毁它们的居所——自我。因此在女性受虐特质中，摧毁

① 这种现象是因为，由外在根源所引发的痛苦，不会像由幻想中所引发的痛苦那般强烈，因为后者是对内在危险与伤害持续而压倒性的害怕。

② 参考第七章。

③ 海伦娜·朵伊契的论文《受虐特质在女性心智生活中的重要性》（The Significance of Masochism in the Mental Life of Women，1930），对于受虐特质根源的观点与我的观点迥异，她认为小女孩的俄狄浦斯情结来自阉割欲望与阉割焦虑，这一假设与我的看法有所不同。

④ 参考弗洛伊德《享乐原则之外》（1920）以及《受虐特质的经济论问题》（1924）。

本能再次针对器官本身而来。弗洛伊德说：[①]“……罪疚感也表现在受虐幻想所呈现的内容中，个体认为他犯了罪（它们的本质是无限的），因此必须以这些痛苦而折磨的方式进行补偿。”受虐者的自我折磨行为和抑郁者的自我责备有一些相似的地方，我们知道，事实上他们针对的是自己里面的内射客体。因此，女性受虐特质似乎不仅针对自我而来，也针对内射客体而来。此外，通过摧毁其内化客体，个体保留了自我。在极端的案例中，他的自我不再能够将其死亡本能转向外在世界，因为生与死的本能有了共识，而前者也从保护自我的功能中退缩。

我们现在将扼要谈论另外两种女性性生活的典型模式，这些女性对内射进去的阴茎之害怕是非常强烈的。[②]女人虽然有强烈的受虐倾向，也常常充满希望，并且常将她们的情感付诸在一个施虐者伴侣身上，以各种方式努力（这努力常常使用了她们自我的所有能量）将他转化为好客体。这种女人对“坏”阴茎的害怕以及对“好”阴茎的信念是相等的，因此常常摆荡在选择“好”外在客体与“坏”外在客体之间。

对于内化进去的阴茎的害怕，常会促使她再三试探自己的焦虑情境，因此她会一再强迫自己与其客体进行性交活动，或是以其他方式不断更换客体。其他案例显示，一样的焦虑有时会导致相反的结局，这些女人将变成性冷淡。[③]在儿童时期，对母亲的恨使她将父亲的阴茎从一个充满欲望、丰富的客体变成一个危险的“坏”客体。在其想象中，她已经将阴道化为死亡的道具，并认为母亲在性交关系中成了父亲的危险根源。她对性交活动的害怕，来自害怕被阴茎所伤害，以及害怕会在性交中伤害她的配偶或伴侣。对自己会把他阉割掉的

① 《受虐特质的经济论问题》（1924，p.162）。

② 当然，这些不同的形式在许多案例中是重叠的，在面对如此丰富且复杂的素材时，我只能提供其中一两个形式的轮廓，主要目的在于描述一些来自女性基本焦虑的结果。

③ 看起来好像这种结果主要依赖自我克服焦虑的程度，就像我们在最后一章所学到的，有时个体只有在特定条件下才能处理他的焦虑（或更确切地说，将焦虑转化为快乐）：当他所必须克服的现实情境具有某种特定的困难与危险本质时。我们有时也在其爱的关系中发现类似的情境或状况，在这一情境中，性交代表的是危险情境，因此女人的性冷淡可以说部分与她害怕地逃避其焦虑情境有关。直到目前为止，我们可以看到处理焦虑的条件与获得性满足非常相关。

焦虑，部分来自她对施虐母亲的认同，另一部分则来自她自己的施虐倾向。

我之前已经提过，如果小女孩有受虐态度，则她的施虐倾向将针对其内化客体而来，但是如果她对内化阴茎的害怕，迫使她通过投射而防御这一来自内在的威胁，则她会将其施虐特质导向外在客体，亦即导向一个在性交关系中被内射进去的阴茎，因此也导向她的性伴侣。在这情况之下，“自我”再次成功地将摧毁本能转离自己，也转离内化客体，并再次针对外在客体而来。如果小女孩的施虐倾向占主导，则她仍然会视性交为现实对其焦虑的试探，但是以相反的方式进行。在她的幻想中，她的阴道与身体对其伴侣而言是有摧毁性的，而且在口交中她将咬断配偶的阴茎并将它撕成碎片，这变成她克服对被吞并的阴茎和真实客体的害怕之道具。通过其施虐特质对抗外在客体，她在幻想中进行一场消灭其内化客体的战争。

全能的排泄物

在男孩女孩的施虐幻想中，排泄物扮演很重要的角色。膀胱与大便的全能功能[①]与偏执机制息息相关，[②]这些机制在施虐、自慰幻想时期最具影响力，因为在这些幻想中，孩子以秘密的方式，通过尿、大便以及排气摧毁在性交中的父母。[③]这些原始道具以及攻击方式由于害怕被反击而被增强，孩子以此作为防御。[④]

---

① 参考弗洛伊德《图腾与禁忌》(1913, p.85)，同时参考费伦齐《现实感的发展阶段》(1913)，以及亚伯拉罕《梦与精神官能症中排泄历程的自恋式评价》（1917）。

② 有关偏执妄想与肛门功能，参考弗洛伊德、费伦齐、欧布伊森、斯塔克以及其他人的文章。

③ 参考第十章。

④ 这种通过排泄物来摧毁父母或其中一方的施虐全能，在孩子的发展历程中渐渐被修饰，经常被用来使客体产生伦理上的痛，并在自信上控制且主导客体。由于这种修饰，同时由于孩子现在以秘密和奸诈狡猾的方式攻击，而且要必须很小心、精明地注意不会有类似的反攻击，因此其原初的全能感对孩子而言，变成很重要的自我成长基础。有关以上这些概念，亚伯拉罕在他的论文中表示，膀胱与粪便的全能功能是全能思想的前驱。琼斯在他的论文《圣母由耳朵受孕》（The Madonna's Conception through the Ear，1923）中，显示思考与气味对等了。我也认为，孩子将他的粪便（尤其是那些看不到的气味）与其他秘密而看不见的物质对等，例如思考。此外，他也想象通过对母亲身体的外在攻击，以神奇的方式将这些东西放到母亲身体里面（参考本书第八章）。

根据我的判断，小女孩的性生活和自我在其发展过程中，比小男孩更受膀胱与大便的全能功能所影响，而且这一影响是强烈而持久的。她们用排泄物所进行的攻击是针对母亲而来，首先是针对她的乳房，然后针对她身体的内在。因为女孩针对母亲身体而来的摧毁冲动比男孩更有力且持久，因此她将使用更秘密、奸诈的方式进行攻击——通过粪便与其他排泄物的神奇力量，① 以及她全能的思想。这些与母亲身体里面以及自己内在世界隐藏与神秘的本质符合。而男孩的恨则集中在想象中母亲里面的父亲阴茎以及真正的阴茎上，因此他的恨针对的是外在世界以及可触摸、可见的事物。他也会大量使用阴茎的施虐全能，所以也会有其他处理焦虑的方式。② 而女人处理焦虑的方式，则在乎她与内在世界的关系，其特质是被隐藏起来的，因此是在潜意识中的。③

就像我们之前说过的，在女孩施虐特质的高峰期，她相信其性活动是阉割客体的工具，同时她也进行着消灭内化客体的战争。通过全能的粪便和全能的思想，她努力克服自己身体里面的可怕客体，这些客体本来是在母亲身体里面的。若她对她里面父亲的"好"阴茎具有足够强烈的信念，则能建立起全能感来。④ 但是，若她对自己的排泄物以及思想之神奇力量的信念占优势的话，则她会在幻想中，通过这些力量主导与控制她的内化客体和真实的客体。这些来自不同根源的神奇力量不仅同时运作且彼此强化，她的自我为了处理焦虑，也会使用它们并使它们彼此敌对。

---

① 女人将其自恋与整个身体联结，部分原因一定是因为她将全能感与她身体的各种不同功能及排泄历程进行联结，因此将其扩大到整个身体，而男人则将自恋聚焦在他的性器上。无论如何，最后的分析显示，她以神奇的方式通过身体抓住并控制真实的客体。

② 在本章及下一章中，我们将讨论两性在生理上的差异，使男孩与女孩发展出不同的全能感和处理焦虑的不同方式。

③ 在我的论文《论智力抑制理论》（1931，《克莱茵全集 I》）中，我提到在潜意识中，男人将自己的阴茎和意识视为自我的表征，而将他身体的内在（看不见的）视为其超我及其潜意识的表征。

④ 梅莉塔在其论文《文化发展中精神病机制的角色》（1930）中表示，对父亲阴茎的内射（等于他的父亲），大大增强了客体的自恋和全能感。

与母亲的早期关系

女孩对内射进去的阴茎的态度，强烈地被她对母亲乳房的态度影响，以下摘要一些原始因素：她所内射进去的第一个客体是她的“好”母亲与“坏”母亲，[①] 它们以乳房表征（好乳房与坏乳房）。她想吸吮和吞食阴茎的欲望，来自她对母亲乳房的欲望，因此由乳房而来的挫折，是她后来对阴茎感到挫折的前身。不止她对母亲的恨与嫉羡影响并强化了她对阴茎的施虐幻想，她与母亲乳房的关系也影响她对男人的态度。当她开始对内射进去的“坏”阴茎感到害怕时，她也开始逃回母亲身边，希望作为真实客体及内化客体的母亲将会帮助她。如果她对母亲的原初态度被口腔吸吮位置主导（因此拥有了强烈的正向因素与充满希望的因素），则就某种程度而言，她将能藏在“好”母亲意象后面，以对抗她的“坏”母亲意象和“坏”阴茎。否则，她对内射母亲的害怕将强化她对内化阴茎的害怕，并且害怕那在性交中联合起来的父母。

女孩视母亲意象为“有帮助的”人物，以及她与母亲的依附强度，对她而言是很重要的，因为在她的幻想中，母亲拥有了抚育的乳房以及父亲的阴茎和孩子，因此可以满足她的所有需求。因为当小女孩开始经验到早期焦虑情境时，她的自我扩大使用她对养育的需求，以此帮助她克服焦虑。她越害怕自己被下毒、被攻击，就会愈渴望拥有“好”母乳、“好”阴茎以及孩子，[②] 因为她的幻想告诉她，母亲对这些有无限的控制权，她需要这些“好”东西来对抗那些“坏”东西，而且在她里面建立起某种平衡。在她的幻想中，母亲的身体像一个仓库，拥有可以满足她所有欲望及舒缓她所有焦虑的道具，是这些幻想让她再次以母亲的乳房作为最初的满足根源，也视它为最有影响力的事物，这个想象使小女孩强烈地依附母亲。在她的焦虑压力之下，在母

① 在第八章中，我们看见孩子如何借由想象中的攻击将好乳房变成坏乳房，因为孩子在第一时间用其所有施虐资源，抵抗那没有让其足够满足的乳房。因此对好母亲与坏母亲意象的原始内射，在其他意象形成之前即已存在。

② 我们应该再巨细靡遗地探究与孩子的占有有关的更深层意义。我们已经有充分的基础，可以说孩子想象中身体里面的孩子，代表的是有用或有益的客体。

亲那里受到的挫折让她再度埋怨她，并且强化对母亲身体的施虐攻击。

但是在发展稍晚的时期，当她常有罪疚感时，[①] 这种想拥有母亲身体好内在的欲望，在她里面引发了最强烈的罪疚感与焦虑（或是她认为自己已经取走了母亲的好内在，而使母亲只剩下坏的东西在里面）。在她的幻想中，摧毁母亲里面的孩子，等于完全破坏了集聚母亲所有心智与生理需求满足的储藏室。这种影响小女孩心智生活的重大焦虑，进一步强化了她与母亲之间的联结，这使小女孩有了修复的冲动，想还给母亲所有从她身上取走的东西，这种冲动表现在许多女性式的升华上。

但是这种冲动与另一种冲动对立，它也被同一焦虑强化，亦即为了拯救她自己的身体而取走母亲的所有东西。因此，在这个发展阶段小女孩被两种冲动所主导，一种是取走的冲动，另一种是归还的冲动。我们之前在其他地方提过，[②] 这种冲动是导致强迫式精神官能症的主要原因，例如我们看到小女孩画小星星或是十字架代表脸和孩子，大一点的孩子会在纸上写字或数字，代表母亲或自己的身体，而且很小心地避免在纸上留下任何空间。或是她们会小心翼翼地把一张一张的纸叠在盒子里，直到它几乎满出来。她们常常会画马来表征母亲，然后画一棵树在她前面，代表父亲的阴茎，再画一些花在周围，代表孩子。再大一点的小女孩会绘画、缝制洋娃娃及洋娃娃的衣服或书等，这些都象征母亲重新被建构的身体（完整的身体或每一个被伤害的部分）、母亲里面的父亲阴茎和孩子，或是父亲与兄弟姐妹。

当她们从事这些活动时，或是在她们完成这些活动之后，孩子常常会表现她们的愤怒、抑郁或失望，或有摧毁的举动，这些都表示她们害怕无法真的重新建构，这种焦虑来自许多根源，是修复倾向的障碍。[③] 小女孩在她的幻想中已经占有了父亲的阴茎、粪便及孩子，然后由于其施虐幻想带来对阴

---

① 我们必须记住在小女孩的想象中，除了攻击母亲之外，她认为自己也已经伤害或杀掉了母亲里面的兄弟姐妹。孩子因此而有的罪疚感和害怕被报复，干扰了她与真正兄弟姐妹之间的关系，也同时影响其社会适应的能力。

② 参考第九章。

③ 若焦虑太强烈且无法被强迫式机制抑制，则属于更早期阶段的暴力机制将会出现，自我也会跟着采取更原始的防御机制。

茎、孩子与排泄物的害怕，她不再相信自己有好东西。现在，她脑中的问题是：她还给母亲的东西是否是好的？这些东西在质和量上是否是正确的？它们在里面的次序是否也是正确的（因为这些都是修复的先决条件）？然而，如果她相信自己真的已经把母亲身体里的好东西归还给她了，她又会开始害怕是否会因此而危及自己。

这些焦虑之源进一步使小女孩不信任母亲，有时候小女孩会把她们的画、纸的形状，或是任何当时对她们而言象征阴茎或孩子的东西卷绑起来，然后小心翼翼地把它们放在玩具箱里面，并且以怀疑的眼光看着我。在这些情形下，我不被允许接近这些包裹或是玩具箱，而且必须远离它们，或是不可以看她收拾这些东西。我的许多小女病人在进我房间的时候，会疑神疑鬼地看着我在玩具箱里面为她们准备的纸和铅笔，害怕它们可能不属于她，或是它们的尺寸会比前一天小或变少了。或是她们会确定玩具箱里面的东西没有被重新整理过，而且都整齐排列，没有任何东西丢掉或改变了。[①] 分析显示，玩具箱和包裹里面的东西代表她们自己的身体，她们不仅害怕母亲会攻击并且取走它，而且害怕她会把坏东西放到它里面而取走好东西。

除了这些许多焦虑源之外，还有一些其他因素使小女孩的女性位置以及与母亲之间的关系恶化——女孩身体的解剖学。还好因为拥有阴茎，小男孩可以因为其男性位置被支持而感到高兴，而且有机会试探现实。小女孩却无法从女性位置获得任何支持来对抗她的焦虑，[②] 因为拥有孩子才能完全证实与满足这个位置。但是它只是想象中的，[③] 而且她身体的结构无法让她知道自己里面的真正状态。我认为是这种对自己状态的浑然无知，强化了小女孩

① 每个孩子都有自己的玩具箱，在这个玩具箱里面有玩具、纸张以及铅笔等。我在每一个治疗时段之前会将它摆出来，有时更换一些玩具，而在每一个时段结束之前，我会把这些帮他准备的玩具以及他从家里带来的玩具一起收起来，直到下一次。

② 参考我的《俄狄浦斯冲突的早期阶段》（1928，《克莱茵全集I》）。

③ 海伦娜·朵伊契在其论文《受虐特质在女性心智生活中的重要性》（1930）中，指出这是维持女性位置的一个障碍。

最深的焦虑，也就是她身体的内在被伤害或摧毁了，[①] 并且她不再会有孩子，最多只能有受伤的孩子。

阴道在婴儿期性发展的角色

小女孩对身体内在的焦虑，可以有力地解释何以在她的早期性结构中，阴道的角色会因为阴蒂的活动而模糊了，甚至在她非常早期的自慰幻想中（在幻想中，她将母亲的阴道转化成一种道具），已经呈现出对阴道有潜意识的知识。虽然由于口腔与肛门倾向的主导，她将阴道对等于嘴与肛门，但是在她的潜意识中，许多幻想的细节很清楚地呈现出，她认为阴道是性器官的一个洞，用来接受父亲的阴茎。

但是，除了对阴道存在的潜意识理解之外，小女孩常常对它有非常意识化的了解。对许多小女孩的分析，让我相信许多小女孩在意识中知道她们的性器官有一个开口，除了海伦娜·朵伊契 [②] 所提到的一些非常特殊的案例之外——这些小病人被性骚扰及性侵害，因而对自己的阴道有了一些认识，并且使她们沉溺在阴道的自慰中。在其他情况之下，小女孩从与其他孩子（不管是男孩或女孩）的性游戏中，通过彼此探索而获得这个知识，有一些则是自己发现的。不可否认的是，她们强烈地想否认或压抑这些知识，这个倾向来自她们对自己的器官以及自己身体内在的焦虑。对女性的分析显示，阴道作为她们身体内在的一部分，是使女人感到最深焦虑的原因，她们对父母性交的施虐幻想，使她们认为这个器官非常危险，同时也处在危险中，这是造成性障碍及性冷淡，特别是无法达到阴道兴奋的最基本原因。

许多证据显示，只有在性活动中阴道才能完全施展其功能。[③] 我们知道

---

① 这是为什么女性自恋会延伸到整个身体的原因之一，男人的自恋则聚焦在他的阴茎上，因为小男孩最主要的害怕是被阉割。

② 同上。

③ 海伦娜·朵伊契在《女性性功能的精神分析》（1925）中支持这个观点。

常常在性交经验之后，女人才会完全改变对性交的态度，而且对性交的拘谨（在有经验之前这种拘谨被认为是正常的）常常被强烈的欲望取代，我们可以由此推论她之前的拘谨可能部分来自其焦虑，而性活动移走了这一焦虑。[①]这让我想到性交活动所带来的肯定，是因为在性交活动中的力比多满足，使她确定在性交活动中她所内射进去或吞并进去的阴茎是一个“好”客体，而且她的阴道不会摧毁它。她对内化阴茎以及外在阴茎的害怕被真实客体移除了。根据我的观点，小女孩对其身体内在的害怕（除了生理因素的运作之外），使她在儿童早期无法进入清楚而可辨识的阴道期。尽管如此，分析许多小女孩的经验使我相信，阴道的心智表征对小女孩的婴儿期性器组织的影响力，不会小于其他力比多阶段的心智表征。

隐蔽“阴道心智功能”（mental function of vagina）的因素使小女孩强化了她对阴蒂的固着，因为后者是看得见的器官，因此可接受现实的考验。我发现阴蒂自慰伴随各种幻想，在小女孩发展的早期阶段，这些幻想内容随着在不同位置产生的剧烈变动而快速改变。刚开始时是前性器期的幻想内容，但是当孩子对以口腔和肛门方式吞并父亲阴茎的欲望变得更强烈时，则其幻想会有性器与阴道的特质（常伴随阴道感官知觉），因此开始朝向女性位置发展。[②]

由于小女孩在认同母亲之后会很快开始认同父亲，因此阴蒂很快在她的自慰幻想中具有阴茎的意义。在这个早期阶段的阴蒂自慰幻想受到其施虐倾向主导，我认为由于这一时期的强烈罪疚感，这些幻想以及其他自慰行为在性器期结束时会减弱或完全消失。根据我的看法，小女孩对于“阴蒂不能代替她所渴望的阴茎”的认知，是整个事件的最后一个环节，也是决定其未来生活的主要因素。在许多案例中，这些因子注定她一辈子的性冷淡。

---

① 我们已经讨论了那些案例的结构，在此结构中，性活动不仅无法降低焦虑，而且增加焦虑。

② 汉斯·萨克斯在他的论文《女性超我形成的动机因素之一》（One of the Motive Factors in the Formation of the Super-Ego，1928）中提出一个可能性，他说由于阴道阶段在那个年龄尚未建立起来，而使小女孩将她对阴道的模糊感官置换到嘴上。

阉割情结

性器期女孩对父亲的认同，清楚地呈现出阴茎钦羡与阉割情结。① 根据我的观察，这一认同是许多发展阶段历程的结果。② 为了检视这些阶段中比较重要的部分，我们将看看她对父亲的认同是如何受到来自女性位置所引发的焦虑的影响，以及在每一个发展阶段中，她所选择的男性位置如何重叠在早期阶段的男性位置上。

当女婴放弃母亲的乳房而转向父亲的阴茎作为满足的客体时，她也同时认同了母亲。但是当她在这一位置中感到挫折时，则会立刻认同父亲。因为在她的幻想中，父亲由母亲的乳房与整个身体得到满足，亦即从那些原始的根源得到满足，而她自己却必须痛苦地被迫放弃。对母亲的恨与嫉羡，以及对她的力比多渴望，使小女孩认同了施虐的父亲。在这个认同中，遗尿扮演非常重要的角色。

男孩与女孩将尿的正向面对等为母亲的奶水，就像他们在潜意识中将身体的每一部分对等一样。根据我的观察，尿床不管在正向或施虐面向上，它最早的意义是女性位置的表达，男孩和女孩都是如此。③ 孩子由于欲望受挫而对母亲的乳房产生恨意，这似乎会在他们内在引发通过尿来伤害和摧毁她

---

① 参考亚伯拉罕《女性阉割情结的呈现》（*Manifestations of the Female Castration Complex*，1921）。

② 凯伦·霍妮是第一位将女性阉割情结联结到小女孩早期女性位置的分析师，在其论文《女性阉割情结的起源》（On the Genesis of the Castration Complex in Women，1923）中，她指出一些特定的因素，认为前性器的贯注是使小女孩有阴茎钦羡的素材，其中一个因素是小女孩注意到男孩由排尿得到偷窥（scoptophilic）与暴露倾向的满足，另一个因素是她相信通过拥有阴茎，可以使她有更大的尿道兴奋满足，其他因素则来自围绕女性位置而产生的困难，例如嫉羡母亲有孩子，这增强了她认同父亲的倾向，同时也强化了她的阴茎钦羡。此外霍妮医生也相信，那些使小女孩选择同性恋态度的因素，同时也是制造阉割情结的因素（虽然影响程度较弱）。

③ 根据海伦娜·朵伊契所说，尿床是小男孩女性位置的表现，也是小女孩男性位置的表现。《精神官能症的精神分析》（*Psychoanalysis of the Neuroses*，1930，p.51）。

的乳房之幻想[①]（不管是食人冲动或是与其接近的冲动）。

之前已经提过，在施虐期，小女孩将她的强大信念放在排泄物的神奇力量上，而小男孩则以其阴茎作为施虐的主要实行者。但是女孩也一样，对全能尿道功能的信念使她认同了施虐的父亲（虽然这一认同比男孩脆弱），因为父亲拥有阴茎，小女孩也觉得有了特殊的尿道施虐能力。[②]因此对于孩子而言，尿床很快转为表征男性位置。由于小女孩早期对施虐父亲的认同，尿床成了摧毁母亲的工具，同时在想象中，她通过阉割掉父亲而将父亲的阴茎占为己有。

根据我的经验，女孩通过内射阴茎而对父亲产生认同，之后紧接着的是借由尿床与他建立起原初施虐认同（primary sadistic identification）。[③]在最早期的自慰幻想中，她已经交替着认同双亲。对父亲阴茎的内化与女性位置有关，这使她害怕那内化进去的（父亲的）“坏”阴茎，但是这一焦虑强化了她对父亲的认同。为了对付这一焦虑，她启动了认同“焦虑客体”（anxiety-object）的防御机制。[④]偷来的阴茎使她有了全能感，并增强她认为粪便拥有摧毁能力的信心。在这个位置中，她对母亲的恨与施虐特质被强

---

① 我认为，他们借此使用了造成施虐幻想的重要机制，借由添增摧毁的因素，他们将赋予客体的快乐变成负向的。为了报复母亲没有提供足够的奶水，在想象中他们以大量的尿摧毁母亲的乳房，使其泛滥或溶掉。也为了报复母亲没有提供好的奶水，因此他们以有害的液体燃烧或毒害母亲的乳房和乳房所储存的奶。这一机制也会使他们幻想通过给予过量食物而折磨或伤害人们。我常在案例中发现，这种患者会有呼吸困难或害怕吃太多的报复焦虑。我的一个病患，当别人以友善的态度再次请他吃东西、喝饮料或抽烟时，会使他产生非常失控的愤怒。他会立刻觉得“难以下咽”，并失去所有想吃喝或抽烟的欲望，分析显示，这种行为是来自之前所描述的早期施虐特质。

② 凯伦·霍妮在她的论文《女性阉割情结的起源》（1923）中表示，使小女孩有与尿道兴奋冲动有关的原始阴茎钦羡的因素之一，是因为她那基于尿道功能的施虐全能幻想，与小男孩所能制造尿的抛物线有关。

③ 在论及女同性恋的起源时，琼斯在他的论文《女性性特质的早期发展》（1927）中做了一些基本的结论，我的研究完全支持这些结论。简而言之，它们是女性强烈口交幻想的结果，这些口交幻想与强烈口腔施虐特质有关，这些幻想使她相信自己已经拥有了父亲的阴茎，也使她特别想认同父亲。以此产生的同性恋态度，会使她对自己的性别缺乏兴趣，而对男性性别有强烈的兴趣。她会努力获得男人的重视与尊敬，对男人有强烈的竞争感、恨意和愤怒。她的人格会有一些显著的口腔施虐特质，且她认同父亲主要是为了阉割欲望。

④ 参考第七章。

化了，并且幻想在父亲阴茎的协助下可以摧毁母亲，同时满足了对那令他挫折的父亲的报复，并且以赢过双亲的全能感作为防御来对抗她的焦虑。我发现，在偏执特质主导的患者身上特别容易发展出这种态度，[①] 但是它在女同性恋身上也特别有力，因为她们对男性有深度的敌意竞争，这可以应用到我之前提过琼斯所描述的那一群女同性恋者身上。

拥有外在阴茎，让小女孩信服在现实中她真的拥有胜过父母的施虐力量，缺乏这个她便无法处理自己的焦虑。[②] 另外，阴茎作为用来胜过其客体的施虐道具，证明了内化进去的危险阴茎和内射进去的客体是可以被克服的，因此阴茎的最终目的是为了保护自己的身体。

被焦虑强化的施虐位置成了她男性情结的基础，她的罪疚感也使她希望拥有阴茎，她所渴望的真正的阴茎现在被用来作为重建母亲的道具。就像瑞维尔所观察到的，[③] 女孩由于母亲没有给她父亲的阴茎而想补偿的欲望，是加重了小女孩阉割情结与阴茎钦羡的要素。当小女孩因为害怕母亲而不得不放弃与母亲的竞争时，她会渴望安抚母亲并且补偿自己之前所做的，这会让她强烈地渴望阴茎，以此作为修复的工具。根据瑞维尔的意见，小女孩施虐特质的强度及其容忍焦虑的能力，将是她选择同性恋或异性恋的决定因子。

现在，让我们更仔细探讨为什么对于某些个案，男性位置以及拥有阴茎是不可或缺的条件，一旦没有这些，小女孩就无法补偿母亲。早期分析证实，在潜意识中存在一种控制所有反动及升华历程的基本原则，亦即修复的举动在每个细节上都必须依据幻想中所造成的伤害。孩子在幻想中通过偷窃、伤害、摧毁等方式所犯的错，必须借由一一归还、修正与重建使它们变好。这个原则包括确定那些用来伤害与摧毁的施虐道具（阴茎、排泄物等）必须再

---

① 读者可参考第三章厄娜的案例史，我在此将引用其中一小段。厄娜 6 岁时就严重失眠，她很害怕小偷或强盗，并且只能俯卧，她会通过用头撞击枕头来克服这一焦虑。这代表了与母亲之间的施虐性交，在这一性交中，她扮演的是施虐的父亲。

② 瑞维尔在其论文《女性面具》（1929）中指出，由于小女孩对父母彼此给予性满足的愤怒与怀恨，使她幻想着阉割父亲，并占有他的阴茎，以此拥有控制父母的权利，进而杀掉他们。

③ 同上。

次变成好东西，而且作为用来修复的道具。“坏”阴茎或“坏”尿所造成的伤害，必须借由“好”阴茎[①]和“好”尿将它修正过来。

让我们来看一个小女孩的案例，她的施虐幻想聚焦在被父亲的危险阴茎间接摧毁的母亲身上，并且强烈认同了施虐的父亲。当她的反动倾向以及修复欲望启动时，她会迫切希望通过一个有疗愈能力的阴茎来重建母亲，她的同性恋倾向也因此被强化了。在这个脉络中的一个重要因素，取决于她认为父亲失去修复能力的程度如何，这一信念可能来自她认为已经阉割了父亲，或是因为已经把父亲推开，或已经将父亲的阴茎转化成“坏”阴茎，所以她必须放弃修复他的希望。[②]如果她强烈地相信以上所提到的，则她必须自己扮演父亲的角色，这也会让她倾向于选择同性恋位置。

当小女孩意识到自己没有阴茎而笼罩着失望、怀疑与自卑，以及她的男性位置所引发的害怕与罪疚感（首先针对父亲，因为她使父亲失去阴茎而且占有了母亲，之后是针对母亲，因为她从母亲身边抢走了父亲），以上这些使这个位置崩解了。此外，她原来抱怨母亲阻挡她以父亲的阴茎作为力比多客体，后来又认为母亲不让她拥有具有男性特质的阴茎，这个双重的埋怨使她拒绝以母亲作为其性器的爱之客体。另一方面，其男性位置使她憎恨父亲并且嫉羡其阴茎，这些再次阻挡她选择女性角色。

根据我的经验，小女孩在离开性器期时，还必须通过另一个阶段，亦即后性器期（post-phallic phase），在这一时期她必须选择留住女性位置或是抛弃它。可以说在进入潜伏期时，她的女性位置已经有了性器的水平，并具有被动[③]以

① 梅莉塔在她的论文《文化发展中精神病式机制的角色》（1930）中，追论药物学所扮演的角色：药物象征神奇的“好”阴茎，而病魔则象征“坏”阴茎。她认为，心理对于生理健康的影响可归类如下：个体对父亲的服从态度，取代了原本对父亲阴茎的攻击态度（这个态度使那器官变得非常危险）。他若顺从地服药，表征“好”阴茎的药物就会对抗他里面的“坏”客体。

② 如果她的同性恋仅以升华的方式出现，则她将会保护并照顾其他女人（以及母亲），并会以丈夫的态度对待她们，并且对于男人的性不感兴趣。琼斯认为，当口腔吸吮固着非常强烈时，则会发展出这种女同性恋的态度。

③ 海伦娜·朵伊契也认为，可以在口腔和吸吮活动中看到真正的阴道被动女性态度（《女性性功能的精神分析》，1925）。

及母性的特质，这包括其阴道的功能和心理表征在所有基础上都已经被建立起来。有关这一点，我们常常可以在小女孩身上看到她采取真诚的女性与母性位置，除非阴道扮演一个接受的器官，否则这种位置是不可能的。我们之前已经指出，当小女孩进入青春期时，她在生理上的改变以及其性活动的经验，使阴道的功能也有了重要的转化，① 是这一转化使小女孩的性心理发展前进到最后阶段，并使她成为一位完全的女人

我发现，我在许多地方同意凯伦·霍妮的论文《逃离女性》（The Flight from Womanhood，1926）。② 在该论文中她有如此结论：阴道以及阴蒂在小女孩的早期生活中扮演一部分的角色，（她指出）我们可以从晚期女性的性冷淡中，推论阴道比阴蒂更容易强烈地贯注着焦虑与防御。她相信小女孩的“乱伦欲望被她的潜意识无误地指向阴道”，根据这一论点，（后来的）性冷淡应该被视为这些幻想的防御显现，这些幻想非常强烈地威胁着自我。

我也同意凯伦·霍妮的论点，她认为小女孩若无法对她的阴道有正确的知识，则会增强她的性器焦虑，并使她更容易选择男性位置；而小男孩可以检查自己的性器官且接受现实的考验，并发现他是否已经被自慰的恐怖结果所压倒。凯伦·霍妮进一步区分女孩的“次级阴茎钦羡”（secondary penis envy）与“初级阴茎钦羡”（primary penis envy），前者在性器期发生，后者则基于一些特定的前性器贯注（pre-genital cathexes），例如尿道兴奋与偷窥症（scoptophilia）。她相信，小女孩的次级阴茎钦羡是用来压抑其女性欲望的，在解除俄狄浦斯情结时，她必然（虽然程度不同）不仅放弃其父亲作为性客体，并且同时远离女性角色而退化到初级阴茎钦羡。

我的论文《俄狄浦斯冲突的早期阶段》③ 指出，有关小女孩性器组织的最后阶段，在许多重点上与琼斯所提出的时间一致。他在《女性性特质的早

---

① 对小男孩而言也是一样，只有在生殖期才会出现阴茎功能的心理精神表征，这是男性位置的先决条件。

② 同上。

③ 参考《克莱茵全集 I》（1927）。

期发展》[①] 一文中，指出阴道功能原本认同于肛门，这两者的区分（仍是一个模糊的历程）产生的时期有部分比我们所想象的还要更早。他假设在口腔—肛门阶段中，小女孩通过认同母亲形成了女性异性恋态度的基础。根据他的观点，同性恋女性认同父亲及其阴茎，而正常女性的性器期则是这种认同的一种较弱形式，而且有显著的次级与防御特质。

海伦娜·朵伊契对这一点持不同看法。[②] 她假设有一个所谓的后性器期，小女孩在这个时期为她晚期性器组织的最后结局做准备。但是，她认为女孩没有所谓的阴道期，而且她不会知道有关阴道存在的事实，也不会对阴道有任何感官知觉，所以当她完成婴儿期的性发展时，她无法以性器方式发展出女性位置。为此，她的力比多（虽然在女性位置之下）不得不退化到被阉割情结主导的更早期位置（根据朵伊契的观点，阉割情结发生在俄狄浦斯情结之前），这种退化是造成女性受虐特质的基本因素。

修复倾向与性特质

我已经探讨了帮助小女孩巩固其同性恋位置的修复倾向，但是其异性恋位置的巩固也要依赖这一位置与超我的要求之间的共识。

如我们在本章前一部分所看到的，甚至正常人的性活动本身及其力比多动机都可以帮助他处理焦虑。我现在想补充有关性器活动的另一个动力，这个动力是渴望通过性交来弥补他的施虐幻想所造成的伤害。[③] 当性器冲动越强烈时，其自我以更少的焦虑及更多的罪疚感反应超我的要求。由于早期施虐幻想的缘故，个体发现性活动是修补客体最好的工具，其修复幻想的本质与内容（对等于想象中的伤害），不仅是他从事各种活动与升华的重要因素，

---

① 参考《精神分析论文集》（1927），第四与第五版。

② 海伦娜·朵伊契，《受虐特质在女性心智生活中的重要性》（1930）。

③ 梅莉塔在她的论文《病态性特质的一些潜意识机制及其与正常性行为的关系》（Some Unconscious Mechanisms in Pathological Sexuality and their Relation to Normal Sexual Activity，1933）中，也做了如此的结论：修复倾向对于引发异性恋以及同性恋行为是非常重要的。我们必须看到这篇论文的细节。

而且也对性发展的历程与结果有重大的影响。①

再看看小女孩，我们发现其施虐幻想的内容与组合、反动倾向的范围及自我的结构与强度，这些都将影响她的力比多固着，并决定她的修复具有男性或女性特质，或是两者的混合。②

另一件影响小女孩之最后发展结果的要素，是她通过特殊施虐想法所建立起来的修复幻想，是否对其自我的发展与性生活有决定性的影响。它们通常是交织在一起的，因此可以帮助建立起特定的力比多位置，以及与其相符的自我位置（ego-position）。例如，若小女孩的施虐特质强烈地聚焦在伤害母亲的身体、由母亲身体里盗走孩子及父亲的阴茎等这类幻想的话，则她可能在其反动倾向启动时，有条件地维持其女性位置。在升华中，她将完成重建母亲并把父亲和孩子还给母亲的欲望，例如通过成为保姆、医院的护士、按摩师，或是通过追求智力上的兴趣等。③ 如果她同时充分相信，通过生孩子或与一个有"治愈"能力的阴茎从事性交活动，自己的身体就可以被修复的话，则她就可以通过异性恋位置帮助她处理焦虑。此外，她的异性恋位置可以强化其升华倾向，这一升华的目标在于修复母亲的身体。母亲被修复的身体显示父母之间的性交不仅没有伤害到母亲，而且还可以重建她，这一信念反过来可以帮助她稳固其异性恋位置。

小女孩最后所采取的位置，全依赖她自己的建构全能感是否成为其反动倾向的力量。如果是这样的话，则她的自我可以进一步设定一个可以借由修复倾向来实现的目标，亦即她的双亲应该被修复，而且应该再次在和睦相处

① 若罪疚感太强烈，则其性行为及其反动倾向之间的混淆，会严重干扰他的性生活，我们将在下一章讨论修复欲望对于男性性发展和性能力的影响。

② 即使她的施虐特质仍然主导，她用来处理焦虑的方法将影响她的性生活，这些方法或是使她维持同性恋态度，或是选择异性恋，这两种位置都取决于她的施虐倾向。

③ 在我的论文《呈现在艺术工作及创意冲动中的婴儿期焦虑情境》（Infantile Anxiety-Situations Reflected in a Work of Art and in the Creative Impulse, 1929）中，我分析了卡伦·米开利斯（Karen Michaelis）所叙述的一名年轻女性，她在完全没拿过画笔的情况下，突然发展出画女人肖像的才华。我尝试解释导致这突发的艺术才华，是来自她在最危险的情境中所散发出来的焦虑，画女人的肖像，象征以升华的方式修复了她在幻想中所攻击的母亲身体和自己的身体。对于这一摧毁，她期待着可怕的报复，因此通过画女人肖像纾缓了来自其心智中最深处的焦虑。

中联结起来。在她的幻想中是父亲修复了母亲，而且以他有益健康的阴茎满足了她。在她的幻想中，母亲的阴道本来是危险的，现在可以重建，而且治愈了父亲那曾经被伤害的阴茎，因此她可以视母亲的阴道为一个健康而令人愉悦的器官。这时，小女孩不仅可以再次唤醒早期认为母亲是让她吸吮的"好"母亲这样的观点，同时能通过认同母亲而视自己为一个能修复并给予的人，且能视做爱中的伴侣之阴茎为"好"的阴茎。这种态度基于其性生活的成功发展，以及依赖其客体的能力。这一依附能力不仅来自情感与爱，而且来自性。

以上我尝试指出婴儿期性发展的最后面貌，是个体在许多不同位置之间摆荡之漫长历程的结果，也是由自我与超我、自我与本我之间许多彼此妥协所累积出来的。这些妥协是个体努力处理焦虑的结果，也是自我的成就。那些继续维持女性角色，并在晚期性生活和日常行为中表现正常的女孩有以下特征（仅列举其中一些）：认为父亲的阴茎应该轮流满足她和母亲；[①] 母亲应该分配一些孩子给自己，她则和母亲一样或比母亲少一点；她应该吞并父亲的阴茎，而母亲则应该拥有所有的孩子等，男性因素也会涉入这样的妥协中。为了能够以男性角色对待母亲，小女孩有时会想象自己占有了父亲的阴茎，之后再归还给他。

分析历程愈来愈清楚地显现，每一个正向改变都来自个体的力比多位置，这个力比多位置来自焦虑与罪疚感的降低，其结果是新妥协的产生。小女孩越感到自己的焦虑与罪疚感降低，她的性器阶段就越浮现出来，则她越容易认可母亲的女性角色与母性角色，或更确切地说，愈容易转向她，同时和她采取类似的角色，并升华自己的男性部分。

外在因素

我们知道，孩子的早期本能生活以及外在现实对他所施加的压力彼此互

① 这种幻想内容在女同性恋和在男同性恋身上所扮演的角色类似，两者皆幻想在母亲的身体内遇见父亲的阴茎，不管是作为满足或者怀恨的客体。这可能是因为当小女孩的态度受施虐特质主导时，这种幻想表征的是她自己及其母亲对父亲所从事的摧毁；而当正向特质主导时，则她与母亲由父亲阴茎同时获得力比多的满足。

动，这两者联合起来的活动塑造了心智发展的历程。根据我的判断，焦虑情境存在的早期即被现实与真实客体所影响。现实对于置换到外在世界的焦虑情境提供许多证实或驳斥，因此帮助引导其本能生活的发展历程。客体的行为及其经验的本质以这种方式强化或弱化孩子的主要焦虑情境。而且通过投射与内射机制的互动，外在因素影响其超我的形成，及其客体关系与本能的发展，它们也是将来“性发展”结果的决定因子之一。

例如，若一个小女孩无法从父亲那里获得爱与仁慈的对待（这些本来可以帮助小女孩确认在她里面的“好”阴茎的信念，以及对抗“坏”阴茎的信念），则她会更确定地巩固其受虐态度，而“施虐者父亲”对她而言，甚至可能真的会变成一种有条件的爱，或者父亲对她的行为可能会增强她对阴茎的恨与焦虑，因而迫使她放弃女性角色或变成性冷淡。

事实上，她的发展结果是正向或负向，将有赖于许多外在因素的互动。父亲对她的态度不是决定她将与何人恋爱的唯一因素，其问题不止在于与母亲或姐妹比起来，父亲对她的照顾或忽略是否太多，还包括她与她们的直接关系。她能维持其女性位置多久，并由这个位置中衍生出对一位仁慈父亲意象的渴望，皆取决于她对母亲的罪疚感，因此也有赖于她与双亲之间的关系。[①] 而且，例如双亲之一或兄弟姐妹生病或死亡这类事件，都可以协助强化其性位置，依据这类事件对其罪疚感的影响方式，决定是强化女性或男性位置。

孩子早期生活中，除了父母之外，若有其他可被视为“有帮助的”人物，则对孩子的成长过程非常重要。这个人在外在世界支持他，帮助他对抗幻想焦虑，将母亲区分为“好”母亲和“坏”母亲，以及将父亲区分为“好”父亲与“坏”父亲。这帮助孩子将他对客体的恨与“坏”客体进行联结并远离它，同时将其修复倾向导向“好”母亲与“好”父亲，并且在幻想中善待那在施

---

① 由于每一个孩子对于现实的印象，已经被其早期焦虑情境主导，因此同一事件对不同的孩子而言，会有不同的后果。然而不可否认的是，父母之间以及他们与父母之间快乐而和谐的关系，对孩子成功的性发展和心智健康而言是非常重要的。一般而言，我们假设来自这种健康家庭的父母不会有精神官能症，因此天生特质因素与情境共存。

虐幻想中被伤害的父母意象（parent-imagos）。[1] 然而如果他的焦虑太强烈，或是因为现实的种种原因，其俄狄浦斯客体没有成为好的意象，则其他人，例如一位和蔼可亲的护士、兄弟姐妹、祖父母、叔叔、姑姑、阿姨等，在某种情况下可以取代“好”母亲或“好”父亲的角色，[2] 借此他的正向感觉（由于对俄狄浦斯客体的过分害怕而被局限了）可以浮现出来，而且可以与一个爱的客体联结。

我不止一次指出，早期生活中孩子之间彼此的性关系是非常普遍的事，特别是兄弟姐妹之间的性关系。幼儿的力比多渴望因他们的俄狄浦斯挫折而被强化了，由最深的危险情境散发出来的焦虑，迫使他们沉迷于彼此的性活动中。在本章中我特别指出，这些性活动不止满足他们的力比多，而且使他们得以对于与性活动有关的各种焦虑找到各种证实与驳斥。我一再发现，如果这些性客体扮演“有帮助的”人物，这些早期的性关系对女性的客体关系及其未来的性发展有正向的影响。[3] 若对父母亲过度害怕，加上一些特定的外在因素，则会产生一种俄狄浦斯情境，这种情境使她对异性有偏见，而且强烈阻碍其女性位置的维持和爱的能力。在儿童期与兄弟或兄弟代言人发生性关系，且这个兄弟呈现了真正的情感，又是她的保护者，这一经验使她有了异性恋位置的基础，并且发展出爱的能力。在一些案例中我看见小女孩有两种爱的客体，[4] 一种代表严厉的父亲，另一种代表仁慈的兄弟。另一些案例显示小女孩可以发展出一种混合的意象，在这些案例中，她与兄弟的关系同样减弱了她的受虐特质。

基于对“好”阴茎的信念，小女孩与其兄弟的关系强化了她对于内射“好”

---

① 参考第九章。

② 在孩子的想象中，宠物可扮演“有帮助的”客体角色，因此可以协助减少他们的焦虑，并且孩子也常常认为，玩偶或玩具动物在他们睡觉时有保护他们的功能。

③ 参考第七章。

④ 每一种爱的客体在不同时期会变得重要。分析显示当她的焦虑增强，且一些特定外在因素开始运作时，则她必须选择较有施虐特质的人，或至少要能够抵抗他的求爱；当她可以远离其施虐客体时，另一种较仁慈的特质（表征她的兄弟）则会浮现出来，她会变得较不自（受）虐，而且能选择一个令她满意的客体。

阴茎的信念，并缓和了她对于内射“坏”阴茎的害怕。这样的关系也协助她处理对这些客体的焦虑，因为在和另一个孩子从事性活动时，她觉得和他合伙来对抗父母。他们的性关系使他们成为共犯，这些行为活化了本来针对双亲而来的施虐自慰幻想，也使他们一起沉迷于纵欲。通过分享最深的罪疚感，每个孩子觉得减轻了许多罪疚的压力，而且也比较不害怕，因为他们相信有人和自己一起联盟对抗所害怕的客体。根据我的观点，这种秘密的同谋在所有爱的关系中皆扮演重要的角色，即便成人亦然。对于那些偏执型的个体而言，这种性依附尤其重要。①

小女孩也会视自己与其他孩子的性依附（表征好客体）为一种反证，因为她害怕自己的性，并害怕客体是具有摧毁力的，因此这类依附可能会阻止她变为性冷淡，或在晚期生活中有性障碍。

尽管我们看见这类经验对小女孩的性生活及其客体关系有正向的影响，它们也会导致在这方面的严重障碍。② 若她与其他孩子的性关系证实了她最深的焦虑（不管因为她的配偶之施虐性太强，或是由于她自己过分的施虐特质，使她在从事性活动时激发出更多的焦虑与罪疚感），则她会更相信自己所内化的客体以及她的本我的伤害性，她的超我会比以前更严厉，结果她的精神官能症以及在性方面的缺陷，还有她的人格发展都将会受影响。③

青春期的发展

我们知道青春期孩子所面临的心智大骚动，主要来自其冲动的强化和伴随而来的生理改变。月经的来临强化了小女孩的焦虑。海伦娜·朵伊契在她的《女性性功能的精神分析》④ 一书中，冗长地讨论了月经来临对于小女孩的意义和强加在她身上的试验。在小女孩的潜意识中，第一次流出的血表示

① 有关这个论点的完整讨论请参考下一章。

② 有关这一主题请参考第七章。

③ 当孩子曾经被成人性骚扰或强暴时，较会发生这一状况。

④ 在前述引文中。

已经被阉割，且丧失了生育力，因而产生了双重失望。她也指出，月经象征对小女孩沉迷于阴蒂自慰的处罚，它也会退化式地活化她对性交的幼稚观点。依此观点，性交总是一种虐待、残酷的活动，而且与流血有关。①

我自己的资料完全支持海伦娜·朵伊契的观点，亦即对小女孩的自恋而言，开始有月经是一种重大的惊吓与失望。但是，我认为她们的病源是过去的焦虑重新活化的结果，在整个焦虑情境中，只有一些项目会因为月经来临而再次浮现。这些焦虑之前已经提过，简而言之有以下几种：

（一）由于在幻想中潜意识将所有物质对等，因此她会将经血视为危险的排泄物，② 因为在早期她已经学会将流血联想为受伤害，因此她害怕这些危险的排泄物会伤害自己的身体，这似乎是来自现实的经验。

（二）月经的流出使她更害怕自己的身体将受到攻击，在这一脉络下，以下的惧怕持续运作着：（1）她害怕被母亲攻击与摧毁，部分来自报复，部分是因为企图夺回她所抢走的父亲阴茎与孩子；（2）害怕在与父亲的施虐性交中被攻击与伤害，③ 这是来自她对母亲的施虐自慰幻想，或是因为她害怕父亲想拿回她所夺取的阴茎，而幻想父亲强迫从她身上取回他的阴茎，并从里面伤害她的性器官。我认为，这是为何她后来会认为自己的阴蒂是她曾拥有的受伤阴茎；（3）她害怕自己身体的内在会被她内射进去的客体直接或间接攻击、摧毁，因为它们在她里面彼此打架。在幻想中，她通过施虐式的做爱内射了暴力的双亲，而且他们会因为彼此摧毁而危及她的内在，这是造成急性焦虑的根源。她将

---

① 同上，p.36。

② 参考勒温（B. D. Lewin，1896—1971）的《粪便污物、月经及女性超我》（*Kotschmieren, Menses und weibliches über-Ich*，1930）。

③ 梅莉塔在他的论文《有关月经的分析》（Psychoanalytisches zur Menstruation，1931）中，指出小女孩将月经和其他有关的事，视为与父亲施虐式地性交的结果。令她更害怕的是，父亲在施虐性交中的行动，是为了报复她对父母的攻击。就像她小时候的施虐幻想一样，父亲因为她对母亲的攻击渴望，成为一位施虐的执行者；现在她是那位受罚者，要接受母亲配给她的惩罚。此外，父亲与她之间的施虐性交，代表父亲对她的惩罚，因为她在性交中对男性存在阉割欲望。

月经在她体内引发的身体感官视为一个征兆，证实她担心的所有伤害及她全部的疑病焦虑都已经成了事实。

（三）从她身体里面流出来的血，说服她自己里面的孩子已经被伤害并且被摧毁。在分析一些女性案例中，我发现她们对于没有孩子的害怕（认为她们里面的孩子被摧毁了）在月经来时会被强化，直到她们有了自己的孩子，这种害怕才会被移除。但在许多案例中，月经让她们害怕会生出受伤或不正常的孩子，这会使她们在意识或潜意识中拒绝怀孕。

（四）月经使小女孩证实了自己没有阴茎，并且相信她的阴蒂是被阉割阴茎后的伤痕或是受伤的阴茎，① 这些使小女孩更难维持男性位置。

（五）月经作为一个性成熟的记号，启动了本章之前提到的所有焦虑根源，这些与她认为性行为具有施虐特质有关。

分析青春期的女患者显示，由于前五项因素，小女孩觉得她的女性位置以及男性位置都无法维持。在平行的发展历程中，与小男孩比较起来，小女孩的月经更容易影响焦虑与冲突根源的启动，这是为什么在青春期时女孩在性方面会比男孩拘谨。

月经对小女孩心智的影响，可以部分解释为何这个年纪的女孩的神经质问题通常会大量增加，即使她是一个正常的女孩，月经也会复苏早期的焦虑情境，但是因为她的自我以及克服焦虑的方式已有了良好的发展，她会比儿童期更容易修饰其焦虑。一般而言，她可以从月经的来临获得强烈的满足，若在她的性生活展开时，其女性位置已经建立起来，则她会视月经为性成熟或是成为一个女人的证明，也是一个征兆，表示她可以更有信心地期待获得性满足并拥有孩子。若非如此，则她可能将月经视为一种用来对抗各种焦虑之源的铁证。

---

① 根据我的意见，在第二项的第二小项中所论及的小女孩之原始幻想：她认为因为她那内射进去的阴茎被强迫取走，因此自己的性器官（阴蒂）受伤了，或是害怕这样的事会发生在她身上，这是她幻想自己的性器官会借由阉割而受伤的基础。

与孩子的关系

在描述女性的早期性发展时，我对女孩想拥有孩子的欲望没有做完整描述，因为我想处理她对想象中孩子的婴儿期态度，同时也处理了后来她在怀孕时对自己体内真正孩子的态度。

弗洛伊德曾经说，小女孩对孩子的渴望来自她渴望拥有阴茎。[①] 然而根据我的观察，其实是小女孩对客体的力比多使她对父亲的阴茎有所渴望，也使她渴望拥有孩子，这一欲望来自她的口腔位置。就某些案例而言，小女孩将孩子与粪便对等，其他女孩则将孩子与阴茎对等。就前者而言，她与孩子的关系主要似乎来自自恋的发展路线，她较不依附男生的关系，且比较亲近自己的身体和全能的排泄物，后者与孩子的关系强烈地建立在她与父亲或是与父亲阴茎的关系上。普遍的婴儿期性理论是，母亲在每次性交中吞并了一个新的阴茎，而且这些阴茎或是它们中的一部分会变成孩子。由于这个理论，小女孩与父亲阴茎的关系首先会影响她与想象中孩子的关系，后来会影响她与自己孩子的关系。

在我之前引用的论文《女性性功能的精神分析》中，当讨论怀孕中女人对身体里面孩子的态度时，海伦娜·朵伊契提出了以下观点：女人对待她的孩子就像自己的一部分，也像她外面的一个客体，“在这个关系中，她重复了她与母亲之间所有正向与负向的客体关系”。在她的幻想中，父亲已经在性交活动中变成她的孩子，“这在其潜意识中其实是对父亲的口腔吞并”，而且他“在真实或想象的怀孕中持续拥有这个角色”。在这一内射历程发生之后，她的孩子成了“自我理想的降生，这是她早期已经发展出的自我理想”，而且也代表着“她的理想的具体化，在这之前她无法获得它们”。她对孩子的爱恨交织，部分因为孩子代表她的超我（这个超我常常强烈地与她的自我对立），且再次活化了俄狄浦斯情境所引发的对父亲的爱恨情结，但另一部分则来自早期力比多位置的退化贯注（regressive cathexis）。她将粪便与孩

① 参考弗洛伊德《两性解剖学差异所造成的某些心理影响》（1927）。

子对等（因为她自恋式地钟爱这些粪便），是她自恋式地钟爱孩子的基础，并且那对抗原来所高估的排泄物之反向作用，唤起了她的厌恶感，使她想赶走自己的孩子。

我的观点延伸了海伦娜·朵伊契所提及的一两点，小女孩在早期发展阶段将父亲的阴茎对等于孩子，使她里面的孩子具有父母超我的意义，因为那些内化进去的阴茎形成了超我的核心。这些早期的对等想象不止决定她对想象中孩子的爱恨关系，而且在她的晚期生命中，也决定她作为一个母亲与她真正孩子的关系，同时决定她的焦虑程度，这些都决定性地影响她与孩子的关系。我也发现小女孩将粪便与孩子对等，在她还很小的时候会影响她与想象中孩子的关系。根据我的看法，在她幻想中因为那有毒且会焚烧的排泄物而感受到的焦虑，增强了她的排放倾向（这些属于较早期的肛门阶段），这也是恨的基础，并导致她后来害怕肚子里的真实孩子。

我之前指出，小女孩对于内射进去的“坏”阴茎的害怕，使她更想内射进去一个“好”阴茎，因为它提供了保护，而且协助她对抗里面的“坏”阴茎以及“坏”意象，她将这些坏意象经验成危险的排泄物。这些友善的“好”阴茎（它们常常被视为是小的）对孩子而言具有重大的意义。想象中的孩子有保护与协助的功能，它在孩子幻想中也表征着她身体里面的好内容。这个用来对抗焦虑的支持系统纯粹是幻想，然而她所害怕的客体也一样是幻想，因为在这个发展阶段她主要被精神现实掌控。①

由于拥有孩子是克服焦虑以及舒缓罪疚感的工具，我看到小女孩很正常地强烈渴望拥有孩子，和其他原因比起来，这是使小女孩有这种渴望的最深原因。我们知道许多女人常常更渴望有一个孩子，而非一个性伴侣。

小女孩对孩子的态度，是其升华发展的要素。她在想象中以有毒与摧毁的排泄物对母亲内在的攻击，使她对自己身体的内在有错误的看法。又由于她将孩子对等于粪便，因此对于自己里面“坏”粪便的幻想，使她认为自己

① 内在现实是适应外在现实的基础，孩子对其幻想客体的态度，将决定晚期他与这些客体的关系（那些幻想客体在该时期对孩子而言，是外在或真实客体的幻想意象）。

里面有了一个“坏”孩子，[①] 意指一个“丑陋”、不正常的孩子。小女孩对危险粪便之施虐幻想的反向作用，似乎能导致某种特定的女性升华。在分析小女孩时，我们非常清楚看到她们渴望拥有一个“漂亮的”（好的及健康的）孩子，以及她们拼命努力将她们想象中的婴儿和自己的身体打扮得更漂亮，这些都与她害怕生出一个丑陋的“坏”孩子（小女孩视其为有毒的排泄物），以及放进母亲身体里面的这些“坏”孩子有关。

费伦齐曾经描述孩子在发展的不同阶段，对粪便的兴趣会有许多变化，[②] 他结论道：粪便嗜好症的倾向在早期会被升华为对闪亮物体或东西的喜好。我认为这个升华历程的因素之一，是孩子对危险的坏粪便感到害怕。从这里有一条直接导向“美丽”主题的升华道路，[③] 女人对漂亮的身体、美丽的家以及美貌的强烈需求，基于她们渴望拥有一个漂亮的身体内在，在那里面居住着可爱的“好”客体和无毒的粪便、排泄物。另一种升华来自小女孩对“危险的”“坏的”排泄物的害怕，这种升华使小女孩有一种有益健康的“好”产物（巧合的是，“好”与“漂亮”对幼儿而言是同一件事）。小女孩借此强化她里面那些原始的母性感觉，并且渴望给予，这些都来自她的女性位置。

若小女孩的希望感占主导，则她不只相信她所内化进去的阴茎是“好”的，也会觉得她里面的孩子是有帮助的人类。但是，如果她对内化进去的“坏”阴茎和危险排泄物充满害怕，则她后来与孩子的关系常常会被焦虑主导。此外，当她与性伴侣的关系无法满足时，则会在与孩子的关系中寻求满足与心智上的支持。在这些情况下，她的性活动则会充满强烈的焦虑，且其性客体对她而言会是一个焦虑的客体，她的孩子反而能吸引“好”阴茎以及有帮助的阴茎到自己身上。再次地，那些通过性活动克服焦虑的女人，可能和丈夫有好的关系，但是和孩子的关系不好，是因为她将自己内在敌人所引发的焦虑置换到孩子身上。我发现，这个层面的焦虑才是使她害怕怀孕和生孩子的

① 我们已经讨论了“坏”阴茎或“坏”粪便对等于孩子这个概念，这两个概念可以并存且彼此强化。

② 费伦齐，《对金钱感兴趣的根源》（*The Origin of Interest in Money*，1914）。

③ 可能也是为了伤害母亲，或者是使她变得丑陋。

基础，它也会让她在怀孕时遭受许多生理上的痛苦，或是在心理上觉得自己无法怀孕。

我们已经看到女人对“坏”阴茎的害怕如何强化她的施虐特质，对丈夫有强烈施虐态度的女人，通常会视孩子为敌人。和幻想中一样，她们视性活动为摧毁其客体的工具，同样地，她们想要一个孩子，只是为了让她们拥有权力，好像孩子是她们的敌人一样，她们可借用对内在可怕敌人的恨来对抗其外在客体（丈夫与孩子）。当然也有一些女人以施虐的态度对待丈夫，却以足够友善的态度对待孩子，反之亦然。但无论如何，女人对她所内化进去的客体，特别是对父亲阴茎的态度，将决定她对丈夫和孩子的态度。

我们知道，母亲对孩子的态度基于她与客体的早期关系，她在儿童期与父亲、叔伯与兄弟，或是与母亲、阿姨和姐妹之间的情绪关系，将多少反应她与孩子之间的关系（依孩子的性别而定）。若她将孩子与“好”阴茎对等，则这些关系中的正向因素将被带到孩子身上。[①] 她会将许多友善的意象凝聚在这个孩子身上，[②] 它将表征一个“天真的”婴儿期，而且在她眼中，这个婴儿将是她在儿童期希望自己变成的那个样子，她希望孩子长得好、活得快乐的最后动机，是希望能够为自己重建一个快乐的童年。

我认为，有许多因素可以帮助强化母亲与孩了之间的情绪关系。将婴儿带到这个世界，使她在现实中可以强烈驳斥那些来自施虐幻想的所有焦虑。在她的幻想中，孩子的诞生不止象征她自己身体的内在，还有她里面想象中的孩子没有被伤害或是已经被修复了，而且也使与孩子有关的所有害怕失效。它也显示，母亲里面那些曾经被她攻击的孩子（她兄弟姐妹），以及父亲的阴茎（父亲）和母亲都没有被伤害，而且仍然是完整的。生孩子因此表征重

① 在潜意识中，小女孩常常将她幻想中的孩子认同为小而无害的阴茎，部分是因为她和兄弟或其他孩子的关系，帮助她确定其“好”阴茎的信念。当她还是小孩子时，她将大量的施虐特质归因于父亲的阴茎，而认为兄弟的小阴茎虽然较不值得敬佩，但也较不危险。

② 在《文明及其不满》（1930，p.113）中，弗洛伊德如此说道：“它（攻击）是人们之间情感与爱的关系之基础（只有一个例外，可能是母亲与儿子的关系）。”当女人强烈地将孩子与“好”阴茎对等时，她会特别将感觉中的正向因素聚焦在孩子身上（若孩子是个男孩的话）。

建许多客体，甚至在一些情况之下表征重建世界。

母亲亲自哺乳是非常重要的，它使母亲与婴儿之间的联结显得亲密、特殊。通过给予孩子她身体的产品（而且这些产品是孩子营养与成长的主要来源），她终于能以快乐的结局中断她在婴儿期所开始的恶性循环：以母亲的乳房作为其摧毁冲动的第一个客体，幻想要用口撕裂乳房，以及用她的排泄物弄脏它、毒害它或烧掉它。在她的幻想中，她通过给予孩子营养和有用的母乳，证实自己早期的施虐幻想并没有成真，或是她已经成功地重建了这些客体。①

就像我们之前指出的，通过成为其修复倾向的目标与客体，个体得到满足并减少焦虑，因此也会更爱他的“好”客体。没有其他客体像一个无助的孩子一样，如此想要拥有这一特质。此外，借由给予自己的孩子母爱与照顾，她不仅满足了自己早期的欲望，而且通过对孩子的认同分享了她所给予的快乐。因此，通过倒转母亲与孩子的关系，她可以经验与自己母亲的早期快乐依附，而且使她对母亲的原始恨意退居幕后，她的正向感觉则浮上台面。

以上这些都是女人情绪生活的重要因素，因此，我们可以很容易了解为什么当她们的孩子长得不好，尤其是不正常时，她们的心智平衡会如此受干扰。如同一个健康、优秀的孩子可以驳斥掉她所有的焦虑，一个不正常、生病或不够令人满意的孩子便证实了这些焦虑的存在，这些焦虑可能被视为敌人或被害者。

自我的发展

我们将简要谈论小女孩超我的形成与自我发展之间的关系。弗洛伊德曾经说过，小女孩和小男孩在超我形成上的差别，有一部分与生理上的差异有

① 她认为这是来自现实的证据，证明她对等于母乳的尿是不具伤害性的。就像在另一方面，她常常将自己的月经视为来自现实的证据，证明她的尿和其他排泄物都是危险的物质。此外，她所供应的奶水没有用尽此事实，不仅驳斥了那来自施虐幻想的焦虑（在这个幻想中她的乳房已经被摧毁），而且使她确信她的排泄物并不会伤害自己的身体。在想象中，这些都是她用来攻击母亲乳房的武器，但是她现在看到它们并未受到任何伤害。

关，[①] 而我认为，这些生理上的差异在各方面影响超我与自我的发展。由于女性性器官的结构主要是接受的功能，因此小女孩的俄狄浦斯倾向被她的口腔冲动主导，并且对超我的内射会比小男孩更多样。此外她还少了阴茎作为主动器官，因此小女孩本来就有比较强烈的内射倾向，加上没有阴茎这个事实，使她更依赖自己的超我。

我在本书前面曾经提过以下观点：小男孩的原始全能感与他的阴茎有关。在小男孩的潜意识中，它也是其男性化活动与升华的表征。小女孩由于没有阴茎，因此和男孩比起来，她的全能感更与她所内射进去的父亲阴茎有关。小时候在她里面的父亲阴茎所形成的图像（来自过度丰富的幻想），决定了她的自我要求，因此和男孩比起来，更夸大了"好"与"坏"的面向。

比起男人，超我在女人身上更强烈地运作着。这一观点乍看之下与女人往往更依赖她们的客体、更容易被外在世界影响，以及更容易改变她们的伦理准则（指较不遵守超我的要求）等表现，似乎不太协调。但是，我认为她们对客体的强烈依赖（这与失去爱的重大意义有关），[②] 事实上是因为受了超我更大的影响。以上这两个面向皆直接来自同一个根源，亦即女人较会内射她们的客体，并将之留在自己里面，因此她们可以在里面建立起一个更有力的超我。这种倾向进一步被她们对超我的依赖与害怕增强了。小女孩最大的焦虑，是那些她所内化进去的客体将对她的内在造成无法预期的伤害，而且就像我说过的，这会迫使她借由与真实客体的关系持续试探自己的焦虑，

① 《两性解剖学差异所造成的某些心理影响》（1927，p.113）。

② 汉斯·萨克斯在他的论文《女性超我形成的动机因素之一》（1928）中指出，令人好奇的是，一般而言虽然女人比男人更自恋，但是她们更易感受到爱的失落。为了解释这一对立的现象，他假设小女孩在俄狄浦斯冲突结束时，通过渴望借由父亲获得一个孩子，或是通过口腔攻击而依赖父亲。他强调，小女孩对父亲的口腔依附对超我形成的重要性，这一点与我的观点一致。根据汉斯·萨克斯所说，小女孩在对拥有阴茎以及从父亲那获得性器满足的历程感到失望时，经由退化来完成这一依附。但是根据我的观点，小女孩对父亲的口腔依附，或更正确地说，对吞并其阴茎的渴望或欲望，是其性发展以及超我形成开始运作的基础。琼斯认为，失去客体对女人的影响更大，这要归因于她害怕父亲不给自己性满足（参考他的论文《女性性特质的早期发展》，1927）。他认为，女人之所以特别难以容忍性满足的挫折（当然在这件事上，女人比男人更依赖别人），是因为它激起了她最深的焦虑，亦即害怕她永远都无法再经验到性满足。

因而迫使她以次级的方式增强她的内射倾向。此外，她的投射机制似乎也比男人更强烈，这与她对自己的排泄物与思考有更强烈的全能感一致，这是致使她与外在世界以及现实中的客体更强烈联结的另一因素，其目的之一是为了通过魔力控制它们。

我认为女人的内射与投射历程比男人更强烈，这不仅影响女人客体关系的特征，也是其自我发展的重要因素。这种主导她、根植在她里面，使她想放弃自己，并完全信服及顺从其内化进去的“好”阴茎的需求，是使其升华与兴趣都具有“接受特质”（receptive quality）的基础。然而，其女性基础也强烈地迫使她通过其排泄物及其思想的全能，秘密控制她所内化进去的客体。这使她有尖锐的观察力以及敏锐的心理洞察，包括狡猾与精明，以及倾向于欺骗与阴谋策略。这部分的自我发展主要来自她的母性超我，但是也影响她与父母意象的关系。

在《自我与本我》中，弗洛伊德如此写道:“如果它们(客体认同)占优势、量太多、过度有力且彼此不兼容，则我们可以预期他离病态的发作已经不远了。当不同的认同因为抗拒而彼此被分割时，可能造成自我的瓦解。医学上所谓的‘多重人格’的秘密，是不同的‘认同’轮流出现在意识中。即使不是这样，仍有不同‘认同’之间的冲突，在这个冲突中自我被分裂了，却不能被视为完全病态。”对于早期阶段超我的形成，以及它们与自我发展的关系之研究，完全证实以上这一说法。我们可以看见对人格的进一步探索（不管是正常或不正常的人格），都必须依循弗洛伊德所指出的这条路线去思考。要增加我们对自我的知识，似乎必须学习自我的各种不同认同，以及自我对这些认同的态度。只有通过这类探索的追求，我们才能发现自我以何种方式调解这些认同之间的关系。我们知道这些方式会因发展阶段而有所不同，也会因其所认同的是个体的母亲、父亲或两者的组合而有所不同。

比起男孩来自父亲的超我形成，女孩来自母亲的超我形成更容易受到阻碍，这是因为她那有助于性功能的内在器官（母亲的以及自己的），使她在生理层面很难认同母亲，而且其是否拥有（内在）孩子，是无法被探知或接受现实考验的。我之前提过，这种障碍对女性性发展的意义。它增强了她对母亲意象的害怕（这是她在想象中对母亲从事施虐攻击的结果），这一母亲意象危及她的身体内在，而且要为她没有孩子、没有粪便以及没有父亲的阴茎负责。

小女孩用她全能的排泄物以及思考对抗母亲，这种攻击方式不仅直接且间接影响她的自我发展。她用来对抗其施虐全能的反向作用，和将其施虐全能转化为建构全能，都使她得以升华并发展出心智的质量。这些质量与我们之前所描述的特质对立。它们也是初级全能排泄物的同谋，使她比较坦诚、可信任、有牺牲性能力，并准备好面对她眼前的课题，而且愿意为自己及他人负责。这些反向作用与升华再次给她一种全能感，这一切是基于她那内化进去的好客体，以及对主导其女性态度的父母超我之服从。[①]

此外，自我发展中很重要的一部分，来自她渴望通过用“好”的尿以及“好”的粪便，来矫正那“坏”的以及有伤害的排泄物所造成的后果，并以好的、漂亮的东西取代坏的东西。这个欲望对生产以及哺乳孩子是非常重要的，因为她所制造的“漂亮”孩子以及“好”牛奶，抵销了她对有伤害性的粪便和危险的尿的害怕。事实上，这种欲望是所有升华的基础，这些有用且具创意的基础，来自生产以及哺乳的心理表征。

女性自我发展的特征如下：小女孩的自我被强化与放大，自我向超我看齐并顺从于它，而且由于自我尝试满足这一被高举的超我，因此她全力以赴，使自我更扩大、丰富、充实。因此对男人而言，是自我和“现实关系”主导，所以他的本质比较客观，且比较在意事实。然而对女人而言，潜意识是其主要的动力。女人和男人一样，其成就的质量全靠自我的质量，但是女性的自我具有女性独特的知觉与主观的特质，这是因为她的自我顺从于“所爱的内化精神”（loved internal spirit），它们表征的是由父亲怀孕所生的精神孩子，这种精神上的生产要归因于她的超我。尽管女性特质的显著发展也会有许多

① 就像我们之前看到的，各种魔术行为彼此挂钩，而且可以互换，它们也被自我拿来对抗彼此。小女孩害怕自己里面会有坏孩子（粪便），是源于她认为排泄物具有神奇的力量，这也会使她过分强调对“好”阴茎的信念。她将“好”阴茎与孩子对等，使她对已经并吞了好孩子的可能更具信心。这些好孩子是她里面孩子的补偿，因为她之前认为她里面的孩子是“坏”的粪便。

来自男性元素的面向，但似乎是女人对于吞并父亲阴茎的全能感，以及对于在她里面成长的孩子之全能感这样的主导信念，使她有能力发展出特定的女性特质。

在此，我们必须比较一下女人和孩子的心智情境。我认为孩子被其超我主导，同时比成人更需要他们的客体。我们都知道女人比男人更像孩子，但是和男人一样，在自我发展的许多面向，她和孩子非常不同。我认为这些差异有以下原因：在她的发展中，女人比男人更强烈地内射俄狄浦斯客体，因而导致更完整的自我发展。但是，我们必须考虑两个限度：她的人格较多部分留在潜意识中，就某些方面而言与孩子的情况非常类似，而且她非常依赖自己里面那强而有力的超我，部分原因是为了主导它、胜过它。

若小女孩的男性特质主要依赖的是想象中对于阴茎的占有，则她的发展将会非常不同。回顾小女孩的性理论，我已经讨论了许多使小女孩选择男性位置的各种理由。在潜意识中，她将自己的活动与升华视为拥有阴茎或代替物的现实证据，这些不仅被用来与父亲的阴茎竞争，而且不可避免地以次级的方式作为防御来对抗其超我，同时弱化它。对这种女孩而言，“自我”主导了其生活，而且她们主要的追求是男性权力的表达。

有关小女孩的性发展，我已经强调过“好”母亲意象对于建立“好”父亲意象的重要。如果她可以将自己委托给她所信任且喜欢的父母超我，并以此作为她的内在引导者，这经常也表示她有一个“好”的母亲意象。因为只有当她对“好”的内化母亲足够信任时，她才能够将自己完全交托于她的父母超我。但是为了产生这种托付，她必须充分相信她的身体里面拥有一个“好”的东西，亦即友善的内化客体。只有当在幻想中她与父亲所生的孩子，或即将生的孩子是一个“好”的、漂亮的孩子时，以及她身体里面代表了一个和谐的地方与美丽国度（这种幻想也会发生在男人身上）时，她才能毫无保留地在性方面和心智方面，将自己托付给父母超我及其在外在世界的代表。这种和谐状态的获得来自其“自我”与“认同”之间的良好关系，以及不同“认同”之间的关系，特别是她的母亲意象和父亲意象之间的和平共处。

小女孩由于嫉羡与怀恨，企图摧毁父母的幻想，是导致她们最深罪疚感的源头，同时也是造成令她难以招架的危险情境之基础。这也会令她害怕那些从事死亡战斗（比如在摧毁式的性交中）的敌意客体将居住在她自己里面；或是因为它们发现了她的罪疚感而联合起来，以憎恨对抗她的自我。如果她的父母快乐地住在一起，而且她为此获得了大量的满足，是因为她与父母之间良好的关系使她那经由施虐幻想而来的罪疚感获得相当程度的释放。因为在她的潜意识中，父母对于彼此的良好理解使她在现实中找到了希望，并且肯定她可以用各种方式修复。若她的修复机制可以成功建立起来，则她不仅可以跟外在世界和好（我认为这是获得如此谐和境界、满足的客体关系和性发展的必要条件），而且将得以和她的内在世界以及自己合而为一。若那些具威胁性的意象可以退居幕后，且她那仁慈的父亲意象和母亲意象能够以友善的方式合作，并保证她身体里面的安全与和谐，则她可以通过内射双亲的精神，解决她的女性与男性特质，并确立稳定而和谐的人格发展基础。

后记

自从发表以上概念之后，我注意到弗洛伊德也发表了一篇论文，[①] 在该论文中，他特别讨论女孩与母亲之间漫长的依附，以及她如何努力通过超我与罪疚感的运作切断这一依附关系。根据我的判断这是不可能的，因为小女孩的攻击冲动所引发的焦虑与罪疚感，在她很小的时候已经开始强化她与母亲之间原始的“力比多依附”（libidinal attachment）。她对于其幻想中的意象（她的超我）以及真实的“坏”母亲的各种害怕，迫使孩子从她真实的“好”母亲那里寻求保护。为了达成这个目标，她必须过分补偿对“好”母亲的原始攻击。

弗洛伊德强调小女孩也会对母亲产生敌意，而且害怕“被她杀掉（吃掉）”。根据我分析孩子和成人的经验，我发现小女孩害怕被母亲吞噬、切成碎片和摧毁的焦虑，是来自她自己里面对母亲的施虐冲动之投射，这些害怕是她最

---

① 《女性性特质》（*Female Sexuality*，1932，p.225）。

早期焦虑情境的基础。弗洛伊德也说，太强烈依赖母亲的小女孩和女人，对于灌肠会有更愤怒与焦虑的反应。根据我的经验，这类情感表现源于母亲对她进行肛门攻击的害怕，这种害怕表征的是孩子对母亲肛门施虐幻想的投射。我同意弗洛伊德认为女性在小时候对母亲敌意冲动的投射，是造成晚期偏执症状的核心。[①] 但是根据我的观察，小女孩在想象中对母亲身体内在的攻击（通过摧毁式的排泄物下毒、燃烧与爆炸），才是使她们特别害怕粪便和母亲的原因，因为通过投射，粪便被视为被害者，而母亲则被视为可怕的人。

弗洛伊德认为，小女孩对母亲的过分依附或长久依附是排他的，而且它在进入俄狄浦斯情境前发生，但是我对小女孩的分析，使我确信她们对母亲长久而有力的依附并非是排他的，而是与她的俄狄浦斯冲动有关。此外，与母亲有关的焦虑与罪疚感也影响那些俄狄浦斯冲动的内涵，因为根据我的观点，小女孩用来对抗其女性特质的防御，主要来自对母亲的害怕，而非来自其男性倾向。若小女孩太害怕母亲，则她便无法与父亲建立足够好的依附关系，而她的俄狄浦斯情结也不会呈现出来。在这些情况下，她们与父亲之间的强烈依附，要直到后性器期才会建立起来。然而我发现，小女孩在早期就会有正向俄狄浦斯冲动，虽然它们并不明显。这些俄狄浦斯冲突的早期阶段，仍然包含一些幻想的特质，因为它们聚焦在父亲的阴茎上，但同时她也开始在意她真实的父亲。

在我的论文中，我已经举证了以下状况的早期因素：小女孩从母亲身边退缩、由于遭受口腔挫折而对母亲怀恨（弗洛伊德在讨论有关女性的文章中，也指出这个因素），以及嫉羡父母彼此的口腔满足（由其早期性理论，小女孩想象父母在性交中获得这些口腔满足）。基于乳房与阴茎对等的原理，这些因素使她在 6 个月大之后开始转向父亲的阴茎，这是为什么她与父亲之间的依附关系基本上会被她与母亲之间的依附关系影响。弗洛伊德也指出这两种依附关系彼此影响，而且许多女人在与男人的关系中，重复她们与母亲之间的关系。

---

① 参考我的论文《俄狄浦斯冲突的早期阶段》（1928）以及《象征形成在自我发展的重要性》（1930）（以上皆在《克莱茵全集 I》）及本书第三章。

第十二章

早期焦虑情境对于男孩性发展的影响

对孩子的分析显示，小男孩性发展的早期阶段与小女孩相似。[①] 小男孩所经验到的口腔挫折，增强了他对母亲乳房的攻击倾向；小女孩亦然，在施虐特质高峰期（来自口腔施虐冲动），小女孩由母亲的乳房退缩，这个阶段的目的在于攻击母亲身体的内在。

女性特质阶段

小男孩在这个阶段的口腔吸吮固着在父亲阴茎上，就像小女孩一样，我认为这个固着是真正同性恋的基础。这个观点与弗洛伊德的论点相似，他在《达文西及其儿时回忆》[②] 中，节录达文西的同性恋来自他对母亲（尤其是她的乳房）的过分固着，弗洛伊德认为这一固着后来被置换到阴茎上，以其作为满足的客体。根据我的经验，每一个小男孩会从对母亲乳房的口腔吸吮

① 在此我简要描述这些阶段，有关这一部分的详细讨论，读者可参考本书第八章和第九章。

② 《弗洛伊德全集英文标准版》卷 2。

固着转移到对父亲阴茎的口腔吸吮固着，这是导致同性恋的基础。

在小男孩的幻想中，母亲身体里面并吞了父亲的阴茎，或是许多阴茎，伴随他与真实父亲的关系，或更精确地说，与父亲阴茎的关系，于是，他在幻想中与母亲身体里面的父亲阴茎发展出关系。由于他对父亲阴茎之口腔欲望的动机之一，在于攻击母亲的身体（因为他想抢走想象中留在母亲里面的阴茎，并借此伤害她），这一攻击以及其他事都表征着他与母亲竞争的早期情境，也因此成为小男孩女性情结的基础。①

想由他母亲身体里盗走父亲的阴茎、排泄物以及孩子的企图，让他处在害怕被报复的焦虑中。他认为已经摧毁并盗走了母亲的内在，这使他对母亲更感到害怕，他对其身体的摧毁想象愈具有施虐特质，则愈害怕以母亲为竞争对象。

俄狄浦斯冲突的早期阶段

小男孩的性器冲动在早期虽然被其前性器冲动所覆盖，却仍然影响其施虐期的内涵与进展，这使他以母亲的身体及其性器官为性客体，因此他会渴望以口腔、肛门及性器的方式占有她，并且任由自己以各种施虐道具攻击在母亲里面的父亲阴茎。也因为他在父亲身上所经验到的挫折，让他以口腔的方式怀恨父亲的阴茎。一般而言，小男孩针对父亲阴茎的摧毁冲动比小女孩还要强烈，因为他想以母亲作为性客体的欲望，使他将恨更强烈地聚焦在父亲身上。其实父亲在小男孩更早期的发展阶段中，已经是令他非常焦虑的对象，因为他对父亲的直接攻击冲动引发了他的某些害怕，这一害怕增强了他对父亲的恨以及摧毁他的欲望。

如同我们在前一章所看到的，小女孩以母亲的身体作为其摧毁冲动的客体，比小男孩更持久、更强烈，而且她对父亲阴茎的正向冲动（不管是真实

---

① 有关男性在何时出现女性阶段的详细现象，请读者参考我的论文《俄狄浦斯冲突的早期阶段》（1928，《克莱茵全集 I》），也可参考凯伦·霍妮的《逃离女性》（1926），以及菲力司·贝汉姆的《男人的女性情结》（*The Femininity Complex in Me*，1929）。

的阴茎，还是想象中在母亲身体里面的阴茎），一般而言也比小男孩更强烈及持久。就小男孩而言，只有在早期发展中的特定时期，他对母亲身体的攻击才会让他视母亲为其摧毁的真实客体，很快地，父亲的阴茎（想象中在母亲里面的阴茎）使小男孩将他的攻击倾向导向母亲。

早期焦虑情境

小男孩除了与母亲竞争而引发的害怕之外，他对父亲那危险的内化阴茎的害怕，使他无法维持其女性位置。这一焦虑以及他日渐增强的性器冲动，使他放弃对母亲的认同，也巩固了其异性位置（heterosexual position）。但是，如果他以母亲作为竞争对象的焦虑，以及他对父亲阴茎的害怕太过强烈，则他便无法恰当地克服女性期，这是使他无法建立起异性位置的主要障碍。

在小男孩的早期心智生活中，是否过分害怕在性交中联合起来一致敌对他的父母，会严重影响小男孩的最后发展结果。[①] 这种焦虑使他更难以维持任何位置，而且会带来危险情境，我认为这是性无能最深的根源。这些特定的危险情境，来自小男孩害怕被留在母亲身体里面的父亲阴茎阉割——被那联合起来的“坏”父母阉割，他所显示出来的强烈害怕，是他的阴茎被关在母亲身体里面，而无法抽出来。[②]

我不止一次指出，男孩与女孩对母亲身体的施虐攻击所造成的焦虑情境有两类：第一类是母亲的身体是一个充满危险的地方，它会引发孩子的各种害怕；第二类是通过孩子对其危险客体的内射（尤其是在性交中联合起来的父母），孩子自己里面成了危险的地方，致使他们害怕自己内在的危险与威胁。这两类焦虑情境彼此影响，它们也会发生在小女孩身上。我在本书其他地方检视了男孩与女孩用来处理焦虑的方式。简言之，这些方

---

① 有关这类焦虑的精神病病源，我已经在第八章和第九章提到。

② 我认为，这种焦虑与各种形式的幽闭恐惧症（claustrophobia）有关。我们似乎可以肯定，幽闭恐惧症可以追溯到害怕被关在母亲危险的身体里面的焦虑，特别是无法从母亲身体里面解救父亲的阴茎，这一害怕似乎被聚焦在对阴茎的害怕上。

法是：孩子通过全能的排泄物与内在的“坏”客体格斗，也由“好”客体获得保护，同时将这些来自内在危险的害怕通过投射置换到外在世界，并且举证来驳斥他们。

除此之外，任何性别都有一套处理焦虑的方式。小男孩对全能排泄物的感觉，与小女孩比起来较不强烈，因为他将部分的全能感转化到阴茎上，因此他将内在危险投射到外面的方式也与小女孩不同。他用来对抗其内在与外在危险并获得性满足的特殊机制，取决于他的阴茎（作为一个主动器官）是否可以用来掌控他的客体，且是否可被用来试探现实。以他的阴茎占有母亲的身体，证实了自己的优越感，不止表现了战胜危险的外在情境，也表现了战胜他身体里面的。

摧毁式的全能阴茎

就小男孩而言，其排泄物与思考的全能多少与阴茎的全能有关，特别是其排泄物，多少被阴茎所取代了。在他的想象中，他赋予了自己的阴茎以摧毁的力量，它们如同会吞噬和谋杀的乳房或枪炮等一样。他相信自己的尿是危险的物质，也将他那有毒且具有爆炸性的粪便对等于自己的阴茎，这个阴茎变成一个施虐的器官。特别是一些特定的生理历程，让他发现他的阴茎确实可以变大变小，他以此证实阴茎的全能，因此他的阴茎与他的全能感挂钩，这对男人的活动及其面对焦虑而言是非常重要的。在儿童分析中，我们经常看到小男孩将其阴茎视为“魔杖”，自慰则是魔术，勃起与射精[①]则是阴茎[②]展现施虐威风的高潮。

母亲身体内在取代了乳房而成为孩子的客体，它很快变成了涵盖许多客

① 参考亚伯拉罕的《早泄》（1917）。

② 保罗·费登（Paul Federn，1870—1950）在他的论文《论分析施虐特质与受虐特质的贡献》（*Beiträge zur Analyse des Sadismus und Masochismus*，1913）中，讨论男人的主动施虐特质之发生。他做了以下结论：“那被唤醒的男性主动器官，通过潜意识机制被转化为施虐特质（这其中的象征式表征是很重要的因素），或更正确地说，来自那男性器官的倾向被转化为施虐欲望，同时儿童期那些已经展现出来的主动倾向再次被牵动。”

体的重要地方（最初的客体是阴茎以及排泄物）。因此，小男孩幻想借由与母亲性交来拥有她的身体，这一幻想是他企图控制外在世界，并以男性方式处理焦虑的基础。通过性行为与升华，他将危险情境置换到外在世界，并以他全能的阴茎克服它们。

就女孩而言，她对父亲的“好”阴茎的信念，以及她对“坏”阴茎的害怕，强化了她的内射倾向，因此现实考验中用来对抗其“坏”客体的女人，最终又再次被安置在自己里面了。就男孩而言，相信一位内化的“好”母亲，以及害怕“坏”客体，帮助他将现实考验置换到外面（指放到母亲身体里面），他的内在“好”母亲，增强了母亲对他的性欲魅力（性吸引力），因而强化了他以自己的阴茎格斗并战胜在母亲里面的父亲阴茎这样的欲望与希望，这种胜利也证实他自己的身体里面有一个更好的内化攻击者。①

这种对于阴茎之施虐全能感的全神贯注，是小男孩发展出男性位置的重要基础。对于自己阴茎之全能感的强烈信念，使他可以对抗父亲全能的阴茎，并面对其对于那令人害怕与钦羡的器官之挣扎。为了产生这种全神贯注的历程，似乎他的阴茎必须强烈地灌注各种形式的施虐特质，②而且其自我容忍焦虑的能力以及性器冲动的强度③（它们终究是属于力比多的），对于这一历程的完成扮演着决定性的角色。然而当性器冲动浮现出来时，自我会太快且太强烈地以防御来对抗这些摧毁冲动，④因此，将施虐特质聚焦在阴茎的这一历程会被中断或干扰。

---

① 由一些案例我可以确定，小男孩以他自己的阴茎作为对抗父亲内化阴茎的武器，同时也将它变成自己的；他将排泄出来的尿对等于他的阴茎，而且将它视为棒子、鞭子或剑，他以此打败父亲里面的阴茎。我也常常经验到小男孩幻想将自己的阴茎拉得很长，以致可以放进自己的嘴里。有一个小男孩甚至幻想可以将阴茎放进他的肛门。借由渴望用自己的阴茎对抗超我，这一幻想再次被激起。

② 根据费伦齐（1922），前性器期的兴奋借由交配的历程，被置换到性器活动上。

③ 威廉·赖希指出，个体体质上性器兴奋的强度，是决定其发展结果的重要因素之一（参考他的《性高潮的功能》，*The Function of the Orgasm*，1927）。

④ 若性器冲动太快发生，使自我不得不早熟地建立起对抗摧毁冲动的强烈防御机制，则将严重阻碍其发展（参考我的论文《象征形成在自我发展中的重要性》，1930〕）。

性活动的诱发因子

小男孩对父亲阴茎的恨，以及来自我们之前所提到的根源的焦虑，让他想以性器的方式拥有母亲，也因此增强了与母亲性交的力比多渴望。[①] 当他渐渐克服对母亲的施虐欲望时，母亲里面的父亲阴茎不再只是危及自己阴茎的根源，也是危及母亲身体的根源，因此他认为必须将母亲身体里面的阴茎摧毁。另一个刺激小男孩想与母亲性交的因素（就女孩而言，是强化了她的同性恋位置），是他对知识的渴望，这一渴望被焦虑强化了。[②] 对知识的渴望与摧毁倾向同时发生，而且很快被用来处理焦虑。通过有刺穿性质的阴茎（它对等于知觉器官，或更精确地说，对等于眼睛、[③] 耳朵或两者一起），他想发现自己的阴茎、排泄物和父亲的阴茎在母亲里面造成了什么样的摧毁，还有他的阴茎会遭遇什么样的危险。

因此，甚至当小男孩还被其施虐特质主导，并且他所使用的方式仍然具有摧毁性时，他想面对焦虑的驱力成了想获得性器满足的刺激，这是促进其发展的因素。此外，在这一时期，这些摧毁的方式被用来作为修复的道具，因为他认为由于父亲的"坏"阴茎在母亲里面，所以她必须被拯救，虽然他仍然会以有力而具有伤害的方式完成这一修复过程。

"具有阴茎的女人"

如同我尝试阐释的，孩子认为母亲身体里面包含了父亲的阴茎，此信念使她认为母亲是"具有阴茎的女人"。我认为有关母亲具有女性阴茎的性理论，是更深层惧怕的置换之修饰，亦即认为她的身体是充满许多危险阴茎的地方，

---

① 若未能充分维持与母亲之间的正向感觉，则母亲的身体也会因为他对父亲阴茎的攻击而成为其所恨的客体（因为他认为，父亲阴茎在母亲身体里面），他因此会远离母亲。

② 参考第八章。

③ 参考玛丽·查德维克（Mary Chadwick）《有关求知欲的根源》（*Über die Wurzel der Wissbegierde*, 1925）。

而且父母进行的是危险的性交。我应该说“具有阴茎的女人”，总是指女人具有父亲的阴茎。[①]

通常当小男孩发展出客体关系，并且克服了他的施虐特质时，他对在母亲里面的父亲阴茎的惧怕也随之减弱。由于他对“坏”阴茎的害怕，是他对抗父亲之摧毁冲动的延伸，加上父亲意象的特质，主要依赖其施虐特质的质与量，因此施虐特质及伴随而来的焦虑之降低，将弱化超我的严厉度，而且会改善自我与内化想象客体以及外在真实客体的关系。

俄狄浦斯冲突的晚期阶段

若联合父母（combined parents）的意象、父亲与母亲单独的意象，尤其是“好”母亲的意象能够强壮地运作，则小男孩与客体渐渐发展出来的关系以及对现实的适应能力，则会有以下结果：他对母亲里面那阴茎的幻想将逐渐减弱，而且那已经被弱化的恨将更强烈地指向其真实客体。这将使那联合父母的意象更完整地分离（变成两个独立的人物），母亲则会成为其力比多冲动的主要人物，而他的恨与焦虑则会主要针对其真实父亲（或父亲的阴茎）而来，或是像动物恐惧症的案例，置换到其他客体上。父亲与母亲的单独意象将被更清楚地区分开来，并且真实客体的重要性将被增强。小男孩将进入一个新的时期，在这一时期，他的俄狄浦斯倾向以及害怕被真实父亲阉割的焦虑将变得更显著。[②]

尽管如此，我发现最早的焦虑情境虽然在其发展过程中已被大幅度修饰，

---

① 菲力司·贝汉姆在他的论文《同性恋与俄狄浦斯情结》（1927）中，论及男人常常幻想着女人的阴道里面藏着一个巨大（危险的）且会蠕动的阴茎（一个女性的阴茎），这是因为在潜意识中，他幻想母亲的阴道里面隐藏着父亲巨大恐怖的阴茎。在他早期的论文《同性恋与一夫多妻》（Homosexualität und Polygamie，1920）中，指出男人总是渴望在母亲身体里面遇到父亲的阴茎，这一欲望建基于针对父亲阴茎而来的攻击冲动。贝汉姆认为，这些想攻击母亲身体里面的父亲阴茎之冲动，以及对这些攻击冲动的压抑，都是造成同性恋的重要因素。

② 这个现象的发生是他成功地与联合父母意象分离的征兆，并且其婴儿期精神病焦虑也已经被修饰了。参考第九章。

但仍多多少少潜伏于小男孩里面，[①] 此外，还包括来自那些焦虑情境的所有防御机制，以及那些属于晚期阶段的防御机制。因此在他心智的最深处，总是期待在母亲里面的“坏”父亲的阴茎被阉割。若早期焦虑情境不太强烈，而且更重要的是如果他的母亲充分表征为一个“好”母亲，则她的身体将是一个欲望之地，虽然小男孩要征服这个地方总是要冒一些险，冒险的程度则与焦虑情境的规模有关。这个危险与焦虑的因素在每个男人身上都与性交挂钩，也是导致性活动的刺激物，它在性交中增强了力比多满足。然而当这一刺激过度时，则会有不好的效果，甚至让他无法进行性交活动。在他最深的潜意识幻想中，性交包含击败并排除掉想象中在女人里面的父亲阴茎。我认为，伴随与母亲里面的父亲阴茎的争斗，则通常会出现以性交占有女人的施虐冲动。因此，当父亲阴茎在母亲身体里面的原始置换，使母亲变成他永远的焦虑客体时（虽然其程度因人而异），它也增强了女人对于男人的性魅力，因为它是男人克服其焦虑的刺激。

在正常发展历程中，当小男孩的性器倾向变得愈强壮，并且克服了其施虐冲动时，他的修复幻想也会随着扩大到其他领域。就像我们之前看到的，对母亲的修复幻想在其摧毁特质占主导时依然存在，他以摧毁在母亲里面的父亲“坏”阴茎之形式进行修复。他们的首要和主要客体是母亲。母亲对他而言愈是“好”客体，则他愈准备好修复与母亲意象有关的幻想。[②] 这在游戏分析中特别清楚，当男孩的反动倾向变得更强壮时，他也比较会以建设性的方式游戏，例如玩盖房子或村庄的游戏。他会以各种细节象征式地修复母亲的身体以及自己的身体，[③] 这个修复历程与他在分析的早期阶段所从事的摧毁符合，或他会交替地玩摧毁与建设性的游戏。他会盖一座城，接着用各种方式将马放在一起，并让一个玩具男人代表他自己，扮演维持交通秩序的

① 参考第九章和第十章。

② 小男孩的修复倾向指向“好”客体，而其摧毁倾向则指向“坏”客体，这个概念我已经在其他脉络中进行了澄清。

③ 由于小男孩对母亲以及自己身体的焦虑彼此挂钩且共依存，因此他对修复母亲身体的幻想，在各层面上也可以运用到对自己身体的修复。我们会继续讨论小男孩修复幻想的面貌。

警察，而且这名警察会时时刻刻警惕着不让车子彼此相撞、房子不被摧毁，或行人不被伤害。然而比起之前的游戏，城市常常会因彼此相撞的汽车而受损，人也会被撞倒。在更早的游戏中（也许他的施虐特质以更直接的形式表现出来），他会把许多东西弄湿、燃烧并切成碎片，这些都象征母亲的内在及其内涵，亦即父亲的阴茎和孩子。同时这些摧毁举动也表征对父亲的阴茎所进行的摧毁，同时是他希望父亲在那里面所做的事。面对这些施虐幻想，亦即暴力与强势的阴茎（他和父亲的阴茎，以在行驶中的车辆表征）摧毁母亲并伤害她里面的孩子（以玩偶表征），他现在幻想着将他之前所伤害的母亲身体（城镇）从各方面重建起来。

修复倾向与性活动

在本章中，我一再重申性活动对男孩女孩而言是处理焦虑的重要工具。在儿童发展的早期阶段，性活动除了其力比多目标之外，也是为了摧毁或伤害客体（虽然正向倾向已经在背后运作）；在晚期发展阶段，除了力比多满足之外，性活动也以修复母亲受伤的身体来处理焦虑及罪疚感。

在讨论导致女孩同性恋倾向的导因时，我指出拥有一个具有疗愈力量的阴茎及在性活动中有建构性的能力，对小女孩而言是很重要的，以上这些也适用于异性恋倾向的男人。在性器期主导时，小男孩认为自己阴茎的性交功能不只是为了让女人快乐，而且也是为了修复他和父亲的阴茎对她所造成的伤害。在分析小男孩时，我们发现，阴茎被视为具有各种疗愈与侵袭的功能。若在施虐全能期，小男孩在想象中用他的阴茎进行各种施虐的目的，例如用他的尿制造水灾、下毒或燃烧等。他也会在这一时期从事修复工作，例如视阴茎为灭火器、洗刷的道具或是医药箱。就像他之前认为自己的阴茎具有施虐特质一样，他也认为父亲的阴茎具有施虐能力。现在他相信自己的“好”阴茎，因此也相信父亲的“好”阴茎。之前他的施虐幻想将父亲的阴茎变成摧毁母亲的道具，因此，现在他的修复幻想以及罪疚感也将它转化为具有疗愈力量的“好”器官。[1] 如此，他对来自父亲的“坏”超我的害怕，减弱了他与真实客体的关系，也减少了他对“坏”父亲的认同，（此认同部分基于他对自己及其焦虑客体的认同），并且使他能更强烈地认同其“好”父亲。若他的自我能容忍并修复某些对抗父亲的摧毁感觉，而对父亲的“好”阴茎的信念足够强的话，则他可以在与父亲竞争的同时（这是建立异性恋位置的要素）也能认同他。他对父亲“好”阴茎的信念，增强了他眼中女人的性吸引力，因为在他的幻想中，她们所涵容的客体（就其同性恋态度而言，“好”阴茎是爱的客体）不会太危险，而且是被渴望的。[2] 他的摧毁冲动持续将父亲的竞争阴茎作为其客体（被经验成“坏”客体），而其正向冲动则主要针对母亲而来。

异性恋中女性期的意义

小男孩得以发展出异性恋，主要依赖的是早期女性期发展中的有利因子。就像我之前强调的，小男孩能成功克服这个阶段，是他坚固地建立起异性恋的先决条件。在之前的论文中，[3] 我指出小男孩常常强化拥有阴茎的骄傲，并通过将这一骄傲置换到智性活动上，以此补偿那来自女性期的恨、焦虑、嫉羡和自卑的感觉。[4] 这一置换使小男孩对女人怀有非常竞争性的敌意态度，

---

① 小男孩对母亲感到罪疚，以及对父亲的“坏”阴茎可能伤害母亲的害怕，使他想努力修复父亲的阴茎，将它还给她，并使两者在圆满中结合。在特定情况下，当这一欲望太强烈时，他会放弃以母亲为爱的客体，并将她完全交托给父亲，这种情境也会让他选择同性恋位置。在这样的情况下，他的同性恋将被用来修复父亲的阴茎，其功能则是重建母亲，并使她获得满足。

② 小男孩对“坏”阴茎的害怕，加上无法容忍自己的施虐特质（这是常见的），会使他过分强调对“好”阴茎的信念，这不止是指在母亲里面的父亲阴茎，而且包括他的超我。这时他对女性的态度会非常扭曲，其异性恋行为只是为了满足同性恋欲望，并且会认为女性的子宫里面只有“好”阴茎。

③ 《俄狄浦斯冲突的早期阶段》（1928，《克莱茵全集 I》）。

④ 玛丽·查德维克在她的论文《有关求知欲的根源》（1925）中，认为小男孩对无法生孩子的妥协方式，是以求知欲来满足，以实证发现和智力上的成就来取代拥有孩子。根据查德维克的主张，小男孩将对女人可以生孩子的嫉羡置换到智力上，使他们在智力上与女人竞争。

而且会影响他的人格形成。就像阴茎嫉羡对他们所造成的影响一样，对母亲身体里面的摧毁攻击所造成的过度焦虑，成为他与异性关系最致命的干扰源。但若他的焦虑与罪疚感不致太强烈，则他会有来自各种修复幻想的感觉，使他对女人有直觉式的了解。

此早期女性期对于小男孩在生命晚期与女人的关系有其他正向的影响。我们知道，男人与女人在性倾向上的差异，必然使令双方满足的心理情境也有所差异，这会使他们在彼此的关系上寻求不同和不兼容条件的满足。通常女人希望她所爱的客体永远伴随着自己（之前的分析显示，她希望这一客体能够在自己里面），而男人，由于他那朝外的性心理倾向和他处理焦虑的方式，使他倾向于改变其爱的客体（但是，当这一客体表征“好”母亲时，他会改变此倾向而渴望留住她）。若他能排除这些困难，则能接近女人的心理需求，这主要归因于他对母亲的早期认同，因为在那个时期，他内化了一个被视为爱之客体的父亲阴茎。对这个联结的欲望与幻想（如果他与母亲的关系是好的），帮助他了解女人想内射并保留阴茎的倾向。[①] 来自这个阶段的另一个欲望是他想和父亲生孩子，这让他视女人为他的孩子，在游戏中他对她而言是一个丰满的母亲，[②] 借此他同时满足了其配偶的爱之欲望，此欲望来自她（配偶）对母亲的强烈依附。也只有通过女性因素的升华，以及克服对母亲的嫉羡与焦虑[③]（这些来自他的女性期），小男孩才能在性器主导期稳固其异性恋位置。

我之前已经提过为什么当性器期完成时，性能力的必要条件是小男孩必

① 爱都华都·怀斯（Edoardo Weiss，1889—1970）在他的论文《有关尚未被论及的异性恋发展阶段》（Über eine noch unbeschriebene Phase der Entwicklung zur heterosexuellen Liebe，1925）中，论及成年男人的异性恋选择，来自其女性特质的投射。他相信通过这种投射机制，成年男人留住了部分对女性伴侣的女性态度。他指出女人也以类似的方式，保留其异性恋位置，她放弃了男性特质，将它置放在所爱的男人身上。

② 赖希认为对许多病患而言，阴茎取代了母亲乳房的角色，精液则取代了母乳（参考他的《性高潮的功能》，1927）。

③ 以类似的方式，小女孩通过克服其阴茎钦羡，加上其男性面向的升华，而拥有异性恋位置的先决条件。

须要相信自己阴茎的“好”，亦即他拥有在性活动中修复的能力。[①] 这个信念与一个具体的条件（由精神现实角度来看的具体）紧紧挂钩，也就是相信他身体里面是一个好的状态。对男孩女孩而言，由危险事件而来的焦虑情境，攻击并与自己身体的内在相遇，这种现象与发生在母亲身体里面的事件所造成的焦虑情境吻合。阉割焦虑虽然只是整个身体焦虑的一部分，却是很重要的一部分，多少使其他的焦虑黯然失色。它是男人的主要焦虑，因为它是干扰其性能力的最深根源之一，同时是小男孩对身体内在的焦虑。在游戏中再三企图建造的房子或城镇，所象征的不仅是母亲被修复而完好的身体，[②] 也是他自己的身体。

以阴茎为傲的次级增强

描述小男孩的发展历程时，我特别指出一些因素，我认为它们会增强拥有阴茎所造成的主要意义，可被总结为：（一）从早期危险情境中所引发的焦虑，亦即害怕他身体的所有部分（包括其内在）皆会被攻击，以及来自女性位置的所有焦虑，转换到作为外在器官的阴茎上，因为外在器官较容易被成功地处理或掌握。小男孩以自己的阴茎为傲，这个骄傲与其他相关的一切，可以说皆被用来处理其女性位置为他带来的焦虑与失望。[③]（二）阴茎作为小男孩摧毁的道具及其创造全能的道具，增强了它（阴茎）在处理焦虑上的重要性。此外，由于发挥了以下功能：促进其全能感、现实感和他与客体的关系，以及作为处理焦虑的主要功能等，阴茎，或更精确地说，其精神表征（psychic representative）使它与自我特别亲近，也成了自我与意识的代表。[④]

---

① 当他的超我变得比较不严厉，且其焦虑与施虐特质减弱时，我们可以在分析中看到这个信念变得更稳固，这时他的性器期也会更清楚地出现，伴随的是他与客体的关系以及超我、自我和本我之间的关系同时获得改善。

② “纯洁”及未被碰触的女人，是那没有被父亲的阴茎及其危险排泄物摧毁的女人。因此，她可以通过完整的内在，给予男人一个具有疗愈特质的纯洁物质。

③ 参考我的《俄狄浦斯冲突的早期阶段》（1928，《克莱茵全集 I》）。

④ 这个观点可以在分析式观察所搜集到的资料中找到支持，指阴茎和男人的性能力通常代表男性活动。

而身体的内在意象、粪便——所有看不见以及不知的东西，皆被喻为潜意识。在分析男病患时，我们发现不管是男孩或男人，当他们对里面的坏意象或粪便（亦即潜意识）的害怕减弱时，他们对自己性能力的信念便增强了，自我的发展也有了基础。[①] 后者也来自小男孩对其"坏"超我及其身体里面的"坏"内容之害怕的减弱，这使他得以认同其"好"的内射客体，进而进一步强化其自我。

当他建立起对阴茎之建构全能感的信心时，他对自己里面的父亲"好"阴茎的能力之信念，将成为其全能感中次级信念的基础，这些将支持并强化其阴茎为他带来的发展。就像我们之前所讲的，这种与客体关系日渐增强的结果，会使他那不真实的意象退居幕后，而他的恨和阉割焦虑，会得到更大的释放，并固着在真实的父亲身上。同时他的修复倾向，会渐渐导向外在客体，其处理焦虑的方式，也会变得愈现实。这些发展上的进步与日渐主导的性器期并进，也是在晚期阶段中俄狄浦斯冲突的特征。

性发展的干扰

我们一直强调，孩子幻想其父母在性交中永远结合，是其强烈焦虑情境的根源。在这一幻想的影响之下，母亲的身体代表父母的结合，它们非常危险且针对孩子而来。若在发展过程中，这种父母结合的意象未能充分被分离，则孩子的客体关系及其性生活会被严重干扰。根据我的经验，最显著的时期要回溯到幼儿与母亲，更精确地说，与其乳房的早期关系之干扰中。[②] 这个情境虽然对男孩女孩而言非常重要，但是在发展早期已经有很大差异。在以下篇幅中，我将聚焦小男孩的发展，并解释这些恐怖的幻想为何如此重要，[③] 以及它们如何影响小男孩的性发展。

在分析小男孩及成年男人时，我发现，当口腔吸吮冲动与强烈口腔施虐

---

① 参考我的论文《论智力抑制理论》（1931，《克莱茵全集 I》）。

② 参考第八章。

③ 有关小女孩的应用，参考第十一章。

冲动结合时，小婴儿从很早就会怀恨地避开母亲的乳房。[①] 这些早期对母亲乳房的强烈摧毁倾向，使他内射了一个“坏”母亲。紧跟着放弃母亲乳房而来的，是过分强烈地内射父亲的阴茎。他的女性期被他对母亲的恨与嫉羡所掌控，同时因为他强而有力的口腔施虐冲动，使他对被他内射进去的父亲阴茎感到强烈的恨[②] 与害怕。他那强烈而极端的口腔吸吮冲动，使他幻想着一个永远不会被干扰的哺乳历程。但是同时，接受哺育与性满足（两者皆由与父亲的阴茎性交而完成）被转化为折磨与摧毁。这使他以为母亲身体内在充满了巨大的“坏”阴茎，它们会以各种方式摧毁她。在他的想象中，她不仅是“有阴茎的女人”，而且是父亲阴茎和危险排泄物（和阴茎是同样的东西）的容器，[③] 借此他将来自对父亲及其阴茎的大量恨与焦虑置换到母亲身上。[④] 因此一方面，强壮而早熟的口腔施虐特质鼓励孩子去攻击那在性交中结合的父母，并害怕那内在的意象；另一方面则阻止他形成一个“好”的母亲意象，这个意象本来可以用来面对他的早期焦虑情境，并在他里面建立起一个“好”的超我基础（以“有帮助的”人物形式出现），[⑤] 这也是其异性恋位置的基础。

我们必须强调女性期的影响，这个时期常常被施虐特质掌控。小男孩对父亲怪兽般的“坏”阴茎过分内射，使他认为自己的身体就像母亲的一样，会从里面遭遇危险。而且他对那具有敌意的“联合父母”的内射，以及对“好”

---

① 与这个现象有关的一些案例，其哺乳时间很短，而且无法令人满足，其他案例的孩子则仅仅用奶瓶喝奶，然而即使喝母乳期间在表面上看起来令人满足，孩子也可能很快就不要乳房，并对它感到怀恨，而且可能强烈地内射父亲的阴茎，对于这些案例而言，这种行为一定来自孩子的天生特质因素（参见第八章）。

② 小男孩对父亲阴茎的过分怀恨，常常来自针对母亲乳房与身体而来的强烈摧毁幻想，因此孩子早期对母亲的态度，也会影响他对父亲的态度。

③ 由这些幻想所引发的意象，通常不仅与小男孩真实的母亲迥然不同，而且完全模糊了母亲的真实样子。小男孩早期焦虑情境的强烈运作，使其客体关系之发展和现实适应力受到阻碍，因此，他的客体世界与现实无法舒缓那来自早期焦虑情境的焦虑，这些焦虑持续主导他的心智。我发现在这些案例中，孩子与现实的关系会永久受损，而且他会持续以幻想中的焦虑情境来面对并评估现实。

④ 在前一章，我追溯了小女孩类似的置换历程，当小女孩的恨与嫉羡主要是针对母亲所并吞进去的父亲阴茎时，则她会将原本针对母亲的这些感觉（本来主要是冲着其母亲而来的）置换到阴茎上，如此一来，她对男人的态度便严重受损。

⑤ 参考我的论文《儿童游戏中的拟人化》（1929，《克莱茵全集 I》）。

母亲的微弱内射，都有同样的功能。当他对自己的内在感到过分焦虑时，这些内射历程不仅可能导致严重的精神疾病，并且会严重阻碍其性发展。我在本章前面提到，拥有“好”东西在他身体里面，并且在性器期能拥有一个“好”阴茎，这些是性能力的先决条件。若小男孩对母亲乳房与身体的攻击太过强烈，而且在想象中，母亲已经被他自己及父亲的阴茎摧毁，则他更需要一个“好”阴茎来修复她，且他需要对自己的性能力有更大的信心，才能驱散他对母亲危险和被伤害的身体（这个身体充满了父亲的阴茎）的害怕。因此，是他对母亲以及自己身体之内涵的害怕，使他无法相信自己拥有一个“好”阴茎和性能力。以上这些因素所累积起来的影响，使他规避以女人作为情爱的客体。因此依据其早期经验，他不是在异性位置有性功能障碍，就是变成同性恋。[①]

案例病史

案主是一名 35 岁的同性恋患者（A 先生），带有妄想与疑病特质的严重精神官能症，其性功能严重受损，与女人的关系充满不信任与厌恶。分析呈现这些感觉可以追溯到他的幻想：当他看不见母亲时，就会幻想着母亲和父亲在性交中持续联结在一起，他想象母亲身体里面充满了父亲危险的阴茎。[②] 在移情中，A 先生对母亲的恨与害怕（这些害怕以各种方式隐藏了他对母亲的罪疚感）[③] 总是与父母的性交情境有关。当他感到非常焦虑时，尽管只是瞄了我的衣裳或脸孔一眼，他便会以此证实我生病了或不修边幅，或看起来不舒服，其实他指的是我里面被下毒和被摧毁了。这些感觉可以追溯到当他还是一个小男孩时，他会在早上以焦虑的眼神测试母亲是否在与父亲

① 在比较严重的案例中，其力比多无法维持任何位置。

② 由于这种置换，母亲获得了太多来自父亲阴茎的特质，以致没有留下多少她自己的人格。A 先生在潜意识中认同了拥有父亲阴茎的母亲（意识中认同了一个小男孩），由于这些多重置换，使病患甚至在意识中也很难区分男孩与女孩。

③ 琼斯在他的论文《害怕、罪疚与恨》（1929）中指出了这个机制。

的性交中被下毒或摧毁了，[①] 每天早上他都认为母亲已经死掉了。在这种心智框架中，母亲的样子与行为的任何细节（不管如何不显著），或是父母之间意见的分歧，以及任何母亲对他态度的改变，简言之，任何他周边的事情都被用来证实那期待中的灾难已经发生。在他的自慰幻想中（愿望实现），他想象父母已经用各种方式将彼此摧毁，这是导致他强烈焦虑、[②] 害怕与罪疚感的根源。这一焦虑使他不停地观察他的周遭环境，同时增强他对知识的强迫欲望。想观察父母的性交并发现他们的性秘密，消耗了他所有的自我能量（ego-energy）。这一渴望由于他想阻止母亲发生性关系，并且保护她免于被父亲危险的阴茎伤害而被增强了。[③]

对于父母性交的感觉，反映在移情情境中，A 先生对于我抽烟特别感兴趣，像是如果他注意到我留在烟灰缸里的烟蒂，或是闻到房间里的烟味，他就会怀疑我是否抽烟抽得很凶、我在早餐前是否会抽烟、是否抽名牌香烟……这些问题与伴随而来的情绪，都与他对母亲的害怕有关。这些问题呈现出他渴望知道父母在晚上多久做一次爱、用什么方式，以及它们对母亲造成了什么样的影响。这些与原初情景紧扣着的挫折感、妒忌和恨，在这些情感中找到出口。有时 A 先生会对这些情绪产生反应，例如在我点燃香烟的时候，他会说这是不恰当的，并变得暴怒，且埋怨我对他不感兴趣，认为我只顾着抽烟，而忽略这对他所造成的干扰等，然后会建议我戒烟。有一次他耐心地等我点燃一根烟，他几乎要求我这样做，并且迫不及待等着火柴的声音，却坚持不

① 当 A 先生的焦虑变得极为严重时，他认为街道及我的房子（包括整个世界）好像皆沉溺在泥沼中。在其心智中，他常将我视为清扫楼梯的女佣，而且是他所厌恶的。这个女人在他眼中如此讨厌，因为她激起了他的罪疚感与焦虑，她代表的是那被他的缺陷变坏、变贫乏的母亲，这个母亲对于清理她的身体（指房子）里面有毒的脏东西感到无力。由于他幻想通过自己有毒的排泄物，攻击了那在交配中的父母以及母亲身体的内在，因此他觉得必须为母亲的状况负责。

② 我虽然想描绘某种特定的早期焦虑情境，是导致严重性障碍的根源，然而在此我仅想从这些早期的有益影响中，指出两个影响发展的主要因素：亦即母亲是一名有病的女人，而父亲则是一位严厉的暴君，全家人都害怕他。

③ 幼儿的原始妒忌干扰了其性满足以及与父母的亲密关系，这一原始妒忌因焦虑再次被增强，孩子因此害怕（满足其施虐幻想）父母会在性交中彼此伤害或者杀掉对方，这种焦虑迫使孩子观察并妨碍父母。

能在他没有准备好之前划火柴。我后来愈来愈清楚这种紧张状态是他仍是小男孩时某种情境的重复，在晚上他会很注意聆听来自父母房间的声音，迫不及待地等待着，直到他终于听到第一次性交的声音（划火柴），以此确定事件将很快过去。但有时他又很渴望我抽烟，这可以追溯到他还是一个小男孩时，他害怕父母会死掉，因此渴望通过听到父母在性交中的声音来确定他们仍然活着。在分析晚期，当他比较不害怕性交的后果时，他渴望我抽烟则基于以下理由：发展阶段晚期，他渴望父母能有性交，因为性交现在对等于和好，而且代表一个能满足并治愈他们两人的活动，他也渴望能够从因为剥夺了父母而产生的罪疚感中得到解脱。

A 先生试着通过放弃抽烟移除他的疑病抱怨，但是这一经验不会持续很久，因为在潜意识中，抽烟也是这些埋怨的补偿。由于抽烟代表的是父亲的"坏"阴茎，他想象通过抽烟阉割掉自己身体里面的"坏"客体，① 但是香烟同时也代表父亲的"好"阴茎，他也通过抽烟重建他的身体以及里面的客体。

A 先生的强迫症状与他的许多焦虑非常相关。通过置换他们开始了"诅咒与除咒"（charm and counter-charm），② 借此证实或驳倒以下问题：当时父母是否在性交？一些危险的事件是否如同他所期待的，在性交中发生了？在这些事件中所受到的伤害是否需要被疗愈？强迫症精神官能症都基于来自他里面的摧毁与建构全能，这些与他父母在性交中的结合有关，它们被扩展到与周遭环境的关系。

A 先生的强迫特质和严重"性问题"，被用来作为证明与反证明。他对父亲阴茎的过度害怕，不仅阻碍他发展出异性恋位置，而且也阻止他建立起同性恋位置。

由于他对母亲的强烈认同，并且幻想他已经吞并了正在性交中的父母，而使他将自己的身体视为危险的，因为它吞并了的那个阴茎会威胁母亲。在

---

① 这种幻想也会导致酗酒问题，酒精表征"坏"阴茎或"坏"的尿，它们被用来摧毁"坏"的内化阴茎。梅莉塔在她的论文《文化发展中精神病机制的角色》中，指出药物表征"好"阴茎，它被用来对抗"坏"的内化客体。由于"上瘾者"的爱恨情结，被内射进去的药物很快具有"坏"阴茎的意义，导致上瘾者持续嗑药。

② 弗洛伊德，《图腾与禁忌》。

移情情境中，当A先生的负向移情增强时，他的疑病埋怨也会变得更显著。[①] 例如，（不管是内在或外在的原因）当他对母亲与父亲从事危险性交的幻想增强时（或幻想性交的结果使父亲危险的阴茎停留在母亲身体里面），则他对我的恨和对他自己身体之内在的害怕，也变得更强烈。由于认同母亲，因此每件事都会让他想到灾难正在母亲里面发生，并以此证实他自己的内在也已经被摧毁了。但是他之所以恨母亲和父亲性交，是因为他认为母亲不仅让自己置身危险中，而且也间接地让他处在危险中：在他的幻想中，这对内在父母在他身体里面性交。

此外，当他想象母亲在性交中与父亲联结时，母亲总是变成他的敌人。例如，有时候他会对我的声音和我的话感到强烈厌恶，这种厌恶不只是因为他将我的话对等于危险、有毒的排泄物，而且还因为在幻想中他认为父亲（或更确切地说，在我里面的父亲阴茎）刺穿了我，这一阴茎影响我的话及行为，并以敌对的方式对抗他，就像他里面的父亲使他用不好的方式对抗母亲一样。他也害怕父亲的阴茎会在我说话时，从我的嘴里跳出来攻击他。我的话及我的声音因此对等于父亲的阴茎。

若他的母亲被摧毁，则不再会有一个有帮助的"好"母亲。在其幻想中，母亲的乳房被咬断、被撕裂成碎片，或被尿与粪便下毒，使他在很早的时候，就内射了一个有毒及危险的母亲意象。它阻挡他发展出一个"好"母亲意象，这一因素也助长了妄想特质的发展，特别是有关他被下毒或被害的妄想。不管外在世界（来自其母亲的身体）或是他自己身体的内在，这位病患并未获得用来对抗父亲阴茎及大便（表征迫害者）的足够支持。因此，不止对母亲的害怕及其阉割焦虑增强了，而且对他身体里面的"好"内在以及自己的"好"阴茎的信心也被抑制了，这是严重阻碍其性发展的主要因素。害怕他的"坏"阴茎会伤害女人（或确切地说，无法在性交中修复她），以及害怕母亲危险的身体，是使A先生性无能的基础。

① 虑病者的抱怨细节，常常取决于其施虐幻想的细节与结构，例如，我常常发现，灼烧的感官知觉与尿道的幻想有关，因为尿常常表示使客体烫伤，因此也会烫伤自己身体的内在。此外，在这些案例中，父亲的内化阴茎以及他的尿，常被赋予烫伤、下毒和腐蚀的能力。

对于“好”母亲的信心未能充分建立起来，这在A先生生病时严重影响了他。战争时，A先生在前线相当有效地克服了所有的危险与困难。之后他在一个小小的偏远地区旅行时，因为生病而崩溃了。分析发现这一症状重新引发了之前的疑病焦虑。这些焦虑来自害怕“坏”的内在阴茎和有毒的排泄物等焦虑情境，触发因素是女房东的行为。这位房东曾经看护我的病人一阵子，她照养他的方式非常恶劣，对他不仁慈，没有给他足够的牛奶与食物，这种经验重新引发被断奶的创伤经验，以及与其有关的恨与焦虑的联想。此外，A先生在潜意识中，将女房东的行为视为导致其焦虑原因的证实，他认为不再有“好”母亲，而且很无助地被交给内在摧毁与外在敌人。由于对“好”母亲的信念从未充分地建立起来，因此无法拿来对抗那些同时并过分被激发起来的所有焦虑情境。缺乏一个可以用来对抗焦虑的“好”的、有帮助的母亲意象，是导致他崩溃的最后决定因素。

我尝试通过A先生的案例指出，对父亲阴茎的恨与害怕置换到母亲身上的结果，使他对女人身体的害怕变得非常强烈，异性恋的根源也大大减弱了。

选择同性恋

当一个人把所有令人害怕及不可思议的事情置换到看不见的母亲身体里面时，常常会出现另一相关的历程，它显然是导致同性恋位置的先决条件。在正常情况下，小男孩的阴茎表征他的自我及他的意识，而其超我及其身体的内在则表征他的潜意识。其同性恋态度使他以自恋的方式选择另一个男人的阴茎作为客体，这一阴茎被用来对抗他对自己里面的阴茎以及身体内在的所有害怕。因此，同性恋的“自我”过分强调现实、外在世界，以及所有看得到、摸得到、意识中感知得到的东西，以此作为处理焦虑的方式之一，来极力否认、控制或面对其潜意识。

在这些案例中，我发现小男孩在儿童期时若有一个同性恋关系，他则会有机会舒缓对父亲阴茎的害怕与恨，而且强化他对“好”阴茎的信念，所有晚期发展出的同性关系都建立在这样的关系上。它提供了以下一些常有的保证，包括：（一）父亲的阴茎（不管是内化进去的还是真实的）对他或对母亲而言，都不是危险的迫害者；（二）他自己的阴茎不具摧毁或迫害性；（三）他幼儿时害怕因为自己和兄弟（或是代表兄弟的人）的性关系被发现，会被赶出家门、阉割或被杀掉，[①] 这些想法都是没有基础的。甚至成年时，他也不相信这些想象，因为他的同性恋行为并没有导致不好的结果；（四）他有秘密的同盟与共犯，因为早期他通过与兄弟的性关系，与兄弟联合起来将性交关系中的父母一起或单独摧毁了。在幻想中，他的情侣有时扮演父亲的角色，在性交活动中与他秘密攻击他的母亲；有时他则扮演兄弟的角色，他们一起设计摧毁在母亲和他自己里面的父亲阴茎。

基于施虐自慰幻想，孩子觉得自己和另外一个人联合起来，通过性活动来对抗父母，我认为这种感觉对孩子的性关系发展有重大意义。[②] 这种感觉与偏执机制有关，当这一机制强烈运作，孩子在其力比多位置和客体关系中寻找同盟与共犯时，会有强烈偏见。小男孩使母亲和他站在同一边，一起对抗父亲（最后目的是通过和她发生性关系，一起摧毁母亲身体里面的父亲阴茎），这是他选择异性恋位置的必要条件，它将帮助他在长大之后，即使有偏执特质，仍得以维持其异性恋位置。然而，若是他对母亲危险的身体太过害怕，并且其"好"母亲意象未能完善发展，则他会幻想自己与父亲联盟起来对抗母亲，并幻想与兄弟联合起来反对他们的父母，这会使他倾向于采取同性恋位置。

孩子操弄他们的客体，使他们彼此对抗，且通过秘密联盟压倒他们，这些冲动有其根源。根据我的理解，在全能幻想中，孩子认为通过神奇的排泄物与思考，有毒的粪便会跑到客体身体里面，控制他们并摧毁他们。在这一脉络下，孩子的粪便是秘密攻击客体内在的道具，它们被视为被自我利用的"恶魔客体"或动物。这种全能自大幻想是被害妄想和被下毒妄想的要素，

① 在他的焦虑中，隐藏着以母亲为竞争者的害怕，这位母亲要他对阉割并盗走父亲的阴茎负责。

② 参考第七章。

他们害怕客体作为迫害者，[①] 也会对他们施加秘密攻击。此外，有时它会使患者害怕自己的排泄物，因为他怕它们会以敌意的方式攻击其自我。通过分析儿童与成人，我也发现他们会害怕自己的粪便以某种方式独立存在着、不再受他们的控制、不听从自我的指挥、伤害他的内在与外在客体。在这些案例中，粪便被对等于各式各类的小动物，例如：老鼠、蟋蟀、蚊虫、跳蚤……[②]

当大便与阴茎被视为迫害者这样的偏执焦虑占主导时，同性恋之“爱的对象”将与自己联盟，对抗其迫害者。个体则会以“好”阴茎的力比多渴望作为过度补偿，并用此来隐藏或遮掩他对“坏”阴茎的害怕与恨。当这种补偿失败时，他对所爱客体的恨与害怕将会蔓延，且会偏执地将他所爱的人转化为被害者。[③]

这种在偏执人格的案例中很显著的机制，出现在每一位同性恋的行为中（虽然以较不明显的方式）。男人之间的性活动，总有部分是为了满足施虐冲动，并证实其摧毁式的全能感，但是在以“好”阴茎作为其外在爱之对象的正向力比多关系中，它们（或多或少，根据当时恨的多寡）不止潜藏着对父亲阴茎的恨，还有对性对象的摧毁冲动和随之而来的害怕。

在《同性恋与俄狄浦斯情结》一文中，菲力司·贝汉姆（Felix Boehm，1881—1958）将重点放在“俄狄浦斯情结所扮演的面向，它包括孩子对父亲的恨，以及用来对抗其死亡欲望与主动的阉割欲望”。[④] 他指出，男人的同性恋性交活动通常有两个目标，其一是让他的性伴侣在异性恋的行动中是无能的，使他不得不远离女人；其二是为了阉割他，以此拥有性伴侣的阴茎，也增强了他自己对女人的性能力。有关第一个目标，我个人的观察让我相信，除了对父亲的原初妒忌之外（这使他想让其他男人远离女人，亦即母亲或姐

① 参考第八章。

② 例如，我有一个 5 岁的小病患法兰兹，他在分析中呈现出显著的精神病特质。他害怕在黑暗中会有许多老鼠和鼷鼠从隔壁进到他的卧室，而且会在他卧床时攻击他，一群从上面、另一群从下面攻击。它们表征的是父母的粪便进到他的肛门及身体中有开口的其他地方，这一焦虑来自他对父母的肛门施虐攻击。

③ 参考第九章。

④ 参考《国际精神分析学刊》（*Int. Z. f. Psychoanal*，1926）。

妹)，他也会害怕母亲在和父亲进行性交时遭遇危险。由于这些危险不止来自父亲的阴茎，也来自他自己施虐的阴茎，因此引发他选择同性恋位置的强烈动机。[①] 就像我从分析小男孩与男人的经验中所发现的，在这个位置上，他在潜意识中与父亲及兄弟订了一个合约，协议他们都不能和母亲或姐妹们发生性关系，使她们得以免于不幸的灾难，同时能在彼此身上获得补偿。有关第二个目标，我完全同意贝汉姆的观点，孩子渴望阉割父亲以获得他的阴茎，并且使他在和母亲的性交中有性能力，这一欲望激励他转向同性恋位置。在某些案例上，我可以探查到这个目标不止为了拥有一个特别有力的阴茎，也是为了搜集大量的精液。在小孩子的幻想中，这些精液是让母亲获得性满足的必需品。[②] 另外，他也想要将"好"阴茎和"好"精液放进他自己里面，以让自己的身体内在完好无缺。这种渴望在性器期被强化，他相信如果他的内在是完整无缺的，他便可以给母亲"好"精液和孩子，这一情境可以增强他在异性恋位置上的性能力。但是，若其施虐倾向主导，则通过同性恋行为这一道具获得父亲阴茎与精液的企图，有一部分包含异性恋的目标，因为通过认同那施虐的父亲，他更能通过与母亲发生性关系而摧毁她。

我们不止一次说过，一般而言，对知识的渴望是从事性行为的动机。但是，当个体通过同性恋行为获得知识的满足时，它也部分强化了在异性恋位置的效能。同性恋行为是为了让他满足小时候的渴望——他希望有机会看看父亲的阴茎与自己有什么不同，并发现与母亲性交时，它是什么样子。他渴望与

① 弗洛伊德指出一个事实，他认为在一些案例中，同性恋的选择来自竞争感觉的激增以及攻击倾向被压抑的结果。参考《妒忌、偏执与同性恋的一些精神官能机制》(*Certain Neurotic Mechanisms in Jealousy, Paranoia and Homosexuality*，1922，S.E. 18)。萨德格尔强调，小男孩与父亲的竞争以及想阉割掉他的欲望，是导致同性恋的因素(《缺乏歇斯底里症的多重性倒错案例》，*Ein Fall von multipler Perversion mit hysterischen Absenzen*，1910)。费伦齐指出，同性恋者对父亲有残酷的死亡欲望，同时以淫荡的残酷幻想攻击母亲[《论男性同性恋的疾病分类》(*On the Nosology of Male Homosexuality*)，1914]。琼斯认为，口腔施虐是女同性恋的基本因素(《女性性特质的早期发展》，1927)。

② 小男孩认为，需要巨大的阴茎和大量精液才能满足母亲，并认为自己的阴茎太小，这种想法是导致后来性无能的主要因素。

母亲进行性交时，自己更内行也更有能力。①

B 先生的案例

我将以一个案例的片段来描绘之前所论，导致个体选择同性恋位置的主要因素。B 先生，一名三十多岁的男人，由于在职场上的拘谨约束和重度抑郁症来找我治疗。他在职场上的拘谨约束已经有很长一段时间，生命中的一些事件使他变得更拘谨、放不开，以下篇幅我将描述这个现象。他被迫放弃正在进行中的研究，并辞去了教师的职位。虽然看起来他的人格及自我已经发展得很成功而完整，而且他的资历非常耀眼，然而他的心智健康却严重受损。他的抑郁现象早在儿童时期已有蛛丝马迹，但最近几年变得更严重，导致他一直处在抑郁状态中，且使他与他人完全隔离。他会毫无原因地担心自己的外表令人厌恶，这使他愈来愈不喜欢社交生活。他也有严重躁狂式的怀疑（doubting mania），这严重影响他的智力兴趣领域，使他感到非常痛苦。

在这外显的症状背后是严重的疑病②及强烈的被害感，此被害感有时会有妄想的成分，然而 B 先生似乎不在乎。例如有一次在旅游中，他住在宿舍，并觉得和他住在同一栋房子的女人对他有性欲望，而且预谋危及他的性命。身体的一点儿不舒服就会让他相信这个女人在给他的面包中下毒了，这种感觉使他快速搬离了那栋房子。事隔一年，他又回到了这个住处，虽然他知道仍然会遇见这个女人，因为她是那里的永久客户。他们两人终于发展出频繁的社交关系，并且成为很亲近的朋友，尽管如此，B 先生仍没有放弃一年前这个女人尝试对他下毒的质疑，他说服自己，这个女人不会再重复去年的企图，因为他们现在是好朋友。值得注意的是，他竟然没有憎恨这一谋杀企图，部分原因是他将情感抛得远远的，另一部分原因则来自他对其他人的容忍与

---

① 贝汉姆（在前述引文中）提出一名病患，他常常企图从与男人的同性恋活动中，发现他们与女人的“性技巧”，以及其他有关的事。

② B 先生对自己外在的过度关心与担心，是他将对自己身体内在以及与其有关的虑病焦虑的担心置换到外在的结果。

直觉的了解。除了这些因素之外，他那超乎常态的掩饰技巧，使他的被害妄想、疑病焦虑，甚至严重的强迫症状，都没有在朋友面前呈现出来。这种异乎常人的掩饰技巧与他的妄想人格一样，都非常强烈。虽然他觉得被别人观察、偷窥，并对他们感到怀疑，但是他对别人了如指掌，以致他知道如何完全隐藏自己的思考与感觉。然而，除了这种欺骗与精打细算所造成的压力，他有一股新鲜且自然的感觉，来自那正向的客体关系，以及在他心智最深处本来就存在的一股强烈的希望感。这帮助他得以成功地隐藏其病症，虽然过去几年他几乎完全无法工作。

B 先生是一名典型的同性恋者，他和男人、女人的关系都很好，① 但是作为一个性对象，他完全拒绝她们，以致他无法看到这些人有什么魅力或迷人之处。② 从生理角度而言，对 B 先生来说，她们是奇怪、神秘及不可思议的，她们的体型让他感到不快，特别是她们的乳房、臀部以及缺乏阴茎。③他对于乳房与臀部的不喜欢来自他那强烈的施虐冲动，他曾经幻想将她们身体中那些“突出的”部分咬断，直到她们变成“被咬进去”，而且“被减少”，他说也许这样他就可以爱女人了。这些幻想是因为他在潜意识中认为女人充满了父亲的阴茎和危险的排泄物，这些排泄物对等于阴茎，它们将她的身体炸开，并被挤出她的身体。因此，他对于女人那些“突出来”的部分的恨，其实针对的是父亲那被内化进去并重新出现的阴茎。④ 在他的想象中，女人身体内在有永远探索不完的东西，那里面隐藏各种危险与死亡。对他而言，她只是一个令他害怕的阴茎和危险排泄物的容器。她那细嫩的皮肤和其他女性特质，都只是为了掩饰在她里面所进行的摧毁，虽然它们可以愉悦他，但

① 但是，这种与男人和女人的好客体关系会不定时地被干扰，当它们被干扰时，B 先生会尽可能地远离人群。

② 在其生命中，他和女人有一两次性交关系，但他从未由此获得真正的满足，他之所以会进入这种闪电式爱情关系的主要动机是好奇。他渴望能做异性恋男人做的事，同时不想伤害另一方的感觉。在他的关系中，对方常常是比较主动的。

③ 我们接下来会探讨为什么这种缺乏，令他如此害怕。

④ A 先生对于女人臀部的施虐感觉，也是取决于类似的幻想。就像我们在第九章提到的，女人的头、手臂、手脚，常常在潜意识中被视为父亲被内化进去的阴茎再次跑出来，其四肢、一双腿、一双脚、一双手臂甚至手指头，常常被用来象征被内化进去的父母。

是他更害怕它们，因为有许多征兆指出她那欺骗与不忠的本质。

通过将阴茎看成粪便，我的病患持续将被父亲激起的害怕置换到母亲身体上，甚至进一步视它为有毒和危险的排泄物，以此他多少掩饰或忘掉了那些在母亲身体里面令他害怕与憎恨的东西。这个庞大的置换历程会失败，可能是因为B先生再次在女人的乳房与臀部的形状中，意识到自己掩饰起来的焦虑客体，它们象征迫害者，从女人的身体里面出来看着他。他以明显不喜欢与焦虑的态度说自己绝对不敢殴打或攻击它们，因为他太害怕碰触它们。

因为他将那令自己害怕的东西都置换到母亲的身体，因此母亲的身体成了令他厌恶的客体，也因此过度理想化了阴茎和男人的性。对他而言，由于男性的所有都是显而易见的，没有隐藏任何东西在他里面，因此才是自然而漂亮的客体。① 由于他将那些引发焦虑的所有东西，从他父亲的身体置换到母亲的内在，因此他强烈地压抑了自己身体内在的所有东西，而将重点放在可以看见的东西上，特别是他的阴茎。他对这一质疑有多强烈，可从他5岁时的一件事情得知。有一天他问保姆，“前面还是后面”（指阴茎或肛门）比较不好，令他惊讶的是，他的保姆竟然回答“前面”。他也记得当他8岁时，有一次站在楼梯最上层，当他往下看时，突然非常怀恨自己以及所穿的黑色袜子。② 自由联想显示，他总觉得父母房子的内在特别幽暗，甚至是“死寂”，事实上，幽暗的房子象征的是对母亲身体里面或是自己里面的摧毁，而且他认为自己要为这样的幽暗负责，因为他认为是自己危险的排泄物（黑色的袜子）造成了这一摧毁。由于B先生强烈压抑其“内在”，并将它置换到“外在”，他开始怀恨、害怕自己的外在，不仅包括他个人的外表（虽然这是他所关心并持续感到焦虑的），还包括其他有关的事件，例如他特别厌恶某些衣服，尤其是他的内衣裤、黑色袜子等，他视它们如敌人，认为这些物体通

① 由于拥有阴茎对于克服其焦虑而言是如此必要，因此B先生对女人身体内在的所有焦虑，会因为女人缺乏这些外在的器官而被强化。

② 往下看表示往内看——往他自己里面看。我在其他案例中发现，往远处看常常表示内省。对于潜意识而言，似乎没有任何事情比母亲身体的内在甚至自己身体的内在，更遥远、更深不可测。

过紧紧黏住他的身体而打击他或压迫他。[1] 这些物体代表他的内在客体和排泄物，它们从里面迫害他。如此通过将对内在危险的害怕置换到外在世界，他的内在敌人被转化而成外在敌人。

现在，我想谈谈这个案例的心理结构。他小时候用奶瓶喝奶，由于其力比多没能由母亲身上获得满足，其口腔吸吮无法固着在乳房上，也因为这一挫折，对抗乳房的摧毁冲动增强了，因而在其想象中，他将该部分身体转化为危险的乳房和怪兽［在幻想中，他将女人的乳房视为希腊神话的鸟身女妖（harpies）］。他借由将乳房与父亲危险的阴茎对等来完成这一潜意识历程，在幻想中，他认为父亲的危险阴茎被放到母亲身体里面，之后再从乳房跑出来。此外，他很快开始将奶嘴与奶瓶的头对等于“好”阴茎，且由于对乳房的挫折，他急着转向令他满足的客体，以满足他的口腔吸吮欲望。选择同性恋也与他早期的诱惑有关。大约2岁时，他被大他两岁的哥哥雷斯理（Leslie）诱惑，肛交的举动满足了他所缺乏的口腔吸吮欲望，这一事件使他过分固着在阴茎上。另外一个因素来自父亲，他本来是一个冷淡而腼腆的男人，但后来在小儿子的影响下变得较有感情。这个孩子立志赢得父亲的爱，而且也成功了。分析显示，他认为这个胜利证明他已将父亲的“坏”阴茎转化为“好”阴茎，这一努力驱散了一些害怕，也成为他与男人谈恋爱的动机。

B先生有两个兄弟，雷斯理大他两岁。当他还是小男孩时，他非常爱雷斯理，也很崇拜他。雷斯理对他而言表征“好”阴茎，这来自他在性活动中，由雷斯理所获得的口腔欲望满足。能和雷斯理一样聪明并做他的朋友，是他最大的抱负。事实上，他们选择了同样的职业。对于大他四岁的大哥戴维（David），他的态度则非常不同。大哥和他同父异母，B先生可能正确地感知到母亲比较爱她自己的两个儿子。他不喜欢大哥，在很小的时候，他已经在许多方面优于大他许多的大哥，其中有部分是因为大哥的受虐态度，另外的部分则来自B先生在心智上的优越感。他将施虐冲动发泄在大哥的“坏”

[1] 我也在其他孩子与成人的案例中，发现身体外面的东西常常表征身体里面的东西。我一个6岁的小病患昆特，常常用纸做成蛇，缠绕着他的脖子，之后再把它们撕掉。他不只借此面对害怕父亲的阴茎从外面缠绕着他，而且害怕它从里面使他窒息并且杀掉他。

阴茎上。在儿童期，他与大哥有过性关系，[①] 那时他视大哥为拥有父亲阴茎的危险母亲。我们将会看到大哥是父母的代替品，更精准地说，是幻想中的父母意象，所以与大哥的关系反映了他与这些意象的关系。虽然在真实生活中他热爱母亲甚于父亲，在幻想中他也拥有一个魔术般的“好”阴茎（父亲），以及一个令他害怕的母亲。分析显示，他之所以从未喜欢过戴维，部分原因来自他对戴维感到非常罪疚。

虽然我们看到造成B先生选择同性恋态度的许多因素，但是有许多外在因素很早就已在运作，使他无法建立起同性恋位置。母亲非常喜欢他，但是他很快发现母亲并不真心爱父亲，而且对男人的性器官感到厌恶。他认为母亲的冷淡且不赞同他的性欲望，这个印象可能是正确的，也可能与母亲过分强调整洁与秩序有关。在他小时候，保姆也反对任何与性或本能有关的东西（可以从她回答“前面比后面不好”中得知）。另一件使他无法建立异性恋位置的原因是，他小时候缺乏女性玩伴，如果他有妹妹，则他对母亲身体神秘内在的害怕可能会大大减弱，因为他会更早有机会满足对女性性器官的性好奇。如同他所说的，直到大约20岁，当他看着一张裸体女人的照片时，才第一次意识到女人和男人生理器官的差异。分析显示，女人所穿的宽松垂地的长裙，更加深他对她们身体内在神秘性与危险性的想法。他对这些事情的无知，不仅来自其焦虑，也被以上所描述的外在因素强化，这些都使他拒绝以女人为性客体。

我以男人的发展历程，描述摧毁全能聚焦在自己的阴茎上，是建立异性恋位置的要素，而且为了启动这一要素，自我必须在早期发展阶段中有足够能力容忍其施虐特质与焦虑。B先生在这方面的能力非常微弱，他对其排泄物的全能信念比一般小男孩强烈。[②] 另一方面他的性器冲动与罪疚感出现得很早，使他和客体有良好的关系，对于现实的适应也令人满意。他那很早就

① B先生和哥哥的性关系，在儿童期的第一阶段就已经停止了。他在意识中对这些经验没有任何记忆，可是另一方面，他却非常清楚记得自己折磨戴维的细节。分析显示，这些残酷的行为与他所忘记的性活动密切相关。

② 他有非常强烈的女性特质，而且他的升华也以女性角色为主，我们之后会再讨论这一点。

强化起来的自我，以暴力的方式压抑其施虐冲动，特别是那些冲着母亲而来的施虐冲动，因此使它们无法与真实客体充分互动，而且大多时候依附在与母亲有关的幻想意象上。致使他在与两性[①]客体皆保持良好关系的同时，仍极度害怕那幻想中的坏意象。这两种对立的态度平行存在，没有足够的交集。

B 先生不仅无法以其阴茎作为虐待母亲的器官，也无法在性活动中以其“好”阴茎作为修复母亲的工具。[②]虽然与父亲阴茎有关的施虐特质较不会强烈地被压抑，却不足以影响其俄狄浦斯倾向，因为之前所论及的因素非常强烈地对抗异性恋位置，使他对父亲阴茎的恨无法以正常的方式修饰。它必须以“好”阴茎的信念过分补偿，这成了同性恋位置的基础。

B 先生在他生命的早期，即在逃离与肛门以及与身体内在有关的所有东西之历程中（这些通过对阴茎的强烈口腔吸吮固着，以及之前所描述的因素完成），发展出对其他小男孩的阴茎钦羡，在某些情况之下，甚至几近朝拜。然而分析显示，他对与肛门有关之事的过分压抑，使阴茎具有高度肛门特质。他认为自己的阴茎是自卑的、丑陋的（肮脏的），尽管如此，他对其他男人与小男孩的阴茎钦羡是有条件的，那些不能满足这些条件的阴茎会令他厌恶，因为它具有父亲的危险阴茎以及“坏”粪便的特质。除此之外，他具有相当稳定的同性恋位置，在意识中，他对自己的同性恋活动缺乏自卑或罪疚感，因为那些在异性恋位置中无法呈现出来的修复倾向，却能在同性恋活动中完全展现出来。

B 先生的爱欲生活被两种客体主导：第一种是他在学龄时，一再选择没有吸引力且不受欢迎的小男孩或男人，这一类人是他大哥戴维的回响。B 先生不想与这类人有性关系，因为他的施虐冲动太强烈，且会在他们面前展现优越感，并以各种方式折磨他们，但同时又可以和他所爱的客体做好朋友（这对他的心智会有好的影响），也会以各种方式帮助他们。第二种人则是他二

① B 先生的超我无法成功地形成（例如，对其早期焦虑过分反应），不仅使他罹患严重的心理疾病，其性发展也严重受损，工作能力被干扰，而且也是导致其客体关系（虽然本身是好的）常常受到严重干扰的主要原因。

② 在前一章，我已经提到，使男孩女孩借由性活动重新修复其客体的一两个因素。

哥雷斯理的回响，他会深深地爱上这种人，且真诚地朝拜其阴茎。[①]

这两种人都可以满足B先生的修复欲望，并舒缓他的焦虑。在与第一种人的关系中，性交表示修复父亲与戴维的阴茎，因为在想象中，他已经通过强而有力的施虐冲动摧毁了它们。又由于他认同了这一自卑及被阉割的客体，因此对客体的恨，也针对他自己而来；相同地，对客体阴茎的修复，也隐含着对自己阴茎的修复。修复阴茎的最终目的，是为了重建母亲，因为它传达出一个信息：阉割掉他父亲与大哥，同时表示攻击了母亲里面的孩子，他为此感到非常罪疚。通过修复父亲与大哥的阴茎，他努力还给母亲一个未受伤害的父亲、未受伤害的孩子以及完整的内在。重建自己的阴茎更进一步表示他有一个"好"阴茎，而且可以让母亲得到性满足。

B先生的修复欲望，在他与第二类人的关系中较不显著，因为在这类关系中他所关心的是"完美的"阴茎，这个他所侵占的阴茎，以许多神奇的反证据来对抗他的害怕。因为他在与这些人的关系中，认同了他爱的客体，因此这个"完美的"阴茎证实他自己的阴茎也是"完美的"，还表示父亲和大哥的阴茎也都是完好的。这强化了他对"好"阴茎的信念，也因此他认为母亲的身体未被伤害。其潜意识中的施虐冲动，在与所羡慕之阴茎的关系中找到了发泄管道，因为在此关系中，其同性恋活动象征了爱之客体被阉割。这一信念部分来自他对其伴侣的忌妒，另一部分是因为他想要拥有其伴侣的"好"阴茎，使他可以在各方面取代父亲的角色，并与母亲在一起。

虽然B先生的同性恋位置很早就建立起来了，且在意识中拒绝异性恋，然而在潜意识中他显然仍保留着异性恋的目标，那些当他仍是小男孩时在想象中热心追求的目标，没有在成年时消失。他的各种同性恋活动，以各种迂回的方式导向这一潜意识中所欲望的目标。

他的超我对其性活动所加诸的准则是非常严厉的，他必须在性交中，将他所摧毁的母亲内在全都变好。基于以上理由，他的修复工作以阴茎开始，也以阴茎结束。他如同一个努力建造一栋超级坚固房子的人，却永远质疑自

---

① 有一次他爱上了一个第三类的人，这类人与父亲相似，虽然这一关系并非出自他的自愿，但无法避免引发了他强烈的焦虑。

己是否已经真的打好了地基，他会持续尝试使地基更坚固，而且永远无法停止这一努力。

因此B先生对于自己修复阴茎能力的信念，是他心智稳定的基础，当这一信念动摇时，他就生病了。事情是这样发生的：几年前他所爱的二哥雷斯理在一次探险之旅中丧生。虽然雷斯理的死亡深深影响了B先生，然而他的心智并没有崩溃，他能够容忍这个灾难，因为它并没有引发他的罪疚感，或大量减弱他的建构全能感之信念。对他而言，雷斯理拥有神秘的“好”阴茎，但是他可以在别人身上找到对二哥的信仰与爱慕。现在，他的大哥戴维也生病了，B先生在大哥生病期间一心一意照顾他，希望自己的努力有疗愈效果。然而，这个希望落空了，因为戴维死了。这次的创伤动摇了他，也让他自己生病了。分析显示，这次灾难更严重地打击了他，因为他对大哥有强烈的罪疚感。最重要的是，他那修复受伤阴茎的信念完全被摧毁了，这表示他必须放弃在潜意识中努力修复所有事情（最终是母亲以及自己的身体）的希望，他在工作上的严重拘谨，也是失去希望的后果。

我之前已经强调过，由于母亲无法在性交中成为修复倾向的客体，因此也无法成为他的性对象，只能成为温柔情绪的对象。尽管如此，他的焦虑与罪疚感之所以如此强烈，不仅因为他的客体关系严重缺陷，还因为升华倾向也严重受损。因此B先生本来在意识中状况良好，但是一直担心母亲的健康（他自己说，虽然他并没有生病，却很“脆弱”）。他的潜意识完全被这一担心所掌控，移情情境也呈现出这一忧虑：每次放假前（或周末前，甚至两天的约谈之间），他都会担心再也见不到我，担心一些致命的意外会在放假期间夺走我的生命。这种以各种方式再三呈现的幻想，有相同的主题：我将在拥挤的街道上被汽车撞倒或碾过。这条街事实上是他在美国家乡的一条街，在他的童年记忆中扮演重要的角色，当他和保姆出去时，总是害怕过街会让他永远见不到母亲。就像在分析中所显示的那样，当他在重度抑郁状态时，常常在分析中说：除非小时候所发生的所有事情从没有发生过（比如，那条街上的所有车辆都不曾经过那条街道），否则事情永远不会“变好”，而且他永远无法再工作。就像我在本书前几章所报告的儿童分析，对他而言，车子流动表征的是父母之间的性交活动。在早期自慰幻想中，他已经将它们转化为父母的致命伤，因此害怕母亲和他（因为他内射了“坏”阴茎）将会遭到（被吞并在）母亲里面那父亲的危险阴茎所危害（被车子碾过），因此担心自己和母亲会被车子碾过。与其家乡（他的家乡被认为是一个黑暗、没有生命、被摧残的地方，虽然事实上正在变得整洁，而家乡拥挤的交通，指的是父母之间持续的性交）对照的是，他想象中充满生命、阳光的美丽城市，有时他会突然发现这座城市是他造访过的其他国家。① 这个想象中的城市代表母亲再次被修复，并且拥有新生命，也代表他自己被重建的身体，但其强烈的焦虑使他觉得这种修建是无法完成的，他在工作上的拘谨也来自同一根源。

当 B 先生还在工作时，他将其科学研究结果写成一本书。这本书对他而言是一座美丽的城镇，但是在无法工作时，他不得不放弃书写。这本书的每一个信息、每一个句子都隐含着被修复的父亲阴茎及完整的孩子，书本身则表征他内化进去的完整母亲，以及自己被修复的身体。分析渐渐呈现出他对自己身体里面“坏”内容的害怕，是其创意的主要障碍。他的疑病症状之一是感到内在完全空虚，在智力水平上，他埋怨那些曾经具有价值、漂亮并让他感兴趣的事情，已经不再有价值、“太老旧”，而且以某种方式被移走。我后来发现，这一埋怨的最深根源，在于害怕他所排放的坏意象和危险的排泄物，会让他失去原来身体里面“漂亮”的“好”内涵。

使他具有创意的最强烈动机来自其女性位置，在他的潜意识中有一些强迫式的条件：除非他的身体充满好客体（事实上指的是美丽的孩子 ②），否则他无法创造，指生孩子。为了服从这些条件，他必须丢掉里面的“坏”客体（使他感到空虚），或是必须将他们变成“好的”，就像他希望将父亲和大哥的阴茎变成“好”阴茎一样，只有如此才能保证母亲的身体、他的孩子以及父

---

① 再次地，每一个建造漂亮城市的细节，都表征修复以及对母亲和自己身体的美化与整修，在想象中它们被伤害并摧毁。

② 在前一章，我们已经看见小女孩对全能排泄物的信念比小男孩更强烈，这一因素对于升华的特质有特定的影响。我之前指出，从丑陋的“坏”大便到“美丽”孩子的升华趋势。B 先生对于以全能阴茎从事施虐的信念不太有效，而他对全能排泄物的信念又太强烈，因此他的升华很清楚是女性的形态。

亲的阴茎都已经被重建了，父母也才会和睦相处，并且给予彼此完全的性满足。也通过认同“好”父亲，他才能给予母亲孩子，并稳固其异性恋位置。

在十四个月之久的分析之后，我的病患再次提笔写书，他很清楚地认同了母亲。在移情情境中，他幻想成为我的女儿，他记得当他还是个小男孩时，在意识中他渴望成为一个女孩，因为他知道母亲比较喜欢女儿。但是在潜意识中，他也想以性爱的方式爱她，如此就不必害怕会用自己的阴茎伤害她，因为这阴茎是母亲所怀恨的，他也觉得是危险的。[①] 虽然他对母亲有强烈的认同，而且具有显著的女性特质（这一特质也呈现在他的书中），他却无法维持女性位置，这是阻碍他进行创意活动的基础，这些创意或多或少一直都是被抑制的。

在分析中，当对母亲的认同以及渴望成为女人的欲望变得更明显时，他在职场上的拘谨也渐渐减弱了。他渴望有孩子，他的创造能力再次被他对内化客体的害怕所检验：因为他以母亲作为竞争对象的害怕，主要是针对那与父亲联合并内化进去的“坏”母亲。他对于被看与被观察的强烈害怕，与内化进去的客体有关，为此他必须保留每一个思考，因为那都表征他里面“好”的部分，也就是孩子。[②] 为此他会尽快将思考写在纸上，以保护它们，使“坏”的客体不会跑进他的书写中。他必须将身体里面的“好”客体与“坏”客体分开，并且将坏的变成好的。写书及其伴随而来的整个心智创作的历程，犹如在潜意识中重建他身体的内在与孩子。这些孩子是母亲的，他要在自己里面创造“好”妈妈：通过给她漂亮的、重建的孩子，也通过尝试保护这些重新被创造（重建）的客体，免于他里面“坏”客体（在性交中的联合父母以及父亲的“坏”阴茎）的伤害。以此他同时让自己的身体漂亮起来，因为那漂亮而完整的“好”母亲将反过来保护他，而不让“坏”客体持续留在他里面。B 先生终于可以通过这个被修复的“好”母亲而认同自己了。在他的想象中，住在他里面的漂亮孩子（思考与发现）是他借由认同母亲而怀有的，也是他和“好”母亲一起生的——那个母亲给了他完整的乳汁，并帮助他拥有具性

① B 先生回忆，当他还是小男孩时，他常常重复用大腿挤压阴茎，以使他看不见它。

② 他对于坏意象的害怕，使他过分努力地压抑并否认其潜意识，这与生产力的减弱有极大相关。他从不让自己完全被交托给潜意识，因此“创造”的重要根源被关闭了。

能力的阴茎。只有在他采取并升华这一女性位置时，他的男性部分才能更有效能，其工作也更有成就。

当B先生对“好”母亲的信念更坚定，其偏执疑虑、焦虑及抑郁较不强烈时，他才终于可以渐渐开始回到工作岗位。他以非常焦虑及强迫的方式开始工作，但后来变得较放松，这些改变使他的同性恋冲动稳定地减弱，对阴茎的朝拜减少了，对“坏”阴茎的害怕也日渐呈现出来，之前这些现象被对“好”（漂亮的）阴茎的钦羡覆盖了。在这一时期，他开始出现一种特殊的害怕——害怕父亲那内化进去的“坏”阴茎，通过插到他里面而拥有他的阴茎，并且从里面控制他。[①] B先生觉得他因此无法命令他的阴茎，也无法以有生产力的好方式使用它。这种害怕在青春期时变得非常强烈，那个时期他用尽各种办法阻止自己自慰，也因此开始了梦遗，这使他开始害怕无法控制自己的阴茎，并认为它附魔了，因为它会变大变小，他将这些改变以及发展中的所有状态都归因于同一因素。

这一害怕使他不喜欢自己的阴茎，且觉得很自卑，因为他认为它很是肛门的（being anal）、很“坏”且具有摧毁性。这种想法也使他无法发展出异性恋位置，因为他认为当他与母亲性交时，父亲的阴茎总是看着他，并且会逼他做坏事，他只好被迫远离女人。我后来清楚看到他过分强调阴茎，并以它作为意识及看得见的表征，他对身体内在的压抑与否认在这个时候也失败了。当这些焦虑被分析完时，B先生的工作能力又有进一步的进展，他的异性恋位置也获得了增强。

在分析有所进展时，我的病患因为客观原因，必须停止分析一阵子。[②]

---

① 在我分析所有年龄层的男病患当中，我不仅一次发现这种特殊的危险情境：父亲的“坏”阴茎从里面填满自己的阴茎，且完全掌控它。例如我的一个小病患，有一次将铅笔与铅笔盖放到火里，想借此烧掉铅笔盖里面一些强壮的、硬的“坏”东西。这个铅笔盖表征他自己的阴茎，而那必须被烧掉的坏东西（铅笔本身），表征的是父亲的阴茎。另一次他放了些木头在火里，同时削着他的铅笔，并解释说他这样做，“坏”的木头会烧得比较好。在他的想象中，木头屑以及铅笔彼此相属、相扣或彼此格斗。在分析了这些素材之后，这一危险情境不再产生如此强烈的焦虑，我认为，这种焦虑是使男人无法有性能力的主要因素。

② 由于个人因素，B先生被迫归返自己的国家。他持续在两年中做了380次治疗的分析。

当时的分析结果使他的重度抑郁以及在职场上的拘谨，几乎完全被移除，他的强迫症状、偏执与疑病焦虑显著降低。这些结果让我确信，持续治疗可以帮助他完全建立起异性恋位置。然而我们可以从分析中清楚得知，为了达到这样的效果，他对于那不实际之母亲意象的害怕，必须再被减弱，借此真实客体与想象中的客体才可以较贴近（这两者在其心智中，远远地被隔离了）。对于被修复的“好”母亲以及自己拥有“好”阴茎的信念，对他以女人作为性客体有重大影响，这个部分到现在为止（主要针对的是其内化母亲），也减弱了他在工作上的拘谨。对父亲“坏”阴茎的害怕，也必须再被减弱，如此才能强化他对“好”父亲的认同。

由所讨论的案例中，我们看见使病人从同性恋转变到异性恋的主要因素，以及稳固建立起异性恋位置的必要条件（就像我们在本章第一部分所谈论的）来自同一因素。在追溯正常男人的发展时，我指出男人成功的性发展基础在于具有“好的”母亲意象，它帮助孩子克服其施虐特质，并对抗他所有的害怕。就像这个案例所呈现的，孩子害怕母亲的身体以及自己的内在，他渴望修复母亲的身体，与渴望修复自己的身体彼此相关，因此满足一方等于满足另一方。在性器阶段，它们是获得性能力的先决条件，他必须充分相信他身体的“好”内在可以舒缓或对抗那“坏”内在与排泄物，为此他的阴茎（他整个身体的表征）才能制造好的、完整的精液。这个信念与他对自己爱之能力的信念一致，两者都依赖他对自己的“好”意象有足够的信念，特别是那没有被伤害并拥有完整身体的好母亲意象。

当男人完成性器阶段时，他会想与令他满足的原始根源（丰满的母亲）性交，现在她也给予他性器的满足或快乐。一方面为了回报，另一方面为了修补他之前对她的攻击（当时他伤害了她的乳房），现在他给她“完整的”精液，使她可以生孩子，也修复她的身体，并使她获得口腔满足。犹存于他里面的焦虑与罪疚感增强且深入了，其原始力比多冲动就像吸吮乳房的婴儿，以丰富而完整的感觉面对其客体，我们称此为爱。

附录一

儿童分析的范围与限度

就成人而言，精神分析的功能是清晰易懂的，它是为了矫正心理发展过程中没有成功完成的部分，因此必须将分析目标放在自我与超我要求的和谐上。为了达到这种适应，它必须将那已经强化的自我，放在一个同时可以满足现实的位置。

但是儿童分析呢？分析如何影响一个尚在发展历程中的生命？首先，分析解决孩子的施虐固着，进而减弱其超我的严厉度，同时舒缓其焦虑及其本能倾向的压力。而且当性生活以及超我达到较高阶发展阶段时，其自我延展了，且比较能和解超我以及现实的要求，因此其新的升华有更稳固的基础，而那老旧的升华，则摆脱了不稳定及强迫的特质。

在青春期时，孩子与客体的分离（这应该伴随其内在要求），只有在其焦虑以及罪疚感没有超越界限时，才会发生，否则孩子会出现逃避的行为，而非真正的分离。因无法成功分离，青少年永远固着在其原始客体上。

若孩子的发展有令人满意的结果，则其超我的严厉性必须被舒缓。虽然每一个发展时期的目标有所不同，然而该目标的获得都有赖同一个基本条件，亦即有赖超我与本我之间的调适，以及足够强烈自我之建立。分析是为了协助引发这种调适，它依据并支持孩子在每一个发展阶段的自然发展。同时，分析也协助调节孩子的性活动。当它们的发生频率太高时，通过减弱孩子的焦虑与罪疚感，分析限制了这些性活动。或者当孩子太害怕碰触或是被碰触时，分析则强化它们（性活动）。因此，通过纠正造成不良发展的因素，分析对孩子未来的性生活及未受阻碍的人格发展奠定了基础。

我对儿童分析的观察也显示，深入孩子心智世界的分析会进一步释放超我的压力，但是我们必须自问：太深入的分析方式是否会大大地减弱超我的功能，甚至完全废掉它。我认为力比多、超我与客体关系，在发展中彼此互动，而且力比多与摧毁冲动，除了彼此挂钩之外，也会诱发对方的行动。我们也看见，当焦虑由于施虐特质而被激发出来时，这两种冲动要求皆同时增强了。① 因此，那些由早期危险情境所散发出来的焦虑，不仅对力比多固着以及儿童的性经验有重大的影响，而且与它们挂钩，而且是造成这些力比多固着的因素。

精神分析的经验显示，即使一个非常完整的治疗，也仅能减弱孩子的前性器固着以及施虐特质的强度，并无法完全移除它们，只有一部分的前性器力比多可以被转化为性器力比多（genital libido）。根据我的观点，这耳熟能详的事实，对于超我而言亦然。孩子由于其摧毁冲动而导致的焦虑（这与他的施虐幻想在质与量上对等），与他对于危险内化客体的焦虑一致，② 这会使他留在特定的焦虑情境中，这些焦虑情境与其前性器冲动有关。我一直努力呈现的是，这些焦虑情境永远不会被完全移除，分析只能弱化它们的力量，使孩子的施虐特质和焦虑减弱。因此，那些属于孩子早期发展阶段的超我，也不会完全失去其功能，分析能做的只是松绑前性器期的固着、减弱焦虑，并协助超我得以由前性器阶段进展到性器阶段，弱化超我严厉性的每一步，都是力比多本能冲动战胜摧毁冲动的向前一步，也象征着力比多以更圆满的方式达到性器阶段。

---

① 虽然少量的焦虑可以增强孩子对爱的需求，然而过度焦虑对孩子有不好的影响。

② 参考第八章。

有关早期焦虑情境从未完全停止运作的观点，也界定了精神分析的有限性，因为它表示完全的疗愈是不存在的，而且不管对孩子或对成人而言，精神分析治疗都无法完全排除病人再次崩溃的可能。在这一脉络之下，我想谈论一些导致精神官能症的因素，我将不讨论那些因为儿童期的问题而发病的案例，而仅仅谈在其生命中某一特定时刻发病的案例。分析显示，这些病患的病症早已经以潜伏形式存在着，但是由于一些特殊事件，使病患急性发作，并以疾病的方式呈现出来。导致这种状况的方式之一，是个体在生命中遇上一些事件，这些事件证实了早期主导的焦虑情境，这种焦虑的量大到极点，以致个体的自我无法容忍，而以疾病的方式呈现。或是一个不好的外在事件，在个体处理焦虑的历程中，由于遇上困扰而导致病态，造成“自我”无力地被暴露在过度的焦虑压力中。因此，他对好意象（imago）及自己的建构能力之信念被动摇了，① 处理焦虑的方法也同时被瓦解了，一些非常微小的失望，以及那些在现实中证实其早期焦虑的事件，都可以使他生病并增强他的焦虑。这两种因素在某种程度上相互伴随，若它们同时发生，则我们可以预期精神疾病的到来。②

从我之前的论述，我们可以说儿童的早期焦虑情境是所有精神官能症的基础，再说由于我们知道分析绝对无法完全终止那些情境的运作（不管是成人或是儿童的分析），因此分析永远无法导致完整的疗愈，也无法完全排除个体在晚期蒙受心理疾病的可能性。但是我们可以做的是，为儿童做一些相关的治疗，以大幅度减弱将来的发病机会，这在临床运用上是非常重要的。分析可以减弱儿童早期焦虑情境的影响力，并强化其自我以及自我用来处理焦虑的方法，使之能更成功地预防疾病的发生。

---

① 在前一章中，我描绘了一名病人因为女房东不友善的行为使他崩溃，这名房东在病人生病时并未善待他。每一个主要焦虑情境都会激发病人的痢疾。此外，女房东的态度似乎证实没有所谓“好”母亲这回事，因此其修复倾向也无法建立起来。

② 琼斯在他的论文《保罗·默菲的问题》（The Problem of Paul Morphy，1931）中，曾经以案例描述生病的情况是导因于不同的机制。他解释，墨菲（一位闻名的下棋老将）所罹患的精神疾病具有下列病因：他的心智平衡是因为下棋让他能以与自我不相冲突的态度（ego syntonic manner）表现对父亲意象的攻击。他最想挑战的对手规避了他的挑战，而且其行为引发了他的罪疚感，这是刺激墨菲病症的原因。

另一个精神分析的限度是，由于个体在心智组合上的不同（甚至孩子也一样），使分析的成功与否因个体而异。分析是否可以解决焦虑，非常依赖所呈现的焦虑之多寡、主导的焦虑情境是什么，以及在早期发展阶段中自我所使用的防御机制是什么，换言之，它依靠儿童的心智干扰主要建立在何种结构之上。①

对于比较严重的案例，我发现长期的分析是必要的，5 岁到 13 岁之间的孩子，其分析期限可以由 18 个月到 36 个月，有一个案例进行了 45 个月，对于成人则会更久，结案的条件是焦虑在质与量上必须充分地被修饰。另一方面，深度分析所带来的更深远及持久的疗效，可以弥补上述漫长治疗的缺点，而且许多案例显示，有时短一点的治疗（不超过 8 到 10 个月）也可以获得令人非常满意的结果。②

在这里，我一再指出儿童精神分析的许多可能性。不管是正常或者是精神官能症的儿童，分析对儿童的用处和成人一样有用，甚至更有用，它可以除去儿童许多困扰与痛苦的经验，这些经验是成人来被分析之前会经验到的，而且其预后会比成人分析还要好。过去几年的经验，让我以及其他儿童精神分析师有足够的基础相信，那些精神病症及精神病症特质、人格畸形（malformation of character）、自我中心行为、③ 强迫症精神官能症以及发展障碍，都可以在个体还很小的时候就被治愈。当他长大后，就我们所知，这些情况或是无法，或是仅有部分能在精神分析治疗中被处理。我们当然无法由儿童期预知将来可能发生的病症，例如我们无法知道个体是否会发展成精神病、犯罪行为、人格畸形或严重的发展障碍，但是成功分析不健康的儿童，也许可以防止以上这些可能。若每一名呈现出严重困扰的儿童，都能够在恰当的时间被分析，则他们之中有许多人，能免于在晚期坐牢或住精神病

① 我们可以注意到，当强烈焦虑以及严重症状在分析中出现时，其病症的结构比起没有出现任何症状时经常更具优势。

② 在第五章的一些案例中，我们看到纵使有时治疗被迫终止，通过减弱心智中最深的焦虑，即使几个月的分析，也可以呈现显著的进步。

③ 参考梅莉塔有关这方面的论文《对于反社会孩子与青少年的心理治疗》(The Psycho-Analytic Treatment of Asocial Children and Adolescents，1932)。

院，或完全崩解的命运，而且能够发展出正常的生活。若儿童分析可以达到这一目标（许多指标显示这是可能的），则儿童分析则不仅是帮助个体的工具，也能对整个社会做出卓绝的贡献。

附录二

说　明

本书是梅兰妮·克莱茵早期著作中的巅峰之作，可以说是儿童精神分析的经典著作，奠定了梅兰妮·克莱茵于1920年初在柏林所创的精神分析游戏技巧之基础。大约在同一个时期，胡格–赫尔姆斯博士（Hug-Hellmuth，《儿童分析的技巧》，1921）以及安娜·弗洛伊德（《儿童分析技巧简介》，*On the Technique of Child Analysis*，1927）也推出了不同路线的分析技巧，以上差异在梅兰妮·克莱茵的《儿童精神分析论丛》（1927）中有详细讨论，她也在《精神分析导向游戏技巧》（The Psycho-Analytic Play Technique，1955）一文中，对其所推出的早期技巧的历史进行了交代。

梅兰妮·克莱茵从未修饰她在本书中所铺陈的技巧与原则，这些技巧一直是她儿童分析的基础，这时她对心智功能的基本概念已经有了独特的看法，自我通过对真实客体的投射与内射过程，构成了内化人物的内在世界。由于对客体的施虐冲动，自我处在焦虑中，因此它的早期课题在于处理这些焦虑。这些早期焦虑的特质是精神病式的，随着自我的发展，渐渐成为精神官能式的焦虑。

以上看法源自她更早期的论文，本书以更完整且更系统化的方式对此加以描绘。她的主张是不太过量的焦虑，可以刺激个体发展。一般而言，第一个被克服的焦虑是精神病式的焦虑，若这种精神病式的焦虑未被修饰，则会是儿童精神病症以及成年精神疾病的根源。她也在本书中提出她对于超我以及俄狄浦斯情结早期阶段的假设，精神分析学界认为这些现象只有在晚期才会呈现。她认为严厉超我出现在正常良知之前，并且勾勒出前性器俄狄浦斯情境中，不安定的性关系中的妒忌与焦虑，包括孩子对母亲身体的施虐幻想、男性与女性的性特质，以及女性性特质真正的来源。她认为客体关系、自我、超我以及性特质的发展，和意象的修饰是无法分开谈论的，它们彼此影响。这些论点的原始著作，出现在她于 1919 年到 1939 年所撰写的系列论文中，它们被搜集在《克莱茵全集 I》。

除此之外，本书也推出一些新的发展，其中对于未来有显著重要性的主要理论，是梅兰妮·克莱茵在本书中首次明白指出她的论点是基于生与死的本能。这表示在她的思路中，对于早期所发现的两个心理位置——抑郁心理位置以及晚期的偏执分裂心理位置——又添加了理论上的意义，亦即这些观念都建立在爱与恨这两个对立的冲动与它们的互动上。尽管如此，本书中的主要概念，除了大家所熟悉的生死本能之互动是心智功能的基础之外，仍以弗洛伊德的一些老概念（也是亚伯拉罕后来延伸的理论）为主，亦即性心理发展阶段中的力比多递进。除此之外，只有两个概念清楚地添加了新的基础。第一个概念是焦虑。自 1923 年，焦虑一直是梅兰妮·克莱茵所关心的现象，它被归因于死之本能：焦虑本身源自死之本能及其危险性。梅兰妮·克莱茵自本书之后对焦虑持续持此看法，其中最完整的描述，书写在《对某些精神分裂机制的论述》（Notes on Some Schizoid Mechanisms，1946）一文中。她在联结焦虑与死之本能的文本中，也将超我的来源与死之本能进行联结：超我来自本我的一部分，它被自我用作防御，对抗尚存在里面的部分死之本能。当并吞历程开始时，那被并吞的客体霸占了超我的功能。但是，梅兰妮·克莱茵也在其他地方依循弗洛伊德的看法，将超我的形成与俄狄浦斯客体的内射联结。她在本书中澄清了超我的功能，并区分了焦虑与罪疚这两种不同的运作：早期超我被自我感知为焦虑，只有在晚期当超我发展时才会出现罪疚感。有关梅兰妮·克莱茵对于超我的观点，读者应该回到《克莱茵全集 III》

的论文《儿童良知的早期发展》（The Early Development Conscience in the Child，1933）。

克莱茵也在本书中，首次发表了对于女性施虐特质、恐慌症以及与自慰、乱伦有关的罪疚感与禁忌的观点，并对于男孩与女孩的性发展，提出一个崭新而复杂的论点。她在本书发表前一年的论文《论智力抑制理论》（1931）中，提出强迫式精神官能症的新论点。弗洛伊德认为，强迫式精神官能症是肛门固着的晚期退化，梅兰妮·克莱茵不同意此观点，而认为强迫式精神官能症是企图捆绑早期精神病式焦虑的结果。这时“修复”这一概念尚未出现在克莱茵的思路中，因此她视“全能修复冲动”为修饰早期焦虑的另一主要方式，虽然她也指出了自恋阶段，但是显而易见的，她非常强调早期客体关系的观点。

《儿童精神分析》在克莱茵的整个工作中占有什么样的位置？这是描述她早期系列发现与概念最完整的一本书，虽然是在过渡期书写的。她所提出的论点，只有部分根据弗洛伊德以及亚伯拉罕所提出的力比多性心理阶段理论（很快地，她就不那么依赖这一论点）。这一点以及她有限地使用弗洛伊德有关生死本能互动的理论，使事情变得很复杂，有时还出现不一致。克莱茵在这个时期的著作太强调攻击面向，然而她的晚期著作又以自圆其说的方式重新检视这一现象。此外，在这个时期克莱茵也有了一系列的新发现，然而面对这些新发现，她却未企图思考其理论的一致性。

但是在三年之内，她开始将本书中有关发展的描述，以更整合及更权威的方式整理成生命最早期的理论。这三篇主要论文为《论躁郁状态的心理成因》（A Contribution to the Psychogenesis of Manic-Depressive States，1935）、《哀悼及其与躁郁状态的关系》（Mourning and Its Relation to Manic-Depressive States，1940）和《类精神分裂机制的论述》（1946）。梅兰妮·克莱茵在1948年本书第三版的序言中，以反思的方式修改了她之前的一些论点，其中最主要的是——爱占据了更重要的角色。

梅兰妮·克莱茵基金会

（Melanie Klein Trust）

附录三

参考文献

Abraham, K. (1917). 'Ejaculatio Praecox.' in: *Selected Papers on Psycho-Analysis* (London: Hogarth, 1927).

——(1920). 'The Narcissistic Evaluation of Excretory Processes in Dreams and Neurosis.' *ibid.*

——(1922). 'Manifestations of the Female Castration Complex.' *ibid.*

——(1924a). 'The Influence of Oral Erotism on Character Formation.' *ibid.*

——(1924b). 'A Short Study of the Development of the Libido, Viewed in the Light of Mental Disorders.' *ibid.*

——(1921–5). 'Psycho-Analytic Studies on Character Formation.' *ibid.*

Alexander, F. (1927). *The Psychoanalysis of the Total Personality: The Application of Freud's Theory of the Ego to the Neuroses* (New York & Washington: Nerv. & Ment. Dis. Pub. Co., 1930).

Benedek, T. (1931). 'Todestrieb und Angst.' *Int. Z.f. Psychoanal.*, **17.**

Boehm, F. (1920). 'Homosexualität und Polygamie.' *Int. Z.f. Psychoanal.*, **6.**

—— (1926). 'Homosexualität und Ödipuskomplex.' *Int. Z.f. Psychoanal.*, **12.**

—— (1930). 'The Femininity Complex in Men.' *Int. J. Psycho-Anal.*, **11.**

Chadwick, M. (1925). 'Über die Wurzel der Wissbegierde.' *Int. Z.f. Psychoanal.*, **11**, Abstract in *Int. J. Psycho-Anal.*, **6.**

Deutsch, H. (1925). *Psychoanalyse der weiblichen Sexualfunktionen.* (Vienna: Int. Psychoanal. Vlg.) English Review: *Int. J. Psycho-Anal.*, **7.**

—— (1928). 'The Genesis of Agoraphobia.' *Int. J. Psycho-Anal.*, **10.**

—— (1930a). 'The Significance of Masochism in the Mental Life of Women.' *Int. J. Psycho-Anal.*, **11.**

—— (1930b). *Psychoanalysis of the Neuroses* (London; Hogarth, 1932).

Federn, P. (1913). 'Beiträge zur Analyse des Sadismus und Masochismus.' *Int. Z.f. Psychoanal.*, **1.**

Fenichel, O. (1926). 'Identification.' In: *Collected Papers of Otto Fenichel* 1st series. (New York: Norton, 1953).

____ (1928). 'Some Infantile Sexual Theories not Hitherto Described.' *Int. J. Psycho-Anal.*, **9**.

____ (1930). 'Pregenital Antecedents of the Oedipus Complex.' *Int. J. Psycho-Anal.*, 1931, **12**.

____ (1931). 'Respiratory Introjection.' In: *Collected Papers of Otto Fenichel* 1st series. (New York: Norton, 1953).

Ferenczi, S. (1913). 'Stages in the Development of the Sense of Reality.' In: *First Contributions to Psycho-Analysis* (London: Hogarth, 1952).

____ (1914a). 'The Origin of Interest in Money.' *ibid.*

____ (1914b). 'On the Nosology of Male Homosexuality.' *ibid.*

____ (1919). 'Psycho-Analytic Observations on Tic.' In: *Further Contributions to Psycho-Analysis* (London: Hogarth, 1926).

____ (1922). *Thalassa: Theory of Genitality* (New York: Psychoanal. Quart. Inc.).

____ (1924). 'On Forced Phantasies.' In: *Further Contributions.*

____ (1925). 'The Psycho-Analysis of Sexual Habits.' *ibid.*

____ (1926). 'The Problem of the Acceptance of Unpleasant Ideas.' *ibid.*

Flugel, J. C. (1930). *The Psychology of Clothes* (London: Hogarth).

Freud, A. (1927). *The Psychoanalytical Treatment Of Children* (London: Imago, 1946).

Freud, S. (1900). *The Interpretation of Dreams. S.E.* **4–5**.

____ (1905a). *Three Essays on the Theory of Sexuality. S.E.* **7**.

____ (1905b). 'Fragment of an Analysis of a Case of Hysteria.' *S.E.* **7**.

____ (1909a). 'Analysis of a Phobia in a Five-Year-Old Boy.' *S.E.* **10**.

____ (1909b). 'Notes upon a Case of Obsessional Neurosis.' *S.E.* **10**.

____ (1910). *Leonardo da Vinci and a Memory of his Childhood. S.E.* **11**.

____ (1913a). The 'Predisposition to Obsessional Neurosis.' *S.E.* **12**.

____ (1913b). *Totem and Taboo. S.E.* **13**.

____ (1914), 'On Narcissism: an Introduction.' *S.E.* **14**.

____ (1915)' 'Instincts and Their Vicissitudes.' *S.E.* **14**.

____ (1916–17). *Introductory Lectures on Psycho-Analysis. S.E.* **15–16.**

____ (1918). 'From the History of an Infantile Neurosis.' *S.E.* **17.**

____ (1920). *Beyond the Pleasure Principle. S.E.* **18.**

____ (1922). 'Some Neurotic Mechanisms in Jealousy, Paranoia and Homosexuality'. *S.E.* **18.**

____ (1923). *The Ego and the Id. S.E.* **19.**

____ (1924a). 'The Economic Problem in Masochism.' *S.E.* **19.**

____ (I 924b). 'The Dissolution of the Oedipus Complex.' *S.E.* **19.**

____ (1925). 'Some Psychical Consequences of the Anatomical Distinction between the Sexes.' *S.E.* **19.**

____ (1926a). *Inhibitions, Symptoms and Anxiety. S.E.* **20.**

____ (1926b). *The Question of Lay Analysis. S.E.* **20.**

____ (1927). 'Humour.' *S.E.* **21.**

____ (1930). *Civilization and its Discontents. S.E.* **21.**

____ (1931). 'Female Sexuality.' *S.E.* **21.**

Glover, E. (1924). 'The Significance of the Mouth in Psycho-Analysis.' *Brit. J. Med. Psychol.*, **4.**

____ (1925). 'Notes on Oral Character-Formation.' *Int. J. Psycho-Anal.*, **6.**

____ (1927). 'Symposium on Child Analysis.' *Int. J. Psycho-Anal.*, **8.**

Horney, K. (1924). 'On the Genesis of the Castration Complex in Women.' *Int. J. Psycho-Anal.*, **5.**

____ (1926). 'The Flight from Womanhood.' *Int. J. Psycho-Anal.*, **7.**

Hug-Hellmuth, H. v. (1921). 'On the Technique of Child Analysis.' *Int. J. Psycho-Anal.*, **2.**

Isaacs, S. (1929). 'Privation and Guilt.' *Int. J. Psycho-Anal.*, **10.**

Jekels, L. (1930). 'The Psychology of Pity.' In: *Selected Papers* (New York: Int. Univ. Press).

Jones, E. (1916). 'The Theory of Symbolism.' In: *Papers on Psycho-Analysis* (London: Baillière) 2nd and 5th edns.

____ (1923a). 'The Madonna's Conception through the Ear.' In: *Essays in Applied Psycho-Analysis* (London: Hogarth).

____ (1923b). 'The Nature of Auto-Suggestion.' *In: Papers on Psycho-Analysis* 3rd and 5th edns.

____ (1926). 'The Origin and Structure of the Superego.' *ibid.*, 4th edn.

____ (1927a). Symposium on Child Analysis.' *Int. J. Psycho-Anal.*, **8**.

____ (1927b). 'The Early Development of Female Sexuality.' *Papers on Psycho-Analysis*, 4th and 5th edns.

____ (1929). 'Fear, Guilt and Hate.' *ibid.*, 4th and 5th edns.

____ (1931). 'The Problem of Paul Morphy.' In: *Essays in Applied Psycho-Analysis*.

Klein, M. [details of first publication of each paperbook are given here; the volume number in which they appear in *The Writings of Melanie Klein* is indicated in square brackets].

____ (1921). 'The Development of a Child.' *Imago*, **7** [1].

____ (1922). 'Inhibitions and Difficulties in Puberty.' *Die neue Erzichung*, **4** [1].

____ (1923a). 'The Role of the School in the Libidinal Development of the Child.' *Int. Z.f. Psychoanal.*, **9** [1].

____ (1923b). 'Early Analysis.' *Imago*, **9** [1].

____ (1925). 'A Contribution to the Psychogenesis of Tics.' *Int. Z. f. Psychoanal.*, **11** [1].

____ (1926). 'The Psychological Principles of Early Analysis.' *Int. J. Psycho-Anal.*, **7** [1].

____ (1927a). 'Symposium on Child Analysis.' *Int. J. Psycho-Anal.*, **8** [1].

____ (1927b). 'Criminal Tendencies in Normal Children.' *Brit. J. Med. Psychol.*, **7** [1].

____ (1928). 'Early Stages of the Oedipus Conflict.' *Int. J. Psycho-Anal.*, **9** [1].

____ (1929a). 'Personification in the Play of Children.' *Int. J. Psycho-Anal.*, **10** [1].

____ (1929b). 'Infantile Anxiety Situations Reflected in a Work of Art and in the Creative Impulse.' *Int. J. Psycho-Anal.*, **10** [1].

____ (1930a). 'The Importance of Symbol-Formation in the Development of the Ego.' *Int. J. Psycho-Anal.*, **11** [1].

____ (1930b). 'The Psychotherapy of the Psychoses.' *Brit. J. Med. Psychol.*, **10** [1].

____ (1931). 'A Contribution to the Theory of Intellectual Inhibition.' *Int. J. Psycho-Anal.*, **12** [1].

—— (1932). *The Psycho-Analysis of Children* (London: Hogarth) [2].

—— (1933). 'The Early Development of Conscience in the Child.' In: *Psychoanalysis Today* ed. Lorand (New York: Covici-Friede) [1].

—— (1934). 'On Criminality.' *Brit. J. Med. Psychol.*, **14** [1].

—— (1935). 'A Contribution to the Psychogenesis of Manic-Depressive States.' *Int. J. Psycho-Anal.*, **16** [1].

—— (1936). 'Weaning.' In: *On the Bringing Up of Children* ed. Rickman (London: Kegan Paul) [1].

—— (1937). 'Love, Guilt and Reparation.' In: *Love, Hate and Reparation*, with Riviere (London: Hogarth) [1].

—— (1940). 'Mourning and its Relation to Manic-Depressive States.' *Int. J. Psycho-Anal.*, **21** [I].

—— (1945). 'The Oedipus Complex in the Light of Early Anxieties.' *Int. J. Psycho-Anal.*, **26** [1].

—— (1946). 'Notes on some Schizoid Mechanisms.' *Int. J. Psycho-Anal.*, **27** [3].

—— (1948a). *Contributions to Psycho-Analysis 1921–1945* (London: Hogarth) [1].

—— (1948b). 'On the Theory of Anxiety and Guilt.' *Int. J. Psycho-Anal.*, **29** [3].

—— (1950). 'On the Criteria for the Termination of a Psycho-Analysis.' *Int. J. Psycho-Anal.*, **31** [3].

—— (1952a). 'The Origins of Transference.' *Int. J. Psycho-Anal.*, **33** [3].

—— (1952b). 'The Mutual Influences in the Development of Ego and Id.' *Psychoanal. Study Child*, **7** [3].

—— (1952c). 'Some Theoretical Conclusions regarding the Emotional Life of the Infant.' In: *Developments in Psycho-Analysis* with Heimann, Isaacs and Riviere (London: Hogarth) [3].

—— (1952d). 'On Observing the Behaviour of Young Infants.' *ibid.* [3].

—— (1955a). 'The Psycho-Analytic Play Technique: Its History and Significance.' In: *New Directions in Psycho-Analysis* (London: Tavistock) [3].

—— (1955b). 'On Identification.' *ibid.* [3].

—— (1957). *Envy and Gratitude* (London: Tavistock) [3].

—— (1958). 'On the Development of Mental Functioning.' *Int. J. Psycho-Anal.*, **29** [3].

—— (1959). 'Our Adult World and its Roots in Infancy.' *Hum. Relations*, **12** [3].

—— (1960a). 'A Note on Depression in the Schizophrenic.' *Int. J. Psycho-Anal.*, **41** [3].

—— (1960b). 'On Mental Health.' *Brit. J. Med. Psychol.*, **33** [3].

—— (1961). *Narrative of a Child Psycho-Analysis* (London: Hogarth) [4].

—— (1963a). 'Some Reflections on *The Oresteia*.' In: *Our Adult World and Other Essays* (London: Heinemann Medical) [3].

—— (1963b). 'On the Sense of Loneliness.' *ibid.* [3].

Laforgue, R. (1926). 'Scotomisation in Schizophrenia.' *Int. J. Psycho-Anal.*, **8**.

Lewin, B. D. (1930). 'Kotschmieren, Menses und weibliches Über-Ich.' *Int. Z.f. Psychoanal.*, **16**.

Mack-Brunswick, R. (1928). 'A Supplement to Freud's "History of an Infantile Neurosis".' *Int. J. Psycho-Anal.*, **9**.

Ophuijsen, J. H. W. v. (1920). 'On the Origin of the Feeling of Persecution.' *ibid.*, **1**.

Radó, S. (1926, 1928). 'The Psychic Effects of Intoxicants: An Attempt at a Psychoanalytic Theory of Drug Addiction.' *ibid.*, **7**, **9**.

—— (1928). 'The Problem of Melancholia.' *ibid.*, **9**, pp. 420–38. Also in: *Psychoanalysis of Behavior: Collected Papers* (New York: Grune & Stratton).

Rank, O. (1915). 'Das Schauspiel im Hamlet.' *Imago*, **4**.

—— (1919). *Psychoanalytische Beiträge zur Mythenforschung* (Vienna: Int. Psychoanal. Vlg., 1922).

Reich, W. (1925). *Der Triebhafte Charakter* (Vienna: Int. Psychoanal. Vlg.).

—— (1927). *The Function of the Orgasm* (Vienna: Int. Psychoanal. Vlg.; London: Panther Books, 1968).

—— (1931). 'Character Formation and the Phobias of Childhood.' *Int. J. Psycho-Anal.*, 12. Also in: *The Psychoanalytic Reader*, ed. Fliess. (New York: Int. Univ. Press, 1948; London: Hogarth Press, 1950).

Reik, T. (1929). 'Angst und Hass', 'Libido und Schuldgefühle' both in *Der Schrecken* (Vienna: Int. Psychoanal. Vlg.).

Riviere, J. (1927). 'Symposium on Child Analysis.' *Int. J. Psycho-Anal.*, **8**.

—— (1929). 'Womanliness as a Masquerade.' *ibid.*, **10**.

Róheim, G. (1922). 'Das volkerpsychologische in Freud's Massenpsychologie und Ichanalyse.' *Int. Z. f. Psychoanal.*, **8**.

—— (1923). 'Nach dem Tode des Urvaters.' *Imago*, **9**.

Sachs, H. (1920). 'Gemeinsame Tagträume.' *Int. Z. f. Psychoanal.*, **6**. (Also: Vienna: Int. Psychoanal. Vlg., 1924.)

—— (1929). 'One of the Motive Factors in the Formation of the Super-Ego in Women.' *Int. J. Psycho-Anal.*, **10**.

—— (1937). 'Zur Theorie der Psychoanalytischen Technik.' *Int. Z. f. Psychoanal.*, **23**.

Sadger, J. (1910a). 'Ein Fall von multipler Perversion mit hysterischen Absenzen.' *Jahrb. f. Psychanal. Forsch.*, **2**.

—— (1910b). 'Über Urethralerotik.' *ibid.*

Schmideberg, M. (1930). 'The Role of Psychotic Mechanisms in Cultural Development.' *Int. J. Psycho-Anal.*, **11**.

—— (1931a). 'A Contribution to the Psychology of Persecutory Ideas and Delusions.' *ibid.*, **12**.

—— (1931b). 'Psychoanalytisches zur Menstruation.' *Z. f. Psychoanal. Päd.*, **5**.

—— (1932a). 'Some Unconscious Mechanisms in Pathological Sexuality and their Relation to Normal Sexual Activity.' *Int. J. Psycho-Anal.*, **14**.

—— (1932b). 'The Psychoanalytic Treatment of Asocial Children and Adolescents.' *ibid.*, **16**.

Searl, M. N. (1927). 'Symposium on Child Analysis.' *ibid.*, **8**.

—— (1928). 'A Paranoiac Mechanism as Seen in the Analysis of a Child.' *Int. Z.f. Psychoanal.*, **16**. Abstract in *ibid.*, **9**.

—— (1929). 'The Flight to Reality.' *ibid.*, **10**.

—— (1930). 'The Roles of Ego and Libido in Development.' *ibid.*, **11**.

'Sexual Enlightenment.' *Zeitschrift für Psychoanalytischer Pädagogik*, 1 Jahrgang. October 1926–September 1927. Published in Vienna, 1927. Contains a number of papers on 'Sexuelle Aufklarung'.

Sharpe, E. F. (1929). 'History as Phantasy.' *Int. J. Psycho-Anal.*, **10**.

—— (1930). 'Certain Aspects of Sublimations and Delusions.' *Collected Papers on Psycho-Analysis* (London: Hogarth, 1950).

Simmel, E. (1926). 'The "Doctor-Game", Illness and the Profession of Medicine.' *Int. J. Psycho-Anal.*, 7.

Stärcke, A. (1920). 'The Reversal of the Libido-Sign in Delusions of Persecution.' *ibid.*, 1.

—— (1921). 'Psycho-Analysis and Psychiatry.' *ibid.*, 2.

Strachey, J. (1930). 'Some Unconscious Factors in Reading.' *ibid.*, 11.

Weiss, E. (1925). 'Über eine noch unbeschriebene Phase der Entwicklung zur homosexuellen Liebe.' *Int. Z. f. Psychoanal.*, 11.

附录四

个案名单

姓名	年龄（岁）	诊断
莉塔（Rita）	$2^{3/4}$	强迫式精神官能症
特露德（Trude）	$3^{3/4}$	婴儿期精神官能症、大小便失禁
彼得（Peter）	$3^{3/4}$	严重婴儿期精神官能症
露丝（Ruth）	$4^{1/4}$	严重婴儿期精神官能症
柯特（Kurt）	5	婴儿期精神官能症，明显的精神病特质
法兰兹（Franz）	5	严重婴儿期精神官能症、严重学习障碍
约翰（John）	5	严重婴儿期精神官能症
厄娜（Erna）	6	强迫式精神官能症、强烈偏执特质
宫泽尔（Günther）	6	变态人格发展、精神病特质
葛莉特（Grete）	7	精神分裂
英格（Inge）	7	正常
沃纳（Werner）	9	强迫式精神官能症、人格问题
伊根（Egon）	$9^{1/2}$	精神分裂初期

肯尼斯（Kenneth）	$9^{1/2}$	变态人格发展、重度压抑与焦虑
艾尔丝（Ilse）	12	精神分裂
路德维格（Ludwig）	14	正常
盖尔特（Gert）	14	神经质问题
比尔（Bill）	14	神经质问题
A 先生（Mr. A）	35	同性恋、具有偏执和疑病特质的精神官能症
B 先生（Mr. B）	35	同性恋、在工作上极度拘谨、抑郁、躁郁症、偏执与疑病

附录五

克莱茵生平年表

1882　3 月 30 日生于维也纳。

1886　二姐西多妮（Sidonie）因肺结核病逝。

1897　长兄伊曼纽尔（Emanuel）进入医学院。

1900　父亲墨里士·莱齐斯（Moriz Reizes）因肺炎病逝。伊曼纽尔转学成为艺术系学生。

1901　与阿瑟·克莱茵（Arthur Klein）订婚。

1902　伊曼纽尔病逝于热那亚（Genoa）。

1903　与阿瑟结婚。

1904　长女梅莉塔（Melitta）出生。

1907　长子汉斯（Hans）出生。

1909　因过度沮丧而住进瑞士一所疗养院数月之久。

1910　与丈夫及孩子移居布达佩斯。

1914　次子艾力克（Erich）出生。母亲莉布莎（Libussa）去世。首次阅读弗洛伊德作品《梦的解析》（*Über den Traum*）。开始接受费伦齐的分析。阿瑟受征召，加入奥匈帝国军队。

1918 于布达佩斯举行的第五届国际精神分析年会（International Psycho-Analytic Congress）上，首次与弗洛伊德会面。

1919 于匈牙利布达佩斯精神分析学会（Budapest Society）宣读第一篇论文《一名儿童的发展》（Der Familienroman in statu nascendi），并被遴选为布达佩斯精神分析学会会员。

1920 在海牙举行的第六届国际精神分析年会中，首次与赫尔姆斯及亚伯拉罕会面。

1921 与次子艾力克迁居柏林并开始在柏林执业，发表《儿童的发展》（The Development of a Child）。

1922 成为柏林精神分析学会（Berlin Psychoanalytic Society）会员，发表《青春期的压抑和困难》（Inhibitions and Difficulties at Puberty）。

1923 发表《学校在儿童力比多发展中的角色》（The Role of the School in the Libidinal Development of the Child）、《早期分析》（Early Analysis）。

1924 接受亚伯拉罕的分析。在萨尔斯堡（Salzburg）举行的第八届国际精神分析年会中，发表论文。

与丈夫阿瑟分居。9月与艾莉丝·斯特雷奇会面。

1925 詹姆士·斯特雷奇于英国精神分析学会朗读克莱茵作品的摘要。受琼斯之邀，7月前往伦敦进行三周的讲座。其分析随着亚伯拉罕的逝世而告终。发表《论躁郁状态的心理成因》（A Contribution to the Psychogenesis of Tics）。

1926 大约在此年离婚。9月克莱茵迁居伦敦。9月27日次子艾力克迁居伦敦。发表《早期分析的心理学原则》（The Psychological Principles of Early Analysis）。

1927 10月2日被遴选为英国精神分析学会（British Psycho-Analytic Society）正式会员。发表《儿童分析研讨》（Symposium on Child-Analysis）、《正常儿童的犯罪倾向》（Criminal Tendencies in Normal Children）。

1928 长女梅莉塔抵达伦敦。发表《俄狄浦斯冲突的早期阶段》（Early

Stages of the Oedipus Conflict）。

1929 发表《儿童游戏中的拟人化》（Personification in the Play of Children）、《在艺术作品和创作冲动中的婴儿焦虑》（Infantile Anxiety Situations Reflected in a Work of Art and in the Creative Impulse）。

1930 发表《象征形成在自我发展中的重要性》（The Importance of Symbol-Formation in the Development of the Ego）、《对精神病的心理治疗》（The Psychotherapy of the Psychoses）。

1931 开始分析第一位受训分析师史考特（W. C、M. Scott），发表《智力抑制理论的贡献》（A Contribution to the Theory of Intellectual Inhibition）。

1932 出版《儿童精神分析》（*The Psychoanalysis of Children*）。

1933 5月22日费伦齐逝世。梅莉塔被遴选为英国精神分析学会正式会员。发表《儿童良知的早期发展》（The Early Development of Conscience in the Child）。

1934 4月，长子汉斯因山难去世。发表《关于犯罪行为》（On Criminality）。

1935 伦敦—维也纳交换讲座展开。发表《论抽搐的心理成因》（A Contribution to the Psychogenesis of Manic-Depressive States）。

1936 发表《断奶》（Weaning）。

1937 出版与瑞维尔合著的《爱、罪疚与修复》（*Love，Guilt and Reparation*）。

1938 6月6日，弗洛伊德抵达伦敦。

1939 9月3日大战爆发。与苏珊·艾萨克斯一同迁居剑桥。9月23日弗洛伊德辞世。

1940 7月定居皮特洛赫里（Pitlochry）。发表《哀悼及其与躁郁状态的关系》（Mourning and Its Relation to Manic-Depressive States）。

1941 开始分析10岁的案例“理查”（Richard）。于9月返回伦敦。

1942—1944 世纪论战展开。

1945 发表《早期焦虑中的俄狄浦斯情结》（The Oedipus Complex in the Light of Early Anxieties）。

1946 英国精神分析学会形成“A”训练课程和“B”训练课程。发表《对某些精神分裂机制的论述》（Notes on Some Schizoid Mechanisms）。

1948 发表《关于焦虑与罪疚的理论》（On the Theory of Anxiety and Guilt）。

1950 发表《关于精神分析的终止准则》（On the Criteria for the Termination of a Psycho-Analysis）。

1952 国际精神分析期刊庆祝克莱茵七十大寿出版专刊。发表《移情的根源》（The Origins of Transference）、《自我与本我在发展上的相互影响》（The Mutual Influences in the Development of Ego and Id）、《关于婴儿情感生活的一些理论性结论》（Some Theoretical Conclusions Regarding the Emotional Life of the Infant）、《观察婴幼儿的行为》（On Observing the Behaviour of Young Infants）。

1955 梅兰妮·克莱茵基金会于2月1日成立。发表《精神分析的历史和意义：发挥技术》（The Psycho-Analytic Play Technique: Its History and Significance）、《关于认同》（On Identification）。

1957 出版《嫉羡与感恩》（*Envy and Gratitude*）。

1958 发表《关于心理机能的发展》（On the Development of Mental Functioning）。

1959 发表《成人世界的婴儿期根源》（Our Adult World and its Roots in Infancy）。

1960 9月22日于伦敦逝世。发表《对于精神分裂症中的抑郁的论述》（A Note on Depressive in the Schizophrenic）、《关于心理健康》（On Mental Health）。

1961 出版《儿童分析的故事》（*Narrative of a Child Analysis*）。

1963 发表《关于<俄瑞斯忒斯>的一些思考》（Some Reflections on ‘The Oresteia’）、《关于孤独感》（On the Sense of Loneliness）。